地経学の時代

The Era of Geoeconomics
Shin Oya

大矢 伸

米中対立と国家・企業・価値

実業之日本社

はじめに

　新型コロナの発生源について独立した調査を求めた豪州に対して、中国は 2020 年 5 月より貿易制限措置を取った。まずは検疫違反を理由に、豪州からの牛肉の輸入を制限。次いで、豪州からの大麦が不当廉売だとして上乗せ関税を掛けた。こうした貿易制限措置は、その後、ワイン、小麦、ロブスター、木材、石炭などにも及ぶ。中国側は、こうした措置が豪州の新型コロナ発生源の調査要求と関連していることを否定するが、国際社会は、これを中国による豪州への報復と見なしている。

　地経学とは一般的には「**地政学的目的を達成することを目的として経済的手段を行使すること**」を指す。前述の中国の行動は、まさに「地経学」の一つと言える。しかし、地経学は、こうした輸入制限措置に限定されない。尖閣諸島をめぐる問題に関連して 2010 年に中国は日本へのレアアースの輸出を制限したが、このような輸出制限も地経学的手段の一つだ。また、投資政策、エネルギー政策、技術移転の制限、経済制裁、援助や金融支援、標準設定、さらには国際経済ルールに関する政策なども地経学的な手段として利用される。

　このように様々な手段が使われる地経学だが、それは最近使われ始めた新しい現象という訳ではない。我が国には、「敵に塩を送る」と言う言葉がある。越後の上杉謙信が甲斐の武田信玄に塩を送った故事に由来する。武田の領地である甲斐・信濃は内陸で海に面しておらず塩を作れない。敵対する今川、北条は、武田への塩の輸出を止めて武田に圧力をかけた。今川、北条は地経学を使っていたのだ。上杉謙信の行動が美談となったのは、400 年以上前の日本で地経学が実践されていたからだ。

　しかし、地経学は最近、特に注目されるようになった。これは理由なきことではない。一番の要因は、世界 2 位の経済大国となり、貿易額では世界 1 位となった中国の存在だ。中国は、冷戦時のソ連とは異なり、日本、米国を含む世界の多くの国と貿易、投資等を含めた緊密な経済関係を有している。中国は、こうした経済的な相互依存関係を使って、地経学を積極的に活用するようになり、それが世界に大きな衝撃を与えている。「相互依存の武器化」と言う言葉も使われるように（第 4 章参照）、グロー

バル化が進展し企業や人々の活動が国際化する中で、相互依存が内包していた脆弱性が、今、研究者や政策当局者の大きな関心事となっている。本書は、「地経学」をこうした文脈の中で、広い視点から眺める。狭い意味での「地経学」に閉じた議論をするのではなく、米中関係、米国の対外政策、貿易、経済制裁、通貨、気候変動、人権や民主主義といった様々な問題に光を当てる中で、地経学を広い視野から考えていきたい。

筆者は、現在ワシントンDCに住んでいる。近々日本への帰国の予定だが、過去3年半ほどの間、米国を拠点に、国際協力銀行の調査担当特命駐在員、そしてアジア・パシフィック・イニシアティブ（API）の上席研究員として、米国の外交政策、米中関係、日米協力、そして地経学の問題などを考えてきた。米国は情報量が多く、自国政府への批判を含めて率直に分析や意見が表明され、異なる意見の論者が活発に議論を展開している点では、こうした問題を考えるに際して便利で有利な場所と言える。他方、本書が主として米国で表明される分析や意見に依拠しているということは、それ自身、一つの制約でありバイアスを伴う可能性はある。筆者自身はそうした制約の可能性に自覚的であろうと努めてはいるが、読者の批判、特に欧州、アジア、そして中国の視点での建設的な異論を歓迎したい。

本書は、7つの章により構成される。各章は複数の項により成り立っているが、各項は、一定の独立性を持っており、それぞれを単独で独立して読むことは可能である。従って、興味のある項から先に読むことも可能だ。各章の構成は次のとおりである。

第1章は「**米国の外交・対中政策**」を扱う。バイデン大統領の安全保障担当補佐官であるジェイク・サリバン氏の思想の中に現れるバイデン外交の基本的方向性を確認。また、トランプ政権のマット・ポッティンジャー安全保障担当副補佐官とバイデン政権のインド太平洋調整官のカート・キャンベル氏の思想を比較しつつ、米国の対中戦略の継続性を指摘する。さらには、中国が「責任あるステイク・ホルダー」になるという期待がしぼんだ現在の混迷する状況の中で、ザック・クーパー氏とハル・ブランズ氏が提示した4つの対中戦略を紹介する。

また、中国に対抗するときにフォーカスすべきなのは中国共産党なのか、あるいはその中でも習近平に近い一部の幹部なのか、という論争を批判的に分析。ブリンケン

国務長官の外交演説を基礎にバイデン外交の特徴と課題を検討。最後に、大荒れに荒れたアンカレッジでの米中外交責任者会談、その後、比較的落ち着いた米中バーチャル首脳会談を分析しながら、米中の「競争を管理」する重要性と課題につき考える。

第2章は「貿易とサプライチェーン」を扱う。まず、米中全面デカップル（分離）はコストが極めて高いことを指摘しつつ、「部分分離」の必要性を吟味し、アロン・フリードバーグ氏の議論を紹介しつつ、部分分離を可能とする条件を検討する。次いで、バイデン政権が重視するバイ・アメリカン政策に関して、その歴史的な経緯を振り返りつつ、問題点を指摘する。そこでは、トランプ政権が「単独主義的保護主義」であったのに対して、バイデン政権は「国際主義的保護主義」であると位置づけ、これが「国際主義的自由貿易主義」に転じるためには国内政策が重要であることを指摘する。さらには、西側と異なる行動原理で大国化の道を歩む中国に関して、国有企業への補助金問題などを効果的に処理するためにはWTOルールの改善も必要であることを論じる。

また、新型コロナでサプライチェーンの脆弱性に関する国際的な認識が高まったが、対症療法的な貿易制限がむしろ問題を悪化させていることを事例を交えて指摘する。さらに、バイデン政権のサプライチェーン100日レビュー報告を好意的に紹介しつつも、報告に垣間見える重商主義的な国内回帰志向に潜むリスクを指摘する。さらに、バイデン政権が力を入れる「中間層のための外交」が、力点を誤ればむしろ中間層を含めた米国全体に悪影響を及ぼし兼ねないことに警鐘を鳴らす。さらに、米国が通商拡大法232条を使って鉄鋼・アルミに追加関税を課した問題に関して、米EUでこれを「関税割当」に変更する動きについて批判的に分析した上で、同時に模索されている、過剰生産能力と温暖化ガス削減のための枠組みについては、日本も積極的に参加すべきことを指摘する。

第3章は「経済制裁・経済安保」を扱う。まず、米中関係は米ソ冷戦と異なり「経済の相互依存」が強い点を指摘しつつ、それは、アルバート・ハーシュマンが指摘する「影響力効果」により「経済的威圧」に使われるリスクがあること、他方、ノーマン・エンジェルが指摘したように「相互依存」が戦争のリスクを減らす可能性もある

ことを説明した上で、こうした二面性と民主主義の関係についても触れる。さらに、中国が制定した「反外国制裁法」を詳細に解説し、それが効果的か否かは中国がそれを積極的に運用するか否かに大きく依存すること、しかし、「反外国制裁法」の積極的運用は中国が望まない西側との全面デカップルを招来するリスクもあることを指摘する。

　また、米国における金融制裁のレビュー報告を紹介しながら、制裁の有効性を維持するために必要なこと、金融制裁の過剰な使用がドル使用の減少を招き、制裁の有効性の土台を掘り崩す恐れがあることを指摘する。中国の「経済的威圧」に対抗するために国際社会ができることは何かについて欧州の最近の動きも紹介しながら対応策を整理する。最後に、日本国内でも議論が進む「経済安全保障」に関して、ダイナミックなアプローチの必要性を指摘し、「動学的経済安保」の考えを提示する。

　第4章は「**金融・通貨・インフラ**」を扱う。まず「ステークホルダー資本主義」の議論の問題点を指摘、そうした議論が特に日本においては企業利益のみならず公益にも資さない恐れがある点を説明する。また、バフェット氏の日本の商社株購入を端緒としつつ、米国の株式市場がバブルの状況にあることを指摘する。滴滴出行の米国上場の問題について触れつつ、中国企業の米国上場に関する米国当局のスタンスが否定的なものに変わりつつあること、金融面での米中蜜月が転換点を迎えていることを解説する。

　さらに、中国の「一帯一路」に関して問題点を指摘、それは中国が「債務の罠」を計画的に仕掛けるというよりも、受入国のガバナンスの弱さというプルと、中国の地経学的な狙いというプッシュの合わせ技であることをスリランカの事例などを確認しつつ解説した上で、今後のインフラ金融で何が重要となるかを展望する。また、中国の中央銀行によるデジタル人民元への準備状況を確認した上で、中央銀行デジタル通貨（CBDC）の問題は経済合理性への考慮と共に、金融制裁の有効性や将来的な基軸通貨を巡る覇権争いなど地経学的要素への考慮が不可欠であることを主張する。なお、こうした問題を考える上で不可欠なSWIFTの歴史にも触れると共に、「相互依存の武器化」に関して最近ヘンリー・ファレルとアブラム・ニューマンが提唱しているトポグラフィー理論も紹介する。

第5章は「気候変動」を扱う。まず、温暖化ガスの排出削減の施策を考えるに当たっては、政府（およびあらゆる主体）が将来技術を見極める能力には限界があるとの前提に立って、技術中立的なアプローチが重要であり、その観点からもカーボン・プライシングの早期導入が重要である点を指摘する。その上で、代表的なカーボン・プライシングの手法である「排出量取引」と「炭素税」を比較し、2050年の排出ネットゼロと言う高い目標を目指す場合には規制的措置も重要となることから、規制的措置と相性の良い「炭素税」が適切であると主張する。（なお、炭素税の主張は、負の外部性を内部化する、すなわち歪んだ相対価格を是正するという観点で主張しているのであり、制度設計上は、税収中立や財政中立に建付けることも可能である。「税」という文言だけ見て、増税反対と脊椎反射することは、費用効果的な排出削減のための冷静な政策論議の妨げとなろう。）

　さらに、気候変動対策の国際的な協調に関して、IMFが提案する「国際下限炭素価格」のアイデアや、欧州が導入に向けて動く「炭素国境調整措置」を紹介する。特定国やEUなど特定地域がカーボン・プライシングを導入した場合に、域内の企業が域外に移転して、世界の炭素排出は変化せずに制度を導入した国・地域が経済的に損をするという状況（リーケージ）が生じ得る。こうした状況を防ぐためには、「国際下限炭素価格」や「炭素国境調整措置」について真剣な考慮が払われるべきであることを主張する。安全保障の議論を含めて、我々は「偽装した保護主義」への警戒を怠るべきではないが、温暖化ガス削減を効果的に進めるために必要なこれらの措置を「自由貿易」の名の下に否定することは、「自由貿易」の枠組みの社会的な正統性を傷付ける恐れもある。

　第6章は「人権・民主主義と板挟みになる企業」を扱う。まず新疆ウイグルの人権問題について何が批判されているのかを確認する。次いで、「香港国家安全維持法」について、その内容を解説した上で、それが国際条約である中英共同声明に違反するものであることを指摘する。さらに、人権を含む価値を巡る中国と西側諸国との対立が高まる中で、HSBCやハリウッドなどを例に挙げつつ、板挟みとなる企業の状況を確認する。その上で、「価値に関する国家主権」「自国企業による自国価値の体現」「企業の国際活動」の3つを同時に達成することは困難であり、いわば「企業と価値のトリレンマ」が存在するとの新たな枠組みを提示し対応を検討する。

　また、2021 年夏に、米国は「新疆サプライチェーン・ビジネス勧告」「香港ビジネス勧告」を立て続けに公表した。これは、企業に対して、これらの地域、特に新疆ウイグルでの企業活動に関して、米国法違反と認定されるリスクが相当あるという警告である。これらの内容を確認し、政府や企業がどのような対応を取るべきかを考える。

　終章「おわりに」は、2021 年末に米国主催で実施された「民主主義サミット」について考える。同サミットでの個々の演説は退屈なので捨象し、むしろ、サミットに招待されなかった中国が発表した「中国：機能する民主主義」という報告書の内容を確認しつつ、民主主義の価値を「手段的価値」（パフォーマンス正統性）と「本源的価値」（インプット正統性）に分けて、中国と西側の民主主義を比較しつつ、それぞれの今後を展望する。そこでは、西側諸国は、選挙がありインプット正統性が担保されているという事実に安住せずに、高いパフォーマンス、つまり結果を出すための努力が重要であることを指摘する。他方、中国に関しては、高い経済成長と貧困撲滅という成果を出すことでパフォーマンス正統性を示してきたが、小康社会を実現した今、中国の人々が、民主主義の「本源的価値」（インプット正統性）をより強く求めたときに、「全過程人民民主主義」という茶番で持ちこたえることができるのかに疑問を呈する。

　以上が本書の大きな流れだ。米中対立、そしてその重要な一角を占める地経学の問題は、変化が激しく、また、まだ正解が確立していない事項も多い。それぞれの項目を執筆する際に、筆者の意見を明確に示したが、一足跳びに結論を書くのではなく、それぞれ問題となっている現状や根拠となる報告・分析についても前提として丁寧に記述したつもりだ。こうした前提としての根拠も読まれた読者の皆さんが、筆者と異なる結論に到達することもあろうが、それはむしろ健全なことだ。地経学や米中対立の問題は、一部の政策当局者や研究者に留まらず、多くの人が自ら考え、広く議論が行われるべき重要な問題だと考える。

[追記]

　本書の脱稿の後、2022 年 2 月末にロシアが再びウクライナを侵略した。国際法を破り、国際秩序を踏みにじる暴挙だ。罪なきウクライナの人々の命が奪われ、その生

活が破壊されていく状況には憤りを禁じえない。今回のロシアの行動は、歴史的経緯、軍事的分析、国際政治的意味合いなど論点に事欠かないが、ここでは、地経学的観点からいくつか所感を述べたい。

　まず、「経済制裁の内容の妥当性」について。西側諸国がロシアに課す制裁の内容は、完全に同一ではないが、相互に協調がなされ、多くの点で共通性がある。ロシアの政府高官等への資産凍結、いくつかの銀行のSWIFTからの排除（SWIFTに関しては第4章「金融・通貨・インフラ」参照）、ロシア中央銀行の資産の凍結が実施されると共に、貿易上の措置である「最恵国待遇」を撤回することも表明されている。第3章「経済制裁・経済安保」で詳述するように、金融制裁は、抗生物質のようなもので、米国が関係国との調整を行わずに安易に乱用すれば、基軸通貨としてのドルの地位にも悪影響を与え、長期的はその効き目を減殺する恐れもある。しかし、主権国家への一方的な軍事侵略という明らかな国際法違反の暴挙を前に、今回はまさに抗生物質を使うべきときであり、また、西側諸国で協調しつつ制裁に臨んでおり、今回の制裁のアプローチは妥当なものであろう。ロシアからのエネルギーの輸入を完全に停止すべきか否かは、難しい問題である。第3章で紹介しているように、一般的には経済制裁は、制裁を課す側に大きなコストとならない場合に持続性を持ち成功の可能性も高まる。他方、どれだけ広範で厳しい制裁を課すかは、制裁対象の国が犯した罪の重さ、それに対する国民の憤りにも依存しよう。日本を含む民主主義国においては、制裁の実行に際しても国民の支持が重要な要素であり、ロシアの残虐な行為を前に、エネルギー不足や価格の高騰を甘受してでも、ロシアに強い姿勢を示すべきと国民が考える可能性はある。

　次に「経済制裁の効果」だが、これを正確に計測することは困難である。しかし、ロシアの株式市場やルーブルの価値は大きく下落し、インフレも亢進、外部格付けも低下し、ドル建て国債のデフォルトが懸念される状況にあり、明らかに経済制裁はロシア経済に大きな影響を与えていると言える。ロシアの軍事オペレーションが当初の予定通り進行していないことも相まって、ロシアがその姿勢を変化させる可能性はあり、その場合には、経済制裁が、ロシアの行動変化に一定の役割を果たしたと評価することが可能であろう。もっとも、国家としてのロシア（及びロシアの人々）の利益と、プーチンの利益が乖離している状況においては、ウクライナ及びロシアの人々の犠牲の上

に、プーチンが保身のために無謀な暴挙を継続する（さらにはエスカレートさせる）可能性も否定はできない。しかし、不幸にしてロシアが短期的にその行動を変えなかったとしても、西側の経済制裁の意味がないということにはならないだろう。第3章で詳述しているが、政策当局者は「制裁が機能するか」以上に、「他により良い手段があるか」を問う。日本の場合に、ウクライナの支援のために自衛隊を派遣するという選択肢が考えがたい中で、かつ同時に、ウクライナのために何もしないということも（国民感情としても）受け入れがたい中で、経済制裁を課さないという選択はむしろ困難なものと言えよう。さらには、「経済制裁」には、ロシア及びそれ以外の国が、将来行動する際の計算に影響を与えるという意味もある。例えば、中国が国際法に違反する冒険主義的行動を将来取ることを検討する場合に、今回のロシアの侵略が西側の強力な経済制裁を受けてロシア経済が大きな打撃を受けたとすれば、それは将来の中国の冒険主義的行動を躊躇わせる　一つの要素となる。

　さらに、「**経済制裁だけで十分なのか**」という問題も、本来は議論が必要であろう。上記のとおり、今回の対ロシア経済制裁は、強力な金融制裁を伴うもので、相当の効果が見込まれるが、そもそも米国のバイデン政権が、米軍派遣が選択肢にないと明言したことがロシアの侵略を誘発したとの議論がある。米国は経済的にも軍事的にも今でも世界一の強国だが、かつてのような圧倒的な存在ではなく、また、世界の警察官という立場には、もはや米国内で世論の支持はない。長期間続いたアフガニスタンでの戦争を反省するバイデン政権が、NATO非加盟で同盟国でもないウクライナに米軍を派遣しないと当初より明確にした政治的背景は理解できる。しかし、このことがプーチンの計算をより簡単にしたことは確かであろう。プーチンは、米軍の介入がないという保証の下で、安心してウクライナへの侵略を開始した。非同盟国を軍事力も使って必ず守るというコミットは、国内政治的に困難であった。また、コミットして、それを事後的に反故にすれば、日本やNATO諸国などの同盟国も不安に陥り、米国を中心とした安全保障体制は瓦解する（レッドラインの問題に関しては第一章「米国の外交・対中政策」参照）。従って、ウクライナを軍事的に守るというコミットはあり得なかったのだが、後知恵ではあるが、軍事オプションの可能性を排除しない「あいまい」戦略を取ることも方法としてありえたのではないか。もっとも、こうした米国への期待というのは、米国に対する甘えではあろう。もちろん、日本の置かれた歴史的立場、憲

法の制約、現実の軍事力を考えれば、我が国が（国連安保理決議もない中で）軍事的手段で非同盟国を守るという選択肢は現状においてはあり得ない。しかし、主権国家が国際法違反の一方的な侵略を受けたときに、リスクを犯して軍事的に立ち上がる主体として議論の対象となるのは常に米国であり、日本はその責任から自動的に逃れられるという前提は、本当に未来永劫に当然視してもよいものかは、我々も考える必要があるだろう。

　また、「**経済制裁の解除**」のあり方についても考えて置く必要がある。制裁の解除は、基本的には制裁対象国（ロシア）が行動を変える（侵略をやめ撤兵する）際に考えて置く必要のある事項であり、ロシア軍撤兵の動きが見えない本追記の執筆時点でそうした議論をすることは時期尚早かも知れない。しかし、基本的な考え方を確認しておくことは意味があろう。前述のように、経済制裁は、他の手段との比較、将来の行動の計算への影響など、様々な要因で決定されるが、やはり一番の狙いは対象国（ロシア）の行動変化であり、それを担保するためにも、行動変化があった場合に、制裁が緩和・撤回されるという意味で対象国（ロシア）にメリットがある必要がある。何ら制裁が緩和されないとすれば、制裁の「行動変化効果」は得られない。しかし、すべての制裁が一度に撤回されて、侵略行為がなかったかのように従前の扱いが回復するとすれば、「殴り始めても途中でやめればお咎めなし」といった状況にもなりかねず、両者のバランスが重要となる。過去、特に金融制裁等においては、リスクアバースな金融機関の性格も影響して、行動変化後も制裁効果が残り続ける状況が見られたところ、ロシアのどのような行動変化に対して、どのように制裁を緩和していくのかについて、制裁参加国の間で協調して検討を行っておくことが必要であろう。それは、行動変化効果を最大化するためにも重要なことである。

　以上、経済制裁に関連する事項を中心にロシアのウクライナ侵略の地経学的含意を考えてきたが、最後に、より広く、「**相互依存と脆弱性**」の問題についても考えておく必要がある。欧州はロシアと経済的な関係を有している。特に、エネルギーに関しては、原油の2割以上、天然ガスの4割以上をロシアからの輸入に依存していた。こうしたロシアに対する依存は、欧州がロシアに対して政治・外交的に厳しい姿勢を取ることを躊躇わせる要因になってきた。ロシアにとっては、天然ガスなどエネルギー

に関する欧州のロシアへの依存は、それを用いて自らの政治的目的を達成する手段、すなわち地経学的手段として活用することができた（「経済的威圧」とも言う）。しかし、ロシアによる国際法違反の一方的なウクライナへの侵略を経験した欧州は、ロシアへのエネルギー依存という脆弱性をこのまま放置してよいのかという問いを突きつけられた。エネルギーを含むロシアからの輸入を減らすことは、①（すでに触れたが）ロシアに痛みを与えることでロシアの行動変化を促す、②ロシアの軍事行動に必要な収入を削減する、という効果に加えて、③ロシア依存という脆弱性を減らしロシアの地経学的な手段を封印する、という効果がある。エネルギー等の取引は、相互依存関係であり、第3章で述べるように、「経済的威圧」効果（マイナス面。脆弱性とも言える）と「戦争リスク低減」効果（プラス面）を持つ。しかし、経済的相互依存関係にあるにも関わらず、ロシアが国際法違反の国際秩序を踏みにじる一方的行動をとったことで、欧州は、この依存関係が生み出す脆弱性（マイナス面）をより強く意識し、その克服のためにロシアとの依存の減少に向けて大きく舵を切りつつある。これに伴い欧州は経済的にはマイナスの影響を被るが、それ以上に、経済安全保障を強化し、自由と民主主義という価値に依拠する国際秩序を守ることが重要だと判断していることになる。欧州を超えて、米国や日本でも検討されている貿易においてロシアへの最恵国待遇を停止するといった措置も、同様の考え方に基づくものである。

　このように、ロシアの侵略行為自体は地経学的行動ではなく軍事的行動だが、それは、様々な地経学的影響を生み出し、その対応にも地経学的な考慮が不可欠となっている。本書で展開している概念や分析は、こうしたロシアへの対応を検討する上でも有益な枠組みを提示するもの言えよう。

2022年3月記

目次

第1章　米国の外交・対中政策

第2章　貿易とサプライチェーン

第**3**章　経済制裁・経済安保

第**4**章　金融・通貨・インフラ

第**5**章　気候変動

第**6**章　人権・民主主義と板挟みとなる企業

装丁デザイン　杉本欣右
DTP　千秋社

第 1 章

The Era of Geoeconomics

米国の外交・対中政策

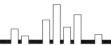

1 ジェイク・サリバンと 今後の米国外交・経済政策

はじめに

2020 年 5 月 11 日、ハドソン研究所のウォルター・ラッセル・ミード氏と、ジェイク・サリバン氏（現在、安全保障担当大統領補佐官）のビデオ対談が行われた。同対談と、サリバン氏の 2020 年 2 月の Foreign Policy 誌への寄稿[1] から、同氏の外交・安全保障の考え方が明瞭に浮かび上がる。

経済の重視と「新自由主義的経済思想」の超克

サリバン氏はまず、外交を考えるにあたって「経済」が重要になってきたと強調する。その上で、経済政策を考える際に、外交・安全保障関係者の関与が重要と説く。これまでは、外交的観点を経済政策に持ち込むと経済政策が汚れるという思いが経済専門家にあり、また、それへの遠慮が外交・安全保障関係者にもあったが、これは 1980 年代以降の現象。初期の米国がアダム・スミスやデービッド・リカードを愛したのは、それが対英仏で米国にとり地政学的メリットがあったからで、ケインズ政策の採用、ジョージ・ケナンによる対ソ封じ込めも同様、そして現在、対中政策を考えるに際して外交・安全保障関係者は同様の思いを持ち始めている、と指摘。安全保障関係者は、過去 40 年間支配的であった新自由主義的経済思想を乗り越えていく必要がある、と主張する[2]。

---

1 Jennifer Harris and Jake Sullivan, "America Needs a New Economic Philosophy. Foreign Policy Experts Can Help." Foreign Policy, February 7, 2020
   https://foreignpolicy.com/2020/02/07/america-needs-a-new-economic-philosophy-foreign-policy-experts-can-help/（リンクは全て 2022 年 2 月 9 日に確認）

2 "Today's national security experts need to move beyond the prevailing neoliberal economic philosophy of the past 40 years."Ibid.

米国に必要な政策

その上で、米国が取るべき政策として以下の5つを提示する。

● 第1に政府による国内投資の強化。現在は過少投資が問題でそれが長期停滞（secular stagnation）を産んでいるとし、インフラ、技術、教育といった分野への国の投資の増強を訴える。トランプ政権が2018年に行った減税による政府債務の増加は「悪い債務」だが、上記のインフラ・技術等への投資の結果として生ずるの債務は「良い債務」で気にする必要はないと主張する。

● 第2は「産業政策（industrial policy）」の活用。産業政策は米国では忌み言葉だが、サリバン氏は、アレキサンダー・ハミルトン大統領の製造業重視は米国で最初の産業政策であった、その後のアイゼンハワー大統領の州間高速道路やリンドン・ジョンソン大統領の「偉大な社会」、アポロ計画も産業政策であったと指摘の上で、政府が勝者を選ぶという形ではなく、技術開発や気候変動対策への投資といった形での産業政策は重要である、また軍需品やワクチン等の不可欠な財の国内製造基盤の維持も国の重要な役割と主張する。

● 第3は貿易協定が常に良いわけではなく、また、貿易が常に答えではないということ。貿易は、「補償」が行われる限り双方に必ずメリットがあるというが、実際にそうなっていないのであるから、それを前提に考えるべきではないと主張[3]。その上で、税の抜け穴を埋めるといったことのほうが（貿易自由化よりも）効果的、またTPPと切り離しても為替条項は米の中間層にプラスであると共に、中国に人民元安での輸出増を許さないことは中国の「一帯一路」（BRI）の原資である外貨準備を減らす点でも意味があると主張する。

● 第4に、米国の多国籍企業に良いことが米国民に良いこととは限らない、と指摘。米政府は米国医薬品産業のために様々な交渉をするが、医薬品業界は税金の安い海外で生産を行う、米国はアイルランドやスイスからの医薬品輸入が多いと指摘。

---

3 自由貿易は国内で勝者と敗者を産みうるが、勝者が敗者に必要な補償を行えば、すべての人が従前よりも状況を改善できる（パレート改善が可能）というのが「補償原理」である。補償（税や補助金）を行うのは政府であり、補償が不十分であることを理由に自由貿易を非難することは、宿題に手を付けずに他人を非難するのに似ている。（所得再分配機能の強化をやらずに、貿易のみを非難するのはおかしい。）もっとも、①実際上完全な補償は容易ではないこと、②また完全に補償できても急激な変化が「個人の尊厳」や地域社会等のコミュニティに影響を与えうること、③補償原理では安全保障的な「外部性」が拾えないこと、などには留意が必要であろう。

●第5に、業界の反対はあるが、独占禁止法の運用を厳しくすべきと主張する。

　なお、貿易についてサリバン氏は、保護主義に戻るということではなく、また新重商主義や輸入代替政策ということでもないが、現在の国際貿易のメカニズムに欠陥がある、その欠陥を直し、米国民の雇用と賃金を守る形で貿易が行われるようにすることが重要と補足する。

（中国）

　中国に関しては、ミード氏からの、中国は深刻な競争相手と見るか、あるいは中国を過大評価し過ぎと考えるか、との質問に、中国の興隆は最も深刻な地政学的な事象、だが冷戦の枠組みで考える必要はないと回答。バイデン氏とトランプ大統領（当時）の対中政策の違いを聞かれ、サリバン氏は、①トランプは対中政策を二国間で考えたがバイデンは同盟国を重視して中国に臨む、②バイデンは競争の際にもっとも大事なのは自分が早く走ることと考える、そのために、インフラ、技術革新、教育への投資を行う、③バイデンはトランプと異なり民主主義といった価値観を重視する、と回答した。

▌総括

　2020年前半の論文および対談だが、現在のバイデン政権の経済・貿易政策の基礎がすでに明確に表れている点は興味深い。サンダース上院議員が撤退を表明した直後、トランプ大統領（当時）は、自分の貿易政策はバイデンよりサンダースに近いと発言した。トランプ大統領としては、ヒラリー・クリントンを支持しなかったサンダース支持者という2016年の構図の再来を目論むと共に、貿易に関して比較的穏健（自由貿易的）に見られているバイデン候補のスタンスを、弱点として攻撃する意図もあっただろう。そうした中、バイデン陣営としても、トランプの孤立主義を攻撃しつつも、TPP復帰という議論は避け、貿易交渉に慎重な姿勢をこの時点で示していた。（そして貿易協定に慎重なバイデンの姿勢は、大統領に就任して1年以上が経過した現在でも変わっていない。）

　サリバン論文の本質である、経済学を超えた外交・安全保障的観点の重要性という主張は重要であろう。そのためにも、「経済学者」と「外交・安全保障専門家（国

際政治学者）」のギャップを埋めるような対話や政策議論が重要であろう。例えば、地経学の泰斗である Robert D. Blackwill の著書は経済学者への怒りに満ちているし[4]、逆に、国際貿易学者の Richard Baldwin のペーパーにはサプライチェーンの議論を巡る外交・安全保障重視派への不満が表れている。対中政策など、技術や価値観が関係する分野において経済学を超えた安全保障上の観点が重要なことは、経済学者も認める必要があるだろう。他方、そうした場合にも経済学的な観点で政策の妥当性を吟味することは必要であろう（例えば、安全保障の観点でサプライチェーンの脆弱性に留意することは必要だが、それが、すべての製造業を米国あるいは日本に戻すべきという極端な主張に振れないためには経済学的視点も必要。）双方の視点を生かした合理的な政策形成が日米ともに今まで以上に重要となっている。

4　地経学の重要性を体系的にまとめた Robert D. Blackwill、Jennifer M. Harris, *War by Other Means* (Harvard up, 2017) 参照。

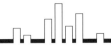

2 キャンベルと ポッティンジャー

はじめに

　2021年1月13日、国家安全保障会議（NSC）にインド太平洋調整官のポストを新設し、カート・キャンベル元国務次官補が起用されることが明らかとなった[5][6]。キャンベル氏は同年1月12日付でフォーリン・アフェアズ誌にアジア外交に関する論文も寄稿した。キャンベル氏はその後、同ポストに着任、米国のインド太平洋戦略の中核を担っている。また、同じ1月12日に、トランプ政権で国家安全保障担当大統領副補佐官を務めたマット・ポッティンジャー氏が取りまとめた「インド太平洋政策枠組」が機密指定を解除され公表された。

キャンベル論文

　キャンベル氏が1月12日にフォーリン・アフェアズ誌に、ラッシュ・ドシ（Rush Doshi）氏[7]と共著で寄稿したのは、「米国はいかにアジアの秩序を強化するか」"How America Can Shore Up Asian Order" という論文だ[8]。キャンベル氏は、以前より一貫して中国に関与することで中国がリベラルに変化するという幻想は抱いていない。その意味では、2017年にトランプ政権で作成された国家安全保障戦略（NSS）が掲げる厳しい対中認識を共有している。同時に、中国とも共存する必要があり、いか

5　ワシントンポスト報道　https://www.washingtonpost.com/opinions/2021/01/13/kurt-campbell-biden-china-asia-nsc/

6　フィナンシャルタイムズ報道　https://www.ft.com/content/ac4c02f4-48a7-49f3-9a06-0c3879750b37

7　論文執筆時点ではブルッキングス研究所。中国専門家。その後、国家安全保障会議（NSC）の中国担当部長（Director）に就任した。なお、ラッシュ・ドシ氏はその後 The Long Game（ホックスフォード大学出版、2021）を発表。中国政府要人の中国語のスピーチ等を詳細に分析して中国の戦略を分析して中国の戦略を鮮やかに描き出している。

8　https://www.foreignaffairs.com/articles/united-states/2021-01-12/how-america-can-shore-asian-order

に安定的に関係を管理するかと言う点への意識が高い。

この論文では、ナポレオン戦争後、1815年から第一次世界大戦勃発までの100年間、欧州は一定の平和が維持されたが、そこには英国とオーストリアの外交官の働きがあったとし、同様に今の米中関係に関して何が可能かを検討している。まず、2つのチャレンジとして、①中国の経済的・軍事的な興隆（南シナ海、東シナ海、中印国境、台湾、香港、新疆などでの攻撃的な対応に加え、豪州等に対する「経済的威圧」を例示）と、②米国のトランプ政権下での開放的な地域システムの毀損（マルチの経済的枠組みへの不参加、民主主義・人権の軽視を含む）を上げる。

その上で、アジア諸国が中国から受けている（i）安全保障の面での領土的冒険主義と（ii）経済的面での「経済的威圧」に関して、前者については米国が再び対応すること（re-engage）が必要なこと[9]、後者についてはサプライチェーン、標準、投資制度、貿易協定、一帯一路（BRI）の代替となるファイナンスといった分野での米国の役割の重要性を指摘する。

キャンベル氏は、中国が完全に西側の思想を受け入れるという前提には立たず、目指すべきアジアは「競争的だが平和な地域」（competitive but peaceful region）とし、北京にも地域秩序で居場所（a place for Beijing in the regional order）を与えるべきとする。同時に、中国が秩序に挑戦する行動にでれば、それにペナルティを与え、そのためにも課題毎に柔軟に様々な同志国との連合を組む（貿易、技術、サプライチェーン、標準などではG7に印豪韓を加えたD10、軍事ではQuadをベースに拡充、インフラは日印、等）とする。

ポッティンジャーの「枠組み」

キャンベル論文と同じ日、「インド太平洋に関する米国の戦略枠組み」（The United States Strategic Framework for Indo-pacific）が公表された[10]。もともと2018年2月に作成された「枠組み」は、マクマスター安全保障担当大統領補佐官

---

9 また、軍事力の在り方としては、圧倒的に優位であった時代の名残である空母の強化ではなく、長距離ミサイル、無人機、無人艇の活用や、米軍の前方展開（Forward Presence）を前提としつつも少数の脆弱な基地への集中ではなく分散展開の重要性を強調している。
10 https://trumpwhitehouse.archives.gov/wp-content/uploads/2021/01/IPS-Final-Declass.pdf

の下で当時国家安全保障会議（NSC）アジア担当上級部長であったポッティンジャー氏が作成したもの。「枠組み」は作成時には機密指定され25年後の2043年に公開されるはずであったが、2021年1月5日に指定解除され同1月12日の公表された。ポッティンジャー氏は2021年1月6日のトランプ支持者の米国議会の侵入・暴動の直後に大統領副補佐官（国家安全保障担当）を辞任している。

「枠組み」の公表時に、オブライエン大統領補佐官（国家安全保障担当）の補足（2頁）（以下「オブライエン補足」）[11]も公表された。「オブライエン補足」では、特に日米関係の重要性を強調。また、「自由で開かれたインド太平洋」（FOIP）概念が、もともと安倍総理（第一次）が2007年にインド国会で行った演説[12]「二つの海の交わり」に始まり、2016年のナイロビ演説で具体化。こうした日本のイニシアティブを受け、2017年にベトナムでトランプ大統領がFOIP推進の演説を行ったと説明。また、米国は2018年10月にはホノルルでアジアの国々とともにFOIPを話し合ったとして、FOIPが米国単独のアイデアではなく、日本を端緒として多くの国の意見も取り入れた概念であることを強調している[13]。

「枠組み」においても、まず、同盟国の重要性を強調している点が目を引く。また、中国が先端技術分野での支配を狙っていることを「自由社会の危機」と警告。これまでトランプ政権の対中強硬政策は、単なる「姿勢」や「感情」であり、「政策」になっておらず、また、その到達点を示していないという批判がついて回ったが、ポッティンジャーは「枠組み」の中で、到達点（End State）を明示していた。もちろん、到達点には、「核のない朝鮮半島」や、「地域において米国が外交、経済、軍事での優越性を持つ」など、達成できていないものもある[14]。豪州のシンクタンクASPI

11　https://trumpwhitehouse.archives.gov/wp-content/uploads/2021/01/OBrien-Expanded-Statement.pdf

12　「二つの海の交わり」という題名で、岡倉天心、ヴィヴエーカーナンダにも触れつつ、太平洋とインド洋のつながりを格調高く謳った演説。筆者は国際協力銀行の首席駐在員として2012年5月にインドに赴任したが、赴任後間も無い時期のインド人との会話で、安倍総理の「二つの海の交わり」は大変素晴らしい演説だったとコメントをもらった記憶がある。https://www.mofa.go.jp/mofaj/press/enzetsu/19/eabe_0822.html

13　FOIPのFree & Open（自由で開かれた）の代わりにstable（安定した）やprosperous（繁栄した）という用語が最初のバイデン―菅電話会談で使用されたことについては、慶應大学の細谷教授等により懸念が示された。重要な問題提起であろう。FOIP概念がトランプ大統領だけのものではなく、日本に端を発して国際的に形成されてきたことが米国側からも示されることは、FOIPが米国の政権交代に伴って架け替えてよい単なる看板ではないことを示す意味でも重要である。

14　貿易量などを見れば、アジアで経済の面で米国が中国よりも優越とは言い難いであろう。

のローリー・メドカフ（Rory Medcalf）氏は未達成の事項が多々あることを指摘しているが、達成しやすい低い目標が危険[15]な場合もあり[16]、いずれにしても到達点を示していた点は評価すべきであろう。

成功した点も多い。「枠組み」が記載する「一帯一路（BRI）に政治的な条件が課されており問題がある点を周知する」という政策は、2018年、19年を通じて米国内外で政府高官、シンクタンクなどで大々的に展開され、そうした「BRIの問題点」に関する国際世論は広範に形成された[17]。

また、日本への信頼と期待が高い点も特徴だ。インドとの関係強化の部分で、日本とともにインドの連結性強化に資するプロジェクトを支援することが記載され、また、東南アジアについては日本のリーダーシップの強化に言及がある。

対米外国投資委員会（CFIUS）強化といった経済安保、国内の技術開発促進なども掲げられると共に、トランプが軽視した価値についても「米国の価値を促進すること」が記載されている。

中国の軍事行動を抑止する部分では、防衛戦略として、（i）紛争発生時に第一列島線内で中国の航空優勢・海上優勢を維持させない、（ii）台湾を含めて第一列島線内の国々を防衛する、（iii）第一列島線の外では全てのドメイン（陸、海、空、等）で優勢を維持する、と記載している。やはり第一列島線内では中国が有する多数のミサイルに基づくA2/AD（接近阻止・領域拒否）戦略の前に、紛争発生直後は中国が航空優勢・海上優勢を得る可能性を認めつつも、それを維持させず、さらには、第一列島線内の台湾を含めた諸国を守ると明記していることは重要であろう。台湾については従来より、米国による明示の防衛コミットが台湾側の独立宣言といった無謀な行動を誘発する可能性があるという理由から「戦略的曖昧さ」の必要性を強調する意見が強い。しかし、外交問題評議会のリチャード・ハース（Richard Haass）氏は2020年9月に、中国が着実に軍事力を増強する中、「台湾が独立を

15　低い目標と言う点では、最近、北朝鮮の非核化に関して、もはや核廃棄ではなく、軍備管理的観点で臨むべきとの論調が米国識者に広がっている点は懸念される。

16　メドカフ（Medcalf）氏もこれを認識している。Rory Medcalf, "Declassification of Secret Document Reveals US Strategy in the Indo-Pacific", The Strategist, January 13, 2021　https://www.aspistrategist.org.au/declassification-of-secret-document-reveals-real-us-strategy-in-the-indo-pacific/

17　もちろん、単にプロパガンダとうことではなく、そうした実態があったら、周知が成功したのではあるが。

宣言するリスク」よりも、「中国が台湾を侵攻するリスク」がより切実となっており、それを抑止するためには米国の明確な台湾防衛コミットが必要だと主張した[18]。バイデン政権は「戦略的曖昧さ」という方針を維持しているが、「枠組み」において台湾防衛が明示されていたように、中国の攻撃的姿勢に呼応する形で、米国は実態において台湾防衛へのコミットを強めていると言えるだろう。

総括

　トランプ政権にあっては、トランプ大統領の同盟軽視、価値観無視、衝動的対応にあって、その安全保障政策が批判されることも多かった。そういう困難な状況の中で、米国や同盟国の安全保障を真剣に検討し実行に努めた人物の思いが、「枠組み」の中には込められているように感じた。

　トランプ政権とバイデン政権では、外交・安全保障政策において、同盟国の尊重、価値観の重視、気候変動問題などその相違が強調される。確かに、トランプ大統領とバイデン大統領の間ではこれらの違いは明確にあるが、「キャンベル論文」と「ポッティジャー枠組み」に共通点が多いことから明らかなように、同盟国の尊重、価値観の重視、中国に対する厳しい認識といった点において、バイデン政権と「トランプ未満のトランプ政権」には多くの共通性が見てとれる。最終的には大統領の判断でものごとが決まる中で、ポッティンジャー氏のような人物の努力があって同盟及び安全保障は維持されてきた。

　アフガニスタン撤退や AUKUS 発表などプロセス面での関係国への説明不足が批判されるバイデン政権だが、トランプ前大統領とは異なり、同盟国等と協力しながら国際関係を管理していこうという志向をバイデン大統領自身が有することは明確だ。同盟国にとっては、米国が同盟国との協力を志向するのはありがたいことだが、これは日本にとっても新たな努力を必要とする。意見の違いを調整し、共通の政策を練るた

18　リチャード・ハース（Richard Haass）氏も、「台湾が独立を宣言しない限り」など限定を付しつつ、米国による台湾防衛を明確にすべきと主張している。論文は以下。
　　Richard Haass and David Sacks, "American Support for Taiwan Must Be Unambiguous", Foreign Affairs, September 2, 2020
　　https://www.foreignaffairs.com/articles/united-states/american-support-taiwan-must-be-unambiguous

めには、米国の譲歩も必要だが、日本の譲歩や工夫も必要となる。価値観の部分についても、日本は自らを米国と同志国（like minded countries）と自己規定しているが、人権や民主主義に関して本当に米国等と同志国なのか問われる局面も生じ得る。逆に日本として、東南アジア諸国の実情を米国に説明する局面もあるだろう。同盟のガーデニング（gardening：良好な状況を作りそれを維持するための庭仕事のような地道な作業）には手を抜く暇はない。

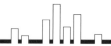

3 対中戦略／
4つの演説と4つの戦略

はじめに

　ペンス副大統領（当時）は、2018年10月4日にハドソン研究所で対中政策に関する演説を行ったが、そのほぼ1年後、2019年10月24日にコンラッドホテルで改めて対中政策に関する演説を行った。同演説は夏前に予定されていたが、米中貿易交渉への配慮から延期されたと噂されていたもの。また、2019年10月30日にはポンペオ国務長官がハドソン研究所で対中政策に関する演説を行った。さらには、2019年10月18日に、民主党のクリス・クーン上院議員がウィルソン・センターで対中政策に関する演説を行っている。これらの演説は、政治レベルでの米国の対中観を認識する上で現在でも参考となる。また、ハル・ブランズ（Hal Brands）氏とザック・クーパー（Zack Cooper）氏がまとめた4つの対中戦略についても確認する。

ペンス副大統領演説

　ペンス副大統領の2018年10月のハドソン演説は、中国に対する厳しい姿勢で多くの関心を集めたが、ポイントをおさらいすると以下のとおり[19]。

● 米国等による中国への関与（engagement）が、経済的にも政治的にも中国における自由を拡大させことを期待していたが、その期待は裏切られた。

● 中国は南シナ海を軍事化しないという約束を破った。尖閣周辺の航行も継続。米国を西太平洋から駆逐することを狙っている。

● 監視国家で、社会信用スコアも利用。宗教的自由を抑圧。100万人のウイグル人を収容し洗脳。

19　2018年10月4日のペンス副大統領演説のトランスクリプトは以下。
　　https://trumpwhitehouse.archives.gov/briefings-statements/remarks-vice-president-pence-administrations-policy-toward-china/

● 債務外交。スリランカ、ベネズエラに貸し込み。

● 台湾の民主主義は全ての中国人にとってよりよい道を示している。

● 米国世論への介入。米国のビジネス、映画製作者、大学、シンクタンク、学者、ジャーナリスト等に報奨と強要で影響を与えている。

● 知財の窃取、強制的技術移転など不公正な経済手段を用いている。

　2019年10月のペンス副大統領の演説も、基本的には1年前の演説を踏襲。内容的にも極めて似ていて、同じ表現を使っている部分も多い。上記で上げたポイントは全て繰り返されている。前回と異なる点、今回の特徴を挙げると以下のとおり[20]。

● 貿易協議に関しては、第一段階の合意で中国による米農家の支援を歓迎する旨を述べたうえで早期の署名を期待と言及。同時に、さまざまな構造的重要問題があり、それらへの対処も必要と釘をさしている。

● 香港に言及。1984年の中英共同声明に沿った香港の人々の権利を尊重する形での平和的解決を促すとし、中国当局に対して、反対者に暴力を用いれば貿易交渉の妥結は困難になると警告。同時に、「我々は平和的に抗議をしている何百万人もの香港の人々と共にある」「非暴力的抗議の道を維持するよう求める」とし抗議行動を行う側にも暴力を避けるよう明確にメッセージを出している。

● 中国による米国世論への干渉を強く非難すると共に、米国企業に対しても米国の価値観と合致する行動を強く求めた。具体例も挙げ、ナイキが、NBA（全米バスケットボール協会）のロケッツのGeneral Managerの「自由のために戦おう。香港と共に立とう」("Fight for Freedom. Stand with Hong Kong") というツイートに反発する中国当局に歩調を合わせて、ロケッツの商品を中国のナイキの店頭から撤去したことを批判。また、NBAが中国共産党の側に立ち表現の自由を蔑ろにしているとし、「NBAは権威主義体制の完全子会社のように振舞っている」と批判した。その上で、「検閲を受け入れることは間違っているだけではなく、非アメリカ的行動である。米国企業は米国内外でアメリカの価値に従った行動をすべきである」と強調した。

● また、米国は中国とのデカップル（decouple）は求めていない、関与（engage）

20　2019年10月24日のペンス副大統領演説のトランスクリプトは以下。
　　https://trumpwhitehouse.archives.gov/briefings-statements/remarks-vice-president-pence-frederic-v-malek-memorial-lecture/

を求めている、しかし関与は公平で相互の尊重に基づき、国際商業ルールに従うものである必要があると指摘。中国共産党は真の開放と国際的規範への収斂に抵抗しており、世界からデカップル（decouple）しているのは中国共産党であると痛烈に批判した。

■ ポンペオ国務長官演説

　ポンペオ国務長官は2019年10月30日にハドソン研究所で演説[21]。ポンペオ演説は米中の理念・価値観に大きな違いがあることを強調した。いくつか特徴を述べたい。

● まず、中国の人々と中国共産党は異なるとし、問題は中国共産党と指摘。その上で、（中国共産党と我々の）2つのシステムの根本的な違いをもはや無視することはできないと強調。米国はこれまで中国との友好を求める中で、民主主義、人権などに目をつぶり、両国のイデオロギーの違いを軽視してきた、と指摘。

● その上で、中国による知財窃取、NBAで見られたような経済力を使った表現の自由の侵害、国家資本主義、香港や新疆で見られる人権侵害、などを指摘。レーニン主義の共産党エリートに全ての人々が服従する中国の統治モデルに関して、自分も民主主義国の人々も、そして中国の人々も望まない体制だと批判する[22]。

● 貿易に関しては、第一段階の合意への早期の調印への期待を示しつつ、両国の経済関係は公平で相互的でバランス取れたものであることが必要と主張。

● 最後に、中国との衝突は望んでいない、中国が人々の才能が発揮される自由で人権が保障された国となることを望んでいる、しかし、我々は中国に我々の希望を投影するのではなくありのままの中国に対応していく必要があると結んだ。

21　2019年10月30日のポンペオ国務長官演説のトランスクリプトは以下。
　　https://2017-2021.state.gov/the-china-challenge/index.html
22　"We know too that the Chinese Communist Party is offering its people and the world an entirely different model of governance. It's one in which a Leninist Party rules and everyone must think and act according to the will of the Communist elites. That's not a future that I want, I think it's not a future that anyone in this room wants, it's not a future that other democracies want, and it's not a future that the people of China – the freedom-loving people of China everywhere don't want this model"

クーン上院議員演説

クリス・クーン（Chris Coons）氏はデラウェア州選出の上院議員で民主党の大物。2019 年 10 月 18 日にリチャード・ニクソン財団とウィルソン・センターが共催した「米中関係に関するニクソン・フォーラム」で対中国政策に関して講演した[23]。演説のポイントは以下。

● 米国は自由で開かれた社会のリーダーとしての役割を取り戻す必要がある。中国とは共存（co-exist）し、競争（compete）し、協力（cooperate）していく必要がある。米中関係を冷戦と捉えることは不正確で、かつ自己実現的な危険があり不適切。

● 2001 年に WTO 加盟後、中国は経済的・政治的な開放を進めなかった。我々は今、関係を再検証する必要がある。貿易戦争が早期に終了することを望むが、米国が同等の競争条件（level playing field）を得て貿易関係をリバランスするまでは、これ（貿易戦争）を継続すべである。米国内には中国が米国中間層の将来を奪ったとの怒りがある。2020 年に民主党が政権を取れば米国の態度が変わる（中国により融和的になる）と考えているとすれば、それは誤りである。

● 米国が指導的役割を果たすべき４つの分野に触れたい。1 つ目は航行の自由。中国による南シナ海での島の造成、海上での強圧的行動、ジブチの軍事基地などは国際航行や商取引へのリスク。米国自身も国連海洋法条約を批准すべき。海を守るためには国防予算の効果的な使用が重要。1000 万ドルしか費用の掛からない対艦ミサイルに対して脆弱な空母の建造に 150 億ドルも掛けるのは賢明ではない。

● 2 つ目は新興技術のルール作り。5G、AI、半導体、量子コンピュータ、バイオ、IOT といった技術は重要で、いずれも安全保障にも適用できる。米国内のイノベーションの能力を高めるべきで、連邦予算による R&D、科学技術教育を強化すべき。また、欧州やインド太平洋と将来技術の標準策定のための同盟を組むべき。米国が技術でリーダーシップをとるためには、開放性が重要だが、それは自由放任（レッセフェール）を意味しない。最もクリティカルな技術についてはフェンスで守ることも

23　2019 年 10 月 18 日のクリス・クーン上院議員による演説のトランスクリプトは以下。
https://www.wilsoncenter.org/article/remarks-us-senator-chris-coons-the-nixon-forum-us-china-relations

必要。

- <u>3つ目は貿易</u>。中国に知財窃取や強制的技術移転はやめさせるべき。ただ、中国による重要産業への補助金供与等は、中国の経済モデルに鑑みれば、これを修正させることは困難であることを認識すべき。トランプ大統領の関税は中国のみならず、欧州、北米、日本といった同盟国にも被害を与えてしまっている。同盟国と協力してWTOルールの改善に努めるべき。また、一帯一路（BRI）については債務漬け、環境破壊、人権侵害、労働基準無視といった点を懸念しており、国際的な高い基準を守らせることが重要。また、米国国際開発金融公社（DFC）が同盟・パートナー国とも協力して一帯一路（BRI）の代替を提示することも重要。

- <u>4つ目は価値</u>。中国は2億台の監視カメラを使い、社会信用システムを広げている。中国国内で活動する外国NGOの数は過去2年で7000団体から400団体に激減した。新疆ウイグルを弾圧、香港の自治を蔑ろにしている。米国は国連も活用して、良い統治、透明性、報道の自由を促進すべき。

- 我々には戦略が必要だ。センチメントは戦略ではない。中国の行動が嫌いな理由を繰り返しても中国は行動を変えない。中国共産党と習近平は、彼らのモデルの方が機能すると考えている。我々は、我々のアイデア・基準・国際慣行がより優れていることを示す必要がある。

▍4つの演説の含意

　以上、4つの演説を見てきたが、米国や西側諸国による中国への関与（engage）がいずれ中国を経済的にも政治的にもより開放的で自由な体制に近づけていくという「責任あるステイク・ホルダー」（"Responsible Stakeholder"）の考え方がうまく機能しなかったという点についてはコンセンサスがある。ペンス演説は中国の様々な問題行動を厳しく指摘し、特に2019年の演説では市場や経済力を使って表現の自由を制約する動きに警鐘を鳴らした。ポンペオ演説は、価値により光を当て、共産党指導下での中国は西側諸国とは大きな価値観の相違があることを明確に指摘した。しかし、共産党指導体制が必然的に民主主義、自由、人権を否定するとすれば（そしてそれを解決すべき問題と捉えるならば）、米国（および西側諸国）は論理的には中国の体制転換を志向せざるを得なくなる。これは相当な困難を伴うことだ。また、クリス・

クーン上院議員は同盟国との協調の重要性や、米国自身のイノーベンション力の強化の重要性を指摘し、また、価値の問題もなおざりにできないことを指摘しつつ、中国の補助金供与については中国の体制と深く結びついた問題であり早期の解決は困難と諦めている。また、同氏が中国の問題をあげつらうだけではセンチメントにとどまる、我々には戦略が必要と強調した点は、共和党政権批判の側面もあるが、正しい指摘であろう。

　詳細な戦略は一朝一夕にできるものではないが、Hal Brands 氏と Zack Cooper 氏が 2019 年 2 月にまとめた「責任あるステイク・ホルダー論の後に何が来るのか。米国の対中戦略を論ずる」"After Responsible Stakeholder, What? Debating America's China Strategy" という論文 [24] は、対中戦略を考えるに当たっての枠組み設定として現在でも有用である。基本的な内容は以下のとおりだ。

（After Responsible Stakeholder, What?／4つの戦略／集団的圧力）

　論文の標題から明らかなように、Hal Brands 氏と Zack Cooper 氏は、"Responsible Stakeholder" が失敗したとの認識に立ち、その後の戦略につき4つを理念型として提示する [25]。4つの戦略とは「宥和」（Accommodation）、「集団的対抗」（Collective Balancing）、「包括的圧力」（Comprehensive Pressure）、「体制変更」（Regime Change）である。Brands & Cooper に従いそれぞれ見ていく。

　「宥和」（Accommodation）は、米国の国力が中国との対比で落ちていく中で、さらに米国が不利な立場となる前に両国のグランド・バーゲンにより関係を確立しようという考え方である。良好な雰囲気の中で協力のドミノが生じることも期待される。その

---

24 Hal Brands and Zack Cooper, "After the Responsible Stakeholder, What?: Debating America's China Strategy" Texas National Security Review, Vol.2, Issue 2 (February 2019)
https://2llqix3cnhb2lkcxpr2u9olk-wpengine.netdna-ssl.com/wp-content/uploads/2019/02/TNSR-Journal-Vol-2-Issue-2-Brands-and-Cooper.pdf

25 Responsible Stakeholder が失敗であったことは、先に見た4つの演説も示しているとおり、米国内ではほぼコンセンサスになっているといえよう。しかし、Responsible Stakeholder という概念のもと、中国に対して抱いた期待の大きさについては議論の余地がある。Responsible Stakeholder の提唱者でもあるボブ・ゼーリック氏は「自分もキッシンジャーも中国が発展と共にオープンになることは期待したが、発展すれば民主主義国になるとの幻想は当時も抱いていない。そこまでナイーブではない。そんなことは 1989 年の天安門を見ればすぐにわかることだ。」と述懐していた。

ために、尖閣やスカボロー礁や台湾で中国に譲歩する。「宥和」の問題点は、①こうした譲歩は日本、フィリピン、台湾が主体となる話で米国だけで中国と取引できるものではないこと。②グランド・バーゲンとして取引したものが将来も守られるか確証がないこと。取引後に国力を増した中国が更なる要求を行う可能性は排除できない。③米中双方とも国内事情があり実際に譲歩することは困難、といった点。Brands & Cooper は「宥和」が選ばれる可能性は低いと見る。

　「体制変更」（Regime Change）は、前提として、現在は米国の国力・軍事力が優越している、中国は修正主義国家でありリスクのある行動も取ってくる、中国の国力は伸長しいずれ米国を凌駕する、したがってその前に共産党を中心とした中国の体制変更を試みるべきという考え。核兵器を使うことなく中国共産党を放逐できるということが前提となる。「体制変更」論への批判としては、①確かに中国は競争相手だが現時点で実存的脅威（existential threat）とまでは言えず、また中国内部にも債務問題・高齢化・民族問題といった脆弱性を抱えておりこのまま強大化するとは限らず、慌てて「体制変更」というのは現実的対応というよりはパニックに近い。②全面戦争となる可能性がある。③成功したとしても新たな政府がより良い政府である保証はない。例えば共産党はいなくなったが、代わりに極端に国粋主義的軍事政権が誕生する可能性もある。④国際社会からの批判を招き米国への信頼が失われる、といった点が挙げられる。Brands & Cooper は「体制変更」も適切な選択肢とは看做さない。

　「集団的対抗」（Collective Balancing）は、前提として、中国は修正主義国家だがリスク回避的、地域の国家が中国に対抗する用意がある、対抗する諸国の連合が中国を抑止するだけの力がある、といった要素を仮定する。中国が態度を変えるまで対抗を続ける。後述する「包括的圧力」が中国へのパワーシフトの流れを逆転させることを目論むのに対して、「集団的対抗」は現在の中国との経済関係を大きく棄損させることなく、ただ有志連合により中国への抑止を継続する。確かに、購買力平価でみれば中国経済は既に米国経済よりも大きいが、米国は世界の上位20か国の半分と同盟関係を持ち、同盟国を含めて考えれば米国はまだ中国より有利な位置にいるというのが本戦略を支える現状認識。したがって、しっかりと同盟国が協働

して対抗してくれるかが本戦略の肝となる。そのためにも米国は同盟国を守る強い意思と能力が必要で、そのための投資も不可欠。また経済的な関係強化も重要であり、TPP への復帰を検討するとともに、DFC が日豪と協力して積極的にインフラへの資金供給を行うことも大切。本戦略の弱点は、①中国の ASEAN に対する姿勢に顕れるように中国は国ごとに剥いで（Peel off）まとまらせないよう働きかけること、②かつてサマーズ元財務長官は 2050 年に中国は米国の２倍の経済規模となると予測したが中国の成長が続けば、同盟国と集団で対抗しても中国を抑止しきれない可能性があること、③ TPP 脱退や同盟軽視といったトランプ大統領の政策が既に悪影響を及ぼしていること。

　「包括的圧力」（Comprehensive Pressure）は、前提として、中国は修正主義国家でかつリスク許容度が高い（冒険をする）こと、地域の国は中国の国力伸長に伴い引きはがされて（peel away）いくこと、中国の成長が減速しなければ米国はその地位を維持しきれないこと、などを仮定する。その上で、中国が地域や世界の秩序をひっくり返す前に中国を弱体化させるというのが本戦略。すなわち、「集団的対抗」により同盟国・パートナー国と協力しても中国のモメンタムを押しとどめられないと想定される場合に、「包括的圧力」による中国へのより強い対応が求められる。最低でも、中国の拡張への抵抗を阻害するような経済分野については分離（disentangle）が必要となる。軍事的に重要な部品の中国企業からの調達も制約する。最大では、中国の経済連携協定からの排除や、投資の制限、サプライチェーンからの除外も検討される。政治的、イデオロギー的観点から中国共産党を非難・中傷することも、この戦略に含まれる。抑圧に加担する中国指導者への制裁、中国の人権侵害への強い非難、共産党幹部やその家族の腐敗に関する情報開示等による体制の正統性への攻撃も含む。体制を崩壊させることが目的ではないが、資源と注意を国内問題に向けさせることで中国の地政学的潜在力を弱めることが狙いとなる。本戦略には3つの批判がある。①本戦略は米中関係をより危険な段階へと移行させる。中国が強く反発する可能性がある。②日本など一部の同盟国以外は、この戦略を好まず、米国の同盟国等との協働が困難となる可能性がある。③米国内でも技術や金融関係者など中国への投資が大きいセクターが強く反発する可能性がある。

Brands & Cooper は、以上4つの戦略を提示した上で、「宥和」と「体制変更」はリスクが高すぎるとして選択肢から削除する。残る「集団的対抗」（Collective Balancing）と「包括的圧力」（Comprehensive Pressure）については、両者はあくまで理念型であり、複雑な現実に対応するためには状況に応じつつ両者の優れた要素を組み合わせる必要があるとして、両者のハイブリッドである<u>「集団的圧力」（Collective Pressure）</u>という概念・戦略を推奨する。「集団的圧力」戦略においては、中国共産党が目標を変えるか権力を失うまで、同盟国・パートナー国と連合を組み抑止を維持することとなる。中国が重要な秩序に挑戦する場合には圧力を増加させる。「集団的圧力」戦略のためには4つのことが必要。第一に、共産党の強圧的行為、不公正経済行為、軍備拡張、政治的抑圧、人権侵害などを公表していく。これは中国の人々に共産党の問題を赤裸々にすると共に、同盟国の支持を得るための材料にもなる。第二に、広い同盟の確立。そのために米国は同盟国へのコミットを明確にし、TPP にも復帰し、同盟国の信頼を得る必要がある。第三に、米国自身がより効果的に中国に対抗できるよう力を付ける必要がある。長射程ミサイル、海中戦闘能力、ミサイル防衛、地上発射型対艦ミサイルなど、北京の「接近阻止／領域拒否（A2/AD）戦略」を打ち破る能力への投資を行う。また、中国の知財窃取を止め、防衛品の中国への依存を回避する。第四に、教育とイノベーションへの投資を強化する。

　Brands & Cooper は、「集団的圧力」のメリットとして、米国の強みである同盟ネットワークを活用すること、また、ハイブリッドであるが故に中国の動向をみつつ戦略の強弱を修正できること、また、米国民や同盟国の理解を得るために当初は弱めの戦略から始めて徐々に圧力を強めることも可能なことを指摘する。

▌総括

　ペンス副大統領の演説については、米国内では対中認識としては正しいとの声が多いが、同時に、あれは単なる姿勢・態度（attitude）で戦略ではないとの批判がある。対中認識を示して共通基盤を作るだけでも演説に意味はあると考えるが、確かに、米国の対中国政策の最終ゴールが見えないという声はよく聞く。理念型ではあっても4つの戦略を提示し、戦略議論の枠組みを提供したという点で Brands &

Cooper の貢献は大きいと言えよう。

　同時に4つの演説のすべてが示すように（そして香港の現在の状況が示すように）中国との対立を掘り下げていくと、単なる経済政策の違いや、軍備の急速な拡大といった問題を超えて、「価値」の違い、共産党の存在という点が浮かび上がる。根源的対立がこうした違いに根差すのであれば、戦略の検討に際しても、そうした違いを生む中国の統治機構、それを支える国営企業を含めた経済構造、監視社会の進展とその中での人々の意識、デジタル技術の進歩が全体主義的統治の効率を向上させたのか、といった諸点への分析がますます重要となるであろう。米中関係を冷戦と規定することは不適切かも知れないが、冷戦期のソ連研究のような中国研究の深堀が今求められているのではないか。

　バイデン政権が成立して１年程度経過した時点で、Cooper 氏に4つの戦略に関する意見を直接聞いてみた。Cooper 氏は、「4つの戦略の枠組みは現時点でも有効であり、「集団的対抗」と「包括的圧力」が適切、まずは、「集団的対抗」から始めてるのが妥当だろう。バイデン政権の政策もそれに近いように見えることもあるが、ただ、バイデン政権には気候変動に関してはより協力的であり、台湾に関してはより対立的であり、様々な要素が入っている」という意見であった。また、イデオロギー・価値の問題に関しては、「イデオロギー・価値を重視すべきでないという意見があることは認識している。エルブリッジ・コルビー氏[26] などがその代表だ。しかし、自分（クーパー氏）はそうした意見には組しない。米中の対立が軍事的なものに留まっているのであれば、コルビー氏の主張は正しいが、現在の米中の対立は、軍事面に加えて、経済、技術、統治（システム）に及んでいる。米国にとってアジアで本当に頼りになるのは、日本、豪州などで多くはない。そう考えると、米国にとっては欧州の協力を得ることが何より重要だ。アジアにおいて欧州に対中国で協力してもらうためには、米欧が共有している価値・イデオロギーが重要な基盤となる。コルビー氏はイデオロギー・価値を前面に出すとするとベトナムなどの協力を得られなくなると言うが、ベトナムは中国との緊張を前に、米国との協力以外に選択肢はない。」との考えであった。透徹したリアリズムに基づく傾聴に値する意見であろう。

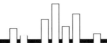

4 「より長い電報」The Longer Telegram （米国の対中戦略に関する匿名論文）

はじめに

2021年1月28日、米国のアトランティック・カウンシルから「より長い電報」"The Longer Telegram（新たな米国の対中戦略に向けて）"という興味深い論文が公表された[27]。執筆したのは元政府高官だが、本人の希望で匿名の発表となった。米外交官のジョージ・ケナンが1946年2月22日にモスクワからワシントンに送ったソ連に関する分析と意見は「長文電報」（Long Telegram）と呼ばれるが[28]、今回それより長い80頁以上ある論文の執筆者はケナンを意識して、The Longer Telegram というタイトルを付けた。なお、ケナンはワシントンに帰任後、初代の国務省政策企画局長に就任、在任中の1947年7月にフォーリン・アフェアズ誌に匿名でいわゆる「X論文」を発表、ソ連の「封じ込め」政策を理論化した。

The Longer Telegram のポイント

The Longer Telegram[29] は、権威主義的な性格を強める中国の興隆を米国にとって最大の挑戦と位置づける。こうした厳しい対中認識は、2017年の米国国家安全保障戦略、2018年のインド太平洋戦略枠組み（ポッティンジャー・ペーパー）、2020年国務省政策企画局ペーパー[30] などにも見られ、米国の学者やシンクタンク研

---

27 "The longer Telegram", (Atlantic Council, 2021)
https://www.atlanticcouncil.org/wp-content/uploads/2021/01/The-Longer-Telegram-Toward-A-New-American-China-Strategy.pdf

28 https://nsarchive2.gwu.edu//coldwar/documents/episode-1/kennan.htm

29 The Longer Telegram の概要を末尾に参考として掲示した。

30 2020年11月に国務省の政策企画局が公表した文書で「中国の挑戦の諸要素」"Elements of the China Challenge" というタイトル。https://beta.documentcloud.org/documents/20407448-elements_of_the_china_challenge-20201117

究者の多くもこうした見方を共有している。

The Longer Telegram の最大の特徴は、中国の問題の根源が「習近平」にあると分析している点だ。The Longer Telegram は、習近平が個人崇拝を強要し、従わないものに対し民族的ナショナリズムを使って対抗、政敵を排除した、とする。また、毛沢東後の中国の指導者はリスク回避的であったが、習近平は異なり、中国の力を国外にも投射し、また米国を中心とする「自由な国際秩序」（Liberal International Order）とは異なる権威主義的国際秩序の確立を企図していると指摘する。

同時に、共産党指導部の中には、習近平の政策に批判的な思いを持つ者もおり、党には割れ目があるとし、米国の戦略はこの割れ目を突くことであると強調。米国の目標は、中国を 2013 年以前（習近平以前）に戻すこととする。また、共産党の崩壊を前提とはせず、2013 年以前の中国に戻り、米国主導の「自由な国際秩序」に従うのであれば、共産党が指導する中国にも世界の大国として振る舞う余地があるとする。

また、The Longer Telegram は、米国の具体的な政策として、中国の行動や戦略的利益を重要度の順に「レッドライン」「主要な安全保障上の懸念」「戦略的<u>競争</u>領域」「戦略的<u>協調</u>領域」に分けて明示する。「レッドライン」を明らかにすることで中国がそうした行動を取らないように抑止するが、抑止が破れて中国が「越えた」場合には米国は必ず直接的な介入（＝軍事行動）を取るとする。「レッドライン」には、「台湾（台湾の島嶼を含む）に対する軍事的攻撃、経済封鎖」や「尖閣諸島およびその排他的経済水域を防御する日本の軍事力への攻撃」が含まれる。また、「主要な安全保障上の懸念」の場合には、軍事的措置とは限らないが、米国として何らかの措置を取るとし、該当する事象には、「米国の同盟国またはインドを含む重要なパートナー国に対する大規模な軍事面、経済面での攻撃的な態度」や「中国国内での民族浄化あるいは人道に対する罪」などが含まれる。以下、いくつかの論点を批判的に検討したい。

習近平へのフォーカス

中国を批判する際に、悪いのは中国の人々ではなく中国共産党だという言い方は近時米国で頻繁に用いられる。もともとは、広く中国国民を敵にまわすつもりはなく、

中国共産党に焦点を絞って批判を行うという考え方であり、トランプ政権末期の中国共産党員へのビザの制限や、2020 年 7 月のニクソン・ライブラリでのポンペオ国務長官（当時）の共産党批判もそうした考えに基づく。しかし、今回の The Longer Telegram は、さらに「中国共産党」と「習近平とその取り巻き」の間には溝があり悪いのは後者とより焦点を絞る。

確かに、習近平が権力を握って以降、中国の対外的な攻撃的姿勢が強まった印象は強い[31]。経済的にも、ピーターソン国際経済研究所のニコラス・ラディ（Nicholas Lardy）が "The State Strikes Back"（国家の逆襲）で紹介しているとおり、融資における国有企業の比率は、2013 年までは 3 割程度であったのが、2014 年 60％、2015 年 69％、2016 年 83％と急増した[32]。しかし、尖閣諸島の領有権の主張などは2010 年の中国漁船による海上保安庁の巡視船への体当たり、船長の解放要求、レアアースの輸出制限など、胡錦涛時代から攻撃的性格は強まっていた。国有企業に関しても、習近平が権力について以降の融資の国有企業比率の急上昇は重要な事実だが、「国進民退」を基礎づけた政策文書は胡錦涛時代の 2006 年に発出されている[33]。シカゴ評議会のポール・ヘーア（Paul Heer）は、習近平となり中国がより攻撃的となったのは間違いないが、それ以前もマルクス・レーニン主義は忘れていないし、ナショナリズムへのアピールも行っていた、と分析する[34]。

一億人近くの党員がいる中国共産党を全面的に攻撃することは、実際上の困難もあり、また中国を結束させるという副作用もあり、中国共産党員へのビザ制限などには批判もあった。その意味では、中国共産党を全否定するのではなく、その中でもより急進的な「習近平とその取り巻き」にフォーカスするという戦術的理由は理解できる。しかし、習近平後にはより穏和な指導者が登場することを当然視する姿勢は楽観的

---

31 オバマ政権で NSC 高官であったエバン・メドリアスは、2021 年 2 月 8 日の BBC の Hard Talk で、オバマ政権初期の対中政策が甘かったのではないかとの司会者の質問に対して、「胡錦涛は習近平とは違った」と弁明している。

32 Nicholas R. Lardy, *The State Strikes Back* (Peterson Institute for International Economics, 2019)

33 国有資産監督管理委員会の国有資本調整及び国有企業再構築に関する指導意見（97 号分件）2006年 12 月

34 Paul Heer, "Why the 'Longer Telegram' Won't Solve the China Challenge" The National Interest, February 1, 2021
https://nationalinterest.org/feature/why-%E2%80%98longer-telegram%E2%80%99-won%E2%80%99t-solve-china-challenge-177404?page=0%2C2

に過ぎるとの批判がある。Dov S. Zakheim は、ソ連を例に、過激で権力欲の強いスターリンの後により中庸な指導者になるとことが期待されたが、（一旦穏和なマレンコフが指導者となったものの、それを追放した）フルシチョフ以降ブレジネフまで指導者への反論は一切許さない強権政権が続き強制収容所は動き続けたと指摘し、習近平の後により穏和な指導者が登場するという前提自体に疑問を呈する[35]。

　ちなみに、ポッティンジャー・ペーパーと国務省政策企画局ペーパーは、共産党をターゲットとし、習近平にフォーカスしていない。（これは、問題の本質が習近平よりも中国共産党にあると考えた結果なのか、あるいは習近平との関係維持を重視していたトランプ大統領への配慮のためかは不明。）

イデオロギーの問題

　米中対立においてイデオロギーの問題をどれだけ重視すべきかは、従来より様々な意見がある。ポッティンジャー・ペーパーはイデオロギーに触れているが、全体としてはさほど強調していない。カート・キャンベルとラシュ・ドシ（Rush Doshi）のフォーリン・アフェアズの 2021 年 1 月の論文も、価値観を重視しつつもイデオロギーの違いが米中の共存を妨げるというスタンスはとらない。これに対して中国国内での中国語の演説・発信を詳細に調べた国務省政策企画局ペーパーは、米中のイデオロギーの違いとその深刻さを繰り返し強調する。The Longer Telegram は、国際関係・国際政治においてアイデアの競争は重要で、中国が「人類運命共同体」という権威主義的資本主義モデルで西側にイデオロギーの挑戦をしているとみなし、米国はこの競争に全力で取り組む必要があるとしつつも、中国が対外関係において米国主導の Liberal International Order を受け入れればイデオロギーの違いがあっても共存可能と言う前提に立っている。その意味では、カート・キャンベルの考えに近い。

35 Dov S. Zakheim, "The Longer Telegram: What it means for US-China relations", The Hill, February 5, 2021
https://thehill.com/opinion/national-security/537291-the-longer-telegram-what-it-means-for-us-china-relations

レッドラインの明示

レッドラインの明示にはメリットとデメリットがある。メリットは、米国の固い決意を明示的に示すことで、そうした行動を思い止まらせる強い抑止効果が期待できる。デメリットは、一つは、抑止が効かずに中国がレッドラインを超えた場合には、いかなる犠牲があろうとも軍事的な行動を取ることが必要となり事後的な自由度が失われる。（シリアが化学兵器を使用した際のオバマ政権のように、レッドラインを引いたのに行動しないと、米国のコミットの信頼性が失われる。これを繰り返せば、抑止は崩壊し、被害は同盟国にも及ぶ。）デメリットの二つ目は、レッドラインが明確になることで、その閾値の下に留まる限りは攻撃を受けないという安心を与えることで、閾値を少しだけ下回る冒険的行動を誘発する点である。

The Longer Telegram は、「レッドライン」にとどまらず、その下に「主要な安全保障上の懸念」「戦略的競争領域」「戦略的協調領域」と段階を設けることで、デメリットの二番目の可能性を減らしている。例えば「レッドライン」に該当しない「宇宙アセットへの脅威」についても「主要な安全保障上の懸念」に該当するため、必ずしも軍事的行動とは限らないが米国は何等かの対応を行うことが想定され、攻撃側に対する抑止が働く。

デメリットの一つ目、「レッドライン」越えの場合に必ず軍事的行動を行うと言う点は、コミットにより自らの行動を縛ることが抑止力の源泉であるために避けられないデメリットではあるが、レッドラインの対象事項を限定することで、デメリットの縮減を図っている。もっとも、「レッドライン」があまりに狭ければ同盟国にも不安を与えるところ、尖閣を含めて、重要な事項をカバーするよう考慮がされており、この点は評価できる。（特に、尖閣についてはブルッキングス研究所のマイケル・オハンロン氏が、無人島の尖閣諸島のために米軍が血を流す必要はなく、仮に人民解放軍が侵攻・占拠しても経済制裁等で対応すれば十分という「尖閣パラドクス」を提唱、抑止の観点で大変問題のある考えを主張しているが、The Longer Telegram はそうした立場には立っていない。）

その他の論点

中国は軍事面での脅威に加えて、貿易を含めた経済の相互依存関係の武器化も

大きな問題である。The Longer Telegram はこうした問題意識を有し、「米国の同盟国またはインドを含む重要なパートナー国に対する大規模な経済面での攻撃的態度」を「主要な安全保障上の懸念」として位置づけ、必ずしも軍事的手段とは限らないが、米国の対処を想定している点は（何が大規模かという曖昧さはありつつも）評価できる。

　基軸通貨としての米ドルの地位の維持を重視している点も適切であろう。なお、米ドルの支配的地位は、金融制裁など地経学的手段に使える点で米国に大きなメリットを与えるが、金融制裁の過剰な発動が米ドルの支配的な地位に悪影響を与えるという点は十分強調される必要がある。

　同盟国重視が強調されている点も妥当であり、かつ、バイデン政権の方向性とも合致する。これは、米国が日本など同盟国の意向を考慮するのみならず、同盟国も米国と協力しコストを負担し必要な妥協を求められることを意味する。同盟国としても覚悟して臨む必要がある。

　ロシアとの関係改善を志向しているが、この「逆キッシンジャー」的アプローチは、地政学的観点での対中戦略と言う点で妥当であり、日本の経済協力を通じた対ロシア政策にも通ずるところがある。しかし、プーチン政権の非民主的で人権無視の性格がますます色濃くなり、さらに、2022 年初のウクライナに対するロシアの行動に対して国際社会のロシアを見る目が極めて厳しくなる中で、成果を上げることは困難であろう。

中国の反応

　当然ながら中国は The Longer Telegram に批判的である。中国外交大学の李海東（Li Haidong）教授が 2021 年 2 月 6 日付の Global Times に意見を載せ、The Longer Telegram は、トランプ政権の政策の延長で、過去の失敗の教訓から何も学んでいない、冷戦思考に陥り中国の現状を全く理解していない、中国を封じ込めてカラー革命を起こそうとしているが失敗する、など激しく反論している[36]。興味深い

---

[36] Li Haidong, "'The Longer Telegram' draws no lessons from the US' past failures in China policy" Global Times, February 6, 2021
https://www.globaltimes.cn/page/202102/1215143.shtml

のは、Li Haidong 教授が一番力を入れて繰り返し批判しているのが、中国人民は共産党やリーダーと利益を共有している、これらの関係を切り離そうとする試みは失敗に終わる、米国こそ国民とリーダーの利益が整合していない、と言う部分である。選挙による為政者への正統性付与の仕組を欠く中国の体制にあっては、人々と為政者の乖離と言う批判は最も聞きたくない批判であろう。なお、教授は匿名での意見表明は適切ではないとも批判した。The Longer Telegram の執筆者は元政府高官であり（X論文執筆時のジョージ・ケナンのように）現役ではなく、李海東（Li Haidong）教授の匿名批判の部分だけは理解できる。

終わりに

　The Longer Telegram の内容全てに同意するわけではないが、よく考え明瞭に書かれた興味深い論考である。The Longer Telegram では米中のイデオロギー対立に関して、アイデアの競争は重要であり今後も続くと述べる。アイデアで国際的に競争するためには、国内においてもアイデアが自由に流通し議論が行われることが不可欠であろう。米国の対中政策は、ナショナリズムやポピュリズムに突き動かされて、漂流することもままあるが、様々な意見・アイデアが表明され、それに対する反論や批判も自由に行われるダイナミズムがある。何より、米国政府の対中政策に対して、自由に批判やコメントが可能である。中国における "The State Strikes Back"（国家の逆襲）による経済活動における「市場」の制限は、長期的な生産性にマイナスの影響を与える可能性があるが、同様に、自由にアイデアが表明され議論される「アイデアの市場」の欠落は、中国のより良い政策形成を制約する可能性がある。The Longer Telegram は米政府の現在の方針ではないし、そのまま採用されるものでもない。また、習近平へのフォーカスは、習近平後にはより穏和な指導者にかわるとの前提に立っているが、これは中国の自信やナショナリズムに基づく長期のトレンドを軽視した楽観的過ぎる見方であろう。しかし、The Longer Telegram は少なくとも今後の対中政策形成のための「アイデアの市場」に興味深い材料を提供するものと言えよう。

▎（参考）The Longer Telegram の概要

　21世紀の米国が直面する最大の挑戦は、権威主義の度合いをますます強める中国の興隆である。習近平の力の拡大は、この挑戦をより深刻にし、また時間軸をより早めている。

　国内において習近平は、中国をマルクス・レーニン主義に引き戻し、毛沢東的な個人崇拝を進め、政敵を組織的に排除した。市場改革は停滞し、民間セクターは共産党の直接的なコントロール下に置かれた。国内外を問わず、習近平の権威に従わないものに対しては、民族的ナショナリズムを使って対抗した。習近平の中国は、ますます全体主義的警察国家の色彩を帯びてきている。

　毛沢東後のリスク回避的な指導者達と異なり、習近平は、中国の権威主義体制、恫喝的外交、国境を超えた軍事プレゼンスを対外的に投射する意図を持つ。習近平の中国は、もはや鄧小平、江沢民、胡錦涛の時の現状維持パワーではない。中国は修正主義パワーとなった。

　米国は、習近平の中国に対し今後30年間どのように政策を実施するかを指し示す、統一的で実際的で超党派の国家戦略を至急策定する必要がある。トランプ政権は中国に対して「戦略的競争」を宣言した。中国を警戒すべきと訴えた点は正しいが、政策の実施は混乱と矛盾に満ち、かつ、「戦略的競争」自体も態度の表明ではあっても包括的戦略ではなかった。

　ジョージ・ケナンが1946年にモスクワから送った有名な長文電報（long telegram）は、ソビエト・システムが内在的に抱える脆弱性のためソ連は自らの重みで崩れると分析した。「封じ込め」戦略は、こうした分析に基づき実施された。しかし、中国共産党は（ソ連の歴史に学んだこともあり）より器用であり、米国が、中国の体制がいずれ崩壊するという前提にたって戦略を策定し、中国共産党の追放を目標に据えることは、極めて危険である。ソ連のように、中国を封じ込めて中国共産党の崩壊を夢見るのではなく、中国に対してはより肌理細やかな戦略が必要である。

　中国共産党の内部には、習近平のリーダーシップと巨大な野心に対して分裂がある。党の上層部には、習近平の政策への当惑があり、また絶え間なく絶対的忠誠を求めることへの怒りもある。党内にこうした裂け目があるのに、中国共産党をまとめてターゲットとするのは、洗練されたやり方ではない。また中国共産党の追放を目指すことは、習近平より前の5つの共産党政権と米国が協働できた事実を無視するものだ。今、

米国は、2013年より前の、習近平より前の中国に戻すことを政策目標として据えるべきだ。

　米国のリーダーは、「中国の人々」と「中国政府」を分ける必要がある。「中国政府」と「共産党エリート」も分ける必要がある。「共産党エリート」と「習近平」も分ける必要がある。米国の戦略は、習近平とその側近にフォーカスすることが重要だ。そして、この戦略には長い時間がかかり得ることを認識すべきだ。

　習近平の戦略的目標は以下のようなものだ。
- 技術で米国を追い越し、それにより経済面でも支配的な大国となる
- 国際金融と通貨（ドル）における米国の支配的地位を傷つける
- 米国およびその同盟国が、台湾、南シナ海、東シナ海での紛争への介入を思いとどまらせるに十分な軍事力を保有する
- 現在中国に味方することを躊躇している諸国が中国側につくように、米国の信用と影響力を低減させる
- 中国の近隣国、特にロシアとの関係を深化させる
- 一帯一路（BRI）を地政学的・地経学的ブロックに昇華させ将来の中国中心の世界秩序の基礎とする
- 国際機関の中で増大しつつある中国の影響力を駆使し、人権や国際海洋法を含む、中国に都合の悪い標準や規範を変更し、代わりに、習近平の「人類運命共同体」に基づく序列に従う権威主義的な国際秩序を形成する

　これに対して米国は同盟国・パートナー国と共に以下のように臨むべきである。
- 全体で経済的・技術的な優越を維持する
- 米ドルの世界的地位を守る
- 通常兵器での圧倒的抑止力と核兵器での米国優位のバランスを維持する
- 中国の領土的拡張、特に台湾の力による統一、を防止する
- 同盟およびパートナーシップの関係を強化・拡大する
- ルールに基づく自由な国際秩序（rule-based liberal international order）とその基礎となる民主的価値を守る
- 気候変動を始めとする共通の世界的脅威に対処する

　中国の国力が増大する中で、最も大事なのは、中国のエリート指導層に、米国と対立する国際秩序を作るのではなく、米国主導の自由な国際秩序の中で発展することが中国にとっても中国共産党にとっても一番良い選択だと思わせることだ。つまり、習近平が思い描くのとは異なる形で中国は世界の偉大なパワーになれる。中国の行動をこのように変容させるための米国の戦略は以下の7つの要素からなる。

● 米国の長期的国力を支える経済、軍事、技術、人材を再建する

● いかなる場合にも中国に越えさせない限定的な「レッドライン」を定める

● 死活的ではないが報復は行う「主要な国家安全保障上の懸念」を定める

● 重要だが上記二つに該当しない分野を同定する

● 気候変動、感染症、核拡散など継続的協力が必要な分野を定める

● 中国の国家資本主的権威主義モデルに対して、政治的、経済的、社会的な自由を守るためのイデオロギー上の戦いを全力で世界的に遂行する

● 上記の戦略をアジアおよび欧州の主要な同盟国と細かく調整・合意する

　上記の米国の戦略は、以下の10の構成原理に基づく。

● 米国の戦略は、軍事、米ドル、技術、価値という米国の4つの強みに支えられる

● 米国の戦略は、まず国内の経済、組織の弱みに対応することから始められる

● 米国の戦略は、価値と国益に裏打ちされる

● 米国の戦略は、中国に統一的に対応できるよう主要な同盟国と十分な調整が行われる。これは同盟国の居心地を良くするためではなく、今、米国は同盟国無しでは勝てないからである

● 米国の戦略は、主要な同盟国、パートナー国の幅広い政治的、経済的な必要に答えるものでなければならない

● 米国の戦略は、好悪とは無関係に、ロシアとの関係を改善しなければならない。過去10年ロシアが中国と戦略的関係を深めたことは米歴代政権の最大の戦略的過ちである

● 米国および同盟国の対中戦略の焦点は、中国の政治の、特に習近平のリーダーシップの断絶にある

● 米国の戦略は、中国の戦略が実際的であることを忘れてはならない。中国の指導者は、「強さ」を尊敬し「弱さ」を軽侮する。「一貫性」を敬い「動揺」を馬鹿

にする。戦略的真空があればすぐに付け入ってくる

- 米国の戦略は、現在は中国が米国との軍事的衝突を大変恐れていること、しかし今後 10 年で軍事バランスがシフトすることによりこの態度は変化することを理解しておかねばならない

- 習近平にとっても「何より大事なのは経済」(It is economy, stupid.) である。(軍事的敗北以外で) 習近平が倒れる一番の要因となるのは経済的失敗。文革以来、完全雇用と生活水準の向上は、暗黙の「社会契約」だ

米国は以下の「レッドライン」対して抑止し、抑止が破れて中国が実行した場合には米国は即座に直接的に介入する [37]。

- 米国または同盟国に対する核・化学・生物兵器の使用 (中国が断固とした行動を取らずに北朝鮮がこれらの行動を取った場合も同様)

- 台湾 (台湾の島嶼を含む) に対する軍事的攻撃、経済封鎖、インフラへのサイバー攻撃

- 尖閣諸島およびその排他的経済水域を防御する日本の軍事力への攻撃

- 南シナ海での更なる埋め立て、軍事化、主権を主張する国に対する軍事力の活用、航行の自由への妨害

- 米国の同盟国の領土または軍事アセットに対する攻撃

米国は以下の「主要な安全保障上の懸念」に対して、必ずしも軍事的手段とは限らないが、対応を取る。

- 戦略核兵器の削減に関するバイまたはマルチの交渉への参加を拒否し続けること

- 米国の宇宙アセットやグローバル通信手段に脅威を与えること

- 米国または同盟国の重要インフラへの主要なサイバー攻撃

- 米国の同盟国またはインドを含む重要なパートナー国に対する大規模な軍事面、経済面での攻撃的態度

- 中国国内での民族浄化あるいは人道に対する罪

37　これは軍事的介入を意味している。

　米国は、重要だが緊要とまでは言えない以下の「戦略的競争領域」について、軍事的、強制的、懲罰的手段はとらないが、対応する。

● 米国はインド・太平洋地域で現在の軍事力を維持する

● ロシアとの関係を安定化させる（日ロ関係の安定化も促す）

● Quad を完全にオペレーショナライズする

● 日韓関係の正常化を促し、韓国が中国に近づき続けていることを阻止する

● 東南アジア諸国との関係、特に同盟国であるフィリピンとタイとの関係、の強化

● 国際的準備通貨としてのドルの地位の維持

● 米国および同盟国の重要技術が中国に獲得されないよう守る

● 米国、カナダ、メキシコの経済を可能な限り統合する

● 再交渉の上で TPP に参加する

● 環大西洋貿易投資協定パートナーシップの交渉を行い参加する

● 同盟国や友好国と共に、改善されたマルチの紛争解決手続きも活用し、中国の貿易投資自由化・国家補助金・不当廉売・知財保護に関する約束を守らせる

● WTO 及びその紛争解決メカニズムを改善する

● 同盟国と共に世銀や地域開発銀行に投資を行い、BRI への効果的な代替手段と位置付ける

● 国連および多国間機関を再活性化させる

● 国務省を再建する

● USAID を通じた対外援助を増大させる

● 中国の人権問題に圧力をかけるためにマルチの人権機関を強化する

　中国との「戦略的協調領域」は以下のとおり。

● 核の軍備管理

● 北朝鮮の非核化

● サイバーに関する二国間交渉

● 宇宙の平和利用に関する交渉

● AI 自動兵器の制限に関する交渉

● マクロ経済および金融安定化に関する G20 での協力

● 気候変動での協力

- 画期的な気候変動技術の研究のための協力
- 癌を始めとする主要な疾病への医薬品の研究にかんする協力
- 将来の世界的感染症に関する周知・管理やワクチン開発における協力

　国際関係においてアイデアは引き続き重要であり、今後もアイデアの競争は続く。中国は、「人類運命共同体」という権威主義的資本主義モデルで西側に対するイデオロギーの挑戦を始めている。オープンな経済、正しい社会、競争的な政治システムを信じる国々にとっての挑戦は、自らのアイデアの有効性を信頼し続けられるかである。
　同盟国はもはやオプションではなく米国にとり不可欠な存在である。同盟国は米国にとってかけがえのない財産であり、前例のないレベルで政策協調を行っていくことが必要である。

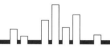

5

ブリンケン外交演説

▌はじめに

2021年3月3日、ブリンケン国務長官が外交政策に関する演説を行った[38]。国務長官に就任してから始めての包括的な外交方針の表明であった。

外交演説の内容は、基本的には大統領選挙期間中および選挙後の様々な機会にバイデン政権が表明してきた立場を踏襲している。従って大きなサプライズはないが、基本的な方向性を包括的に分かりやすく提示しており参考になる。また、本外交演説の後に、バイデン大統領が「暫定国家安全保障戦略指針」（Interim National Security Strategic Guidance）を公表した[39]。暫定戦略指針は、今後数か月をかけてより詳細な国家安全保障戦略が策定されていくが、それまでの間に外交・安保関係者へガイダンスを与えることが目的。ブリンケン国務長官は、今回の外交演説を大統領の戦略をいかに外交が実現するか示すものと説明している。

▌外交演説の全体像

冒頭で、外交は米国の労働者やその家族のためのものであり、彼らのためになっているのかを常に問う必要があると強調。また、外交担当者の多くはオバマ政権に仕えたが、その後状況は変化しており新しい目で世界を見る必要があると指摘。ただし、変化しない原則もあるとして、米国のリーダーシップと関与が重要なこと、各国との協力が重要なことを述べる。その上で、外交のプランとして以下を述べる。

---

[38] ブリンケン国務長官の演説のトランスクリプトにつき以下リンク参照。https://www.state.gov/a-foreign-policy-for-the-american-people/

[39] 暫定戦略ガイダンスにつき以下リンク参照。
The White House, "Interim National Security Strategic Guidance", March 2021
https://www.whitehouse.gov/wp-content/uploads/2021/03/NSC-1v2.pdf

1つ目として、**新型コロナを抑え、国際的な保健安全保障を強化すること**。ここでは、世界の多数が免疫を持たねば新型コロナの変異が生じ、米国に感染が舞い戻るとし、国際協力の重要性を強調する。

　2つ目として、**経済危機を克服してより安定した包摂的なグローバル経済を作ること**。新型コロナにより失業が増大し格差も拡大したとし、米国人を長期の不況から守ると共に米国人に機会を提供するような国際経済環境を維持すべきことを強調する。なお、ブリンケン国務長官は以前の教訓に学ぶ必要があるとし、過去、利益が広く共有されると言う前提で自由貿易協定の締結を主張したが、悪影響を受ける人々やその痛み、また協定の文言が実際に執行されるのか、と言う点への理解や配慮が不十分であったと反省する。その上で、知財の窃取や為替操作を許さず、全ての米国人が利益を受け、中間層を拡大し、新たな雇用を作るようあらゆる努力を行うと強調する。

　3つ目として、**民主主義を刷新すること**。ここでは、権威主義とナショナリズムが世界的に拡大し民主主義が退潮にあるとした上で、米国においても、偽情報、構造的人種差別、格差、議会への襲撃など、民主主義が脆弱な状態にあるとする。その上で、米国はこうした現状を無視し隠すのではなく、世界が見る中で、つらく、醜いが、これに正面から立ち向かう必要があるとする。世界は米国の民主主義が強靭か否かを見ている、米国は自国の民主主義を守って始めて世界の民主主義を守る正統性を持ち得る、とする。同時に、米国は世界の民主主義を支援するが、それは、米国自身が機能する民主主義であることを示すこと（power of our example）や、民主的行動に誘因を与えることなどで実施するもので、軍事介入や力での体制転換による民主化促進は行わないと明言する。

　4つ目として、**人道的で効果的な移民システムを作ること**。

　5つ目として、**同盟国およびパートナー国との関係を再強化すること**。トランプ政権では同盟は米国にとってコストと認識されることが多かったが、ブリンケン国務長官は同盟を米国の貴重な財産とした上で、これを「啓発された自己利益」（enlightened self-interest）と呼び、同時に真の協力関係は米国が全て行うのではなく負担を分担すべきとも釘をさす。また、国際ルールを形成する場には常に米国は参加すると強調する。

　6つ目として、**気候危機に対応しグリーン・エネルギー革命を推し進めること**。米

国内で頻発する災害に言及し気候変動が喫緊の課題としつつ、米国の温室効果ガスの排出は世界の15%であり、残り85%の世界と協力しなければ問題は解決しないことを強調。風力や太陽光発電はすでに安価で競争力を有しており、現状、米国はこうした再エネ産業で他国の後塵を拝しているのを逆転し、良質な雇用を創出する必要があるとする。

7つ目として、**技術分野でのリーダーシップを確保すること**。人工知能や量子コンピュータなど最先端技術は21世紀を決するとし、米国はこれら技術分野で世界の最先端にいる必要がある、技術を使う主体が必ずしも良い意図を持っているとは限らず友好国と共に不適切な利用を制限するルールの形成に取り組む必要がある、ハッキングへの対策など守りの強化も重要と主張する。

8つ目として、**21世紀の最大の地政学的テストである中国との関係を管理すること**。ロシア、イラン、北朝鮮など深刻な挑戦と見なせる国は他にもあるが、中国は別格で、経済、外交、軍事、技術面で大国であり、安定した開かれた国際社会（とそれが内包するルールや価値）に挑戦しているとする。その上で、中国との関係は競争的、協力的、敵対的側面があるとしつつ、いずれの場合にも強い立場から（from a position of strength）中国に臨むことが肝要とする。そのため、同盟国、パートナー国と協働が重要であり、また、新疆での人権侵害、香港での民主主義の蹂躙などに対して我々の価値のために立ち上がる必要がある、さもなければ中国はお咎めなしでやりたい放題となると警戒する。

以上8つの補足として、これらは国内問題であるのと同時に外交問題でもあること、軍事的行動ではなくまず外交が検討されるべきことを主張。さらに、国家の真の強さは、軍事力だけではなく、人材がその能力を十分発揮し、民主主義が機能し、イノベーティブで包摂的な経済を持ち、国が一つにまとまる力を持ち、価値によってリードすることだと強調する。

暫定戦略指針

上記の外交演説は基本的にはホワイトハウスのHPに公表された「暫定戦略指針」に沿っているが、後者の方が、国防総省・米軍所管部分を中心に、カバーしている範囲が広い。外交演説で言及されていない（あるいは言及が限定であった）が興

51

味深い点として以下がある。

　国防力の重要性には触れているものの、「国防予算の中での明確な優先順位付け」への言及があり、議会の状況にもよるが、今後国防予算の大幅増加は見込みにくい状況が示唆されている。また優先順位付けに関しては、不要なレガシーアセットから将来の先端技術への配分の変更が主張されている。空母や核兵器への配分を減らし、無人機、無人艇の強化などの可能性があろう。なお、外交（国務省）や援助の強化にも言及がある。

　また核戦力に関しては、コストのかかる軍拡競争を避けて軍備管理を進めるとし、さらに、抑止力を維持しつつ、核兵器の目的の限定の検討についても言及している。これだけでは分かりにくいが、選挙前からバイデン大統領は核兵器の先制不使用（NFU）の検討に言及しており、拡大抑止の維持と同盟国との協議を前提としつつも、こうした意向が維持されていると思われる。我が国は中国と距離的に近接し、通常弾頭でのミサイル能力が圧倒的に中国に有利な環境にあり、米国が核の先制不使用（NFU）を採用すれば我が国の安全への深刻な悪影響が懸念される。（米国に依存するのみではなく、我が国自身もミサイル攻撃能力等の打撃力の検討が必要であろうが、米国のNFUの動きに関しては拡大抑止協議等を通じてその妥当性に関して米国との緊密な協議・調整が重要であろう。）

▍ 総括

　ブリンケン演説は、8つのプランを含めて、違和感はないが、以下のように気になる点もある。

　内政と外交が混ざり合うという主張は、バイデン政権が好んで主張しているもので、驚きはない。国内で民主主義をしっかり立て直さなければ、外に対しても民主主義の重要性を主張しにくいし、国内経済がしっかりしなければ対外的な交渉においても不利に立つという意味では、「内政が外交に影響する」という部分は理解しやすい。「外交から内政」という点も、国民の支持がなければ外交政策は持続困難という現実に照らせば、貿易協定など国内の中間層への影響を配慮すべきと言う点は理解できる。もっとも、自由貿易協定を含めて、貿易は国内的には勝者と敗者が生じるが、国内全体ではメリットが生じるため、国内で適切な再分配を行えば皆にメリットがあるという

のが基本的な考えのはずだ。従って、非難すべきは貿易や自由貿易協定そのものではなく、不十分な所得再分配や、再教育を含めた「移行」の支援の不足といった国内対策であろう。（貿易がなくても技術革新により格差やセクター間での勝ち負けは発生するのであり、こうした所得再分配等の措置はいずれにしても重要だ。）ジェイク・サリバン補佐官もブリンケン国務長官も理解していると思われるが、説明が不十分なままに「中間層への配慮が不十分な貿易協定」という言説が流布することで、「敗者を産まない貿易や貿易協定」が存在するという幻想が生まれることは、正しくなく、また好ましくもない。

　バイデン大統領もブリンケン国務長官も、従来から人権や民主主義を重視する立場であり、この点は、「暫定戦略指針」にも「外交演説」にも表れている。世界で権威主義的傾向が広がる中、傷んだ米国の民主主義を立て直すことで、世界の民主主義の退潮にも歯止めをかけたいというのは、ブリンケン国務長官の切なる願いであろう。なお、力による権威主義の体制転換を明確に否定している点は注目される。

　中国に関しては、今後も様々な議論が行われて政策が形成されていくと思われ、拙速な判断はさけるべきだが、①安定した開かれた国際社会の挑戦者として位置づけ、②新疆の人権侵害や香港の民主主義の蹂躙にも言及した、と言う点では厳しいスタンスを示したと言える。他方、③中国との関係自体は競争的、協力的、敵対的な側面があると含みを持たせ、④また標題の建て方も「21 世紀の最大の地政学的テストである中国との関係を管理すること」とし中立的なニュアンスも出している。中国の挑戦を深刻に受け止めつつも、「競争的な共存」を続けざるを得ないという現状認識が垣間見れる。2021 年 11 月 15 日の米中バーチャル首脳会談も、米国側の目的は「競争の管理」であり、共存を前提とした競争関係の管理というスタンスはバイデン外交において一貫している。

　重要項目として「技術」を挙げ、友好国との連携を強調している点も注目される。D10、テクノロジー・アライアンス、分野毎のモジュラー型など様々なアイデアが出されているが、技術に関する民主主義国の協調についてバイデン政権としては真剣に捉えていると思われ、我が国としても緊密に連携・協力していくことが必要であろう。

6 アンカレッジ／米中外交責任者会談

はじめに

2021年3月18日、19日とアラスカ州のアンカレッジで米中外交責任者の会談が行われた。米国からはブリンケン国務長官、サリバン安全保障担当大統領補佐官等[40]が参加、中国からは楊潔篪共産党政治局員、王毅国務委員兼外相等が参加した。会談の冒頭部分は公開された。

背景

米国は、2021年3月12日に初のQUADサミットをバーチャルで実施。その後、日本、韓国と2＋2を実施した上で、アンカレッジに向かった。同盟国・パートナー国を重視し、連携して強い立場から中国に臨むという方針は、3月3日の外交演説でまさに述べた戦略であり、ブリンケン国務長官はそれを着実に実施していると言える。

場所・タイミング

場所はアラスカ州のアンカレッジで行われた。ブリンケン長官が日本、韓国を訪問する際に北京を訪問することを中国が提案したと思われる。結局そうはならず、アジアからアメリカに戻るブリンケン長官に合わせる形で楊潔篪政治局員、王毅外相がアラスカに飛び、会談となった。会談で中国側は、北京、ワシントンの等距離のアンカレッジで会談が行われたこと、米国に彼らが招待されたことを強調した。他方、中国側は、継続的協議を前提に今回の会議を中米ハイレベル戦略対話と呼び、米側は、そうした枠組みではないと否定する状況になった。（中国は国内の報道でもハイレベル戦略

40　インド太平洋調整官のカート・キャンベル氏も参加。

対話を使っている模様。）

米側の説明

　2021年3月18日の会談は、冒頭はプレスを入れて、それぞれ2分ずつ、4人がまず話すということになっていた。まず、ブリンケン国務長官が、ルールに基づく国際秩序が重要なこと、日本・韓国など同盟国もこの会談に関心を持っていること、新疆・香港・台湾、サイバー攻撃・経済的威圧を懸念していること、を述べた。

　続いて、サリバン補佐官が、同盟関係を再活性化しQUADも開催した、経済的・軍事的威圧は許容できない、対立は求めないが競争は歓迎する、と話した。ここまで米側はほぼ予定時間どおりの簡潔なスピーチだった。

楊潔篪の大演説

　続く楊潔篪政治局員が、中国語で16分の大演説をぶった。通訳も14分かかった。楊潔篪は自分の演説が終わった後に、「米側が違ったこと言ったので自分も少し変えて話した」と言い訳していた。ただ、楊潔篪は米側発言に対応してアドリブで話したとは思われない。16分間休まず話し、その後通訳も14分間休まず訳した。その意味では事前に準備した上での計画的行動だろう。ブリンケンは、楊潔篪の発言の後に「通訳の給与を上げなければ」と長すぎるスピーチを皮肉った。中国側は誰も笑わなかった。

　楊潔篪政治局員は、中国は新型コロナとの闘いや貧困撲滅で大きな勝利を収めたこと、中国の人々は中国共産党を支持していること、中国は平和・発展・公正・正義・民主主義・自由という人類共通の価値を共有すること、少数国による「ルールに基づく」秩序ではなく国連と国際法に基づく国際システムを守るべきこと、米国に米国式民主主義があるように中国には中国式の民主主義があること、米国は自らの民主主義を他国に押し付けるのをやめるべきこと、米国民の多くが米国の民主主義を信頼していないこと、世論調査によれば中国の指導者は中国人の広い支持を得ていること、中国の社会システムを汚す試みは失敗しむしろ共産党への求心力を高めること、両国は新型コロナ・経済回復・気候変動などで協力できること、冷戦思考を捨て去り相

互に尊重すべきこと、米国が安全保障を拡張し力や金融覇権で通常の貿易活動を阻害していること、を説明。また、日本と韓国は、それぞれ中国の2位と3位の貿易相手国で、ASEANは中国の1位の貿易相手国、米中は多くの双方共通の友人を持つべき（We should have many mutual friends）と主張した。

　また、新疆、チベット、台湾は中国の不可分な領土であり、米国のいかなる内政干渉にも強く反対し、断固とした措置を取ると表明。さらに人権に関しては、中国は着実な進歩を遂げており、米国にこそ多くの問題があるとしてBlack Lives Matterにも言及の上で、非難を他国に向けるのではなく、それぞれの問題にしっかり対応することが重要と指摘した。

　（ここまでで中国語16分、通訳14分で合計30分。この後は短く区切って通訳を入れながらさらに3分話す。）サイバーに関してはサイバー攻撃能力も技術力も米国こそチャンピオンで他国を非難できないと主張。また、米国や西側諸国が国際世論を代表しているとは言えず、多くの国は米国の主張する普遍的価値を認めていないし、少数の国の人々が作るルールも国際秩序の基礎とは認めていないと強調した。

▌王毅外相

　王毅外相は、4分ほど（通訳も入れると8分弱）で、米国は中国の内政に干渉する覇権主義的姿勢を改めるべきこと、3月17日に香港に関連して対中制裁を強化し内政干渉したことに中国国民は激怒していること、アラスカはあくまで米国であり従って我々は米国の招待客であるにも拘わらず出発の前日に新たな制裁を課すというのはゲストを歓迎する姿勢とは言えない、しかし中国の決意は揺るがないこと、を主張した。

▌米国の再コメント

　ここまで、米国側は冒頭自ら通訳を含めて10分程度話したが、その後通訳を含めて40分以上中国側の話を聞かされたことになる。双方が話した後にプレスは退出することになっていたが、ブリンケン国務長官は、このまま公開部分が終了してはまずいと考え、プレスに「待って」と呼び止め、「中国側の話が延長したので我々もいくつか話をしたい」と話し始めた（ブリンケンが通訳を含めて5分程度、サリバンが通

訳を含めて2分程度話した）。

　ブリンケン長官は、我々は日本・韓国を含めて各国から中国への懸念を聞いている、とした上で、民主主義に関して、米国は完璧ではないし過ちを犯す、しかし我々は「より完全な国家」（more perfect union）を常に目指している、課題を無視したり存在しないふりをするのではなく、オープンに透明に向き合ってきたのが米国の歴史だ、米国はこのプロセスを通じて強くなる、バイデン大統領は副大統領時代に習近平国家副主席に「米国の負けに賭けるのは賢明ではない」と伝えた、今でもそうだ、と強調した。

　サリバン補佐官は、自信のある国は自らの欠点を正面から見据えることができる、また米国は同盟国とパートナー国と共に問題を解決する、とコメントした。

中国側の粘り

　サリバン補佐官は、自らのスピーチの最後に、「みんなありがとう」とプレスにも伝え、スタッフも「ありがとう」と発言、予定を大幅に超過した冒頭の公開セッションはようやく終了モードとなった。しかし、中国側は再度発言する。楊潔篪政治局員は、自分のミスだ、この部屋に入るときに米国側にオープニングリマークのトーンに気を付けろと注意すべきだったが、しなかった、中国側は米国のトーンの故にこのスピーチをせざるを得なくなった、米国が外交儀礼を守ると買いかぶっていた、米国には強いポジションから中国に話す資格などない、米国民は偉大だが中国国民も偉大だ、中国が過去に外国のせいで被った苦しみが不十分だったとでも言うのか、中国国民を絞め（strangle）ようと思えば傷つくのは自分達の方だ、と言い放つ。

　王毅外相は、日韓を訪問した際に中国からの威圧（coercion）に関して議論になったとのことだったが、これは両国から直接の不平の声があったのか、あるいは単に米国の見解なのか、関連情報を中国と共有することなく一方的に中国を威圧と非難することは正しいやり方か、と発言。1時間を超える長い冒頭の公開部分はやっと終了した。

総括

　アンカレッジ会談は、そもそも共同文書の作成の予定もなく、それぞれのポジションを

「言いっ放す」というのが大方の見立ててであった。米国は、これまでも暫定的ではあるが安全保障・外交方針を示しており、それに沿って、新疆・香港・台湾を含めた価値、同盟国との協調、経済的威圧などを指摘した点は予想の範囲内であった。中国も、今後米国が外交方針を確定していく前に、中国にとって許容できない点を強く主張することは想定されていた。しかし中国の発言内容と発言時間は想像以上にアグレッシブであった。

　中国の発言内容、行動様式は、基本的には国内および世界の視聴者を意識した振る舞いと感じられた。手振りも交えて熱弁する楊潔篪政治局員の姿は中国の政府系の China Daily のツイッターで繰り返し流されていた。中国国内でも報道されたようだ。

　中国が強く反発した点には、①米国の同盟強化と、②民主主義等の価値の問題、が含まれる。①の同盟強化に関しては、米国が少数の国で結託してルール形成を試みたり、またこれらの国に「囲まれる」ことへの警戒がある。外交問題評議会のエリザベス・エコノミー（Elizabeth Economy）氏は、中国の強い反発は中国の自信の表れではなく民主義国に囲まれることへの強い懸念があるため、と解説する。米国バイデン政権の同盟国・パートナー国と共同して中国にあたるという政策が「効いている」という分析だ。経済的威圧（Economic Coercion）の議論に関して、それは本当に同盟国が言っているのか、米国の考えではないか、との王毅外相の問いかけも興味深い。これらは日本や韓国にも聞こえるように発言しているのであろう。韓国は心配だが、少なくとも日本は「びびらず」に威圧は威圧と指摘し続けるべきであろう。

　②の民主主義や価値に関する中国の反論も注意を引く。新型コロナ対応など中国のシステムが結果を出す点で優れていることに言及しつつ、制度としても中国も米国とは違う中国式の民主主義で、むしろ米国の民主主義に問題が多いと指摘している。民主主義は、①社会が安定しより良い政策を産み結果として経済成長など物質的にもより良い結果を産むという手段的価値（instrumental value）と、②民主主義のもとで人々が意思決定に参加できること自体の本源的価値（intrinsic value）という二つの価値を内包していると言えよう。中国のような成長する権威主義的体制は、①の手段的価値において西側の民主主義より効率的に結果を出す点を強調することが多い。今回も、ポピュリズムや分断で疲弊する米国を前に、中国にも中国式「民主主義」があり、それがより良く機能していると主張している。Black Lives Matter にまで言及

して米国の民主主義と人権状況に問題がある点を指摘する中国は、当然に中国国内の聴衆（audience）を意識してそうした主張を展開している訳だが、選挙による正統性を欠く共産党支配体制に関する国内における潜在的不安（権力闘争を含む）を反映したものでもあろう。しかし、中国が自国を「民主主義」というときには、上記②の「民主主義」の「本源的価値」への考慮が欠落している。自分たちの将来を自分たちが参加して意見を表明して決めていきたいという国民の欲求を過小評価すべきではなく、そうした欲求は（短期的にはナショナリズムで覆い隠せたとしても、長期的には）、①の手段的価値を通じて「小康社会」を達成し物質的に豊かになるほど、強まるであろう。

　非公開部分も終えて2日間の会談を終了したブリンケン国務長官は記者に対して、根本的に意見に違いがある事項があること、それを指摘すれば強い反応があることは分かっていた、同時にイラン、北朝鮮、アフガン、気候変動など利益が交差する分野もあった、とコメント。サリバン補佐官は、我々の優先度を中国に伝え、また中国から聞くことができた、ワシントンに戻り政策を検討し、同盟国とも調整するとコメントした[41]。原則を守りつつ「競争的共存」を実現することは骨の折れることだ。そして、この「骨の折れる」「競争的共存」を目指す舞台において、日本を含む同盟国も観客ではなく重要なプレイヤーであることを忘れてはならない。

---

41 https://www.state.gov/secretary-antony-j-blinken-and-national-security-advisor-jake-sullivan-statements-to-the-press/

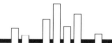

7 競争の管理／米中バーチャル首脳会談

はじめに

　ワシントン時間 2021 年 11 月 15 日の夜、バーチャルで米中首脳会談が行われた。事前の予想通り、大きな合意がなされた訳ではなく、米中競争が紛争・衝突に至らないよう管理するという色彩が濃厚な会談だった。

全体

　首脳会談は、米国東部時間で、15 日（月）の 19 時 46 分から始まった。米国側は、バイデン大統領に加えて、ブリンケン国務長官、イエレン財務長官、サリバン大統領補佐官、キャンベル・インド太平洋調整官、NSC ローゼンバーガー上級部長（中国担当）が、ネットをつないだホワイトハウスのルーズベルト・ルームのメインテーブルに着席した。バイデン大統領は、同日、苦労の末議会を通過したインフラ法案の署名式に参加した上で米中会談に臨んだ。中国側は、習近平主席に加え、丁薛祥（ていせつしょう：党総書記弁公室主任、政治局委員）、劉鶴（中央財経委員会弁公室主任、政治局委員、副首相）、楊潔篪（中央外事工領導弁公室主任、政治局委員）、王毅（国務委員、外相）も参加した。

　冒頭発言は公開された[42]。バイデン大統領と習近平主席が、ほぼ均等に話し、二人で（通訳を含めて）合計 10 分強。アンカレッジの泥仕合は繰り返さず、外交プロトコールを尊重したやり取りだ。バイデン大統領は、米中の競争が紛争・衝突（conflict）に陥らないよう管理し、ガードレールを構築することが重要であると強調。また、人権、経済、FOIP など、従来から懸念を持っている点につき本日改めて言及するだろうと

42　冒頭部分トランスクリプト　https://www.whitehouse.gov/briefing-room/statements-releases/2021/11/15/remarks-by-president-biden-and-president-xi-of-the-peoples-republic-of-china-before-virtual-meeting/

第1章　米国の外交・対中政策

基本姿勢を示した。習主席は、米中両国は国内問題を適切に処理すると共に、協働して国際的な責任を分担する必要があると強調。米中は相互に尊重し、平和的に共存する必要があると主張した。

　その後は非公開で会談が行われたが、会談は予定を超えて全体で3時間半続いた。

米側の立場

　冒頭部分以外は公開されていない。また、共同声明発表や共同記者会見もない。しかし、会談後ホワイトハウスはリードアウトを発表[43]、政府高官[44] がプレスにバックグラウンドブリーフを実施[45]、また、サリバン大統領補佐官が翌16日にブルッキングス研究所で説明を行った。また、中国側も長めのリードアウトを発表した。まず米側の認識を見る。

　サリバン大統領補佐官は、「激しい競争には真剣な外交が求められる」（intense competition requires intense deplomacy）とした上で、そのためにはトップの会談に勝るものはない、と説明。率直な対話によりミス・コミュニケーションを避けることが重要であり、今回の会談をそうした、競争を管理するためのものと位置付ける。その上で、新疆ウイグル、チベット、香港、不公正な貿易・経済政策、FOIP、南シナ海、東シナ海なども話し合われたと説明する。

　台湾に関しては、米国の政策が、一つ中国政策（One China policy）、台湾関係法、3つの共同コミュニケ[46]、「6つの保証」[47] に基づきつつ、平和的手段に拠らな

43　https://www.whitehouse.gov/briefing-room/statements-releases/2021/11/16/readout-of-president-bidens-virtual-meeting-with-president-xi-jinping-of-the-peoples-republic-of-china/
44　政府高官は匿名だが、口調からキャンベル調整官が実施したように思われる。
45　https://www.whitehouse.gov/briefing-room/press-briefings/2021/11/16/background-press-call-by-senior-administration-officials-on-president-bidens-virtual-meeting-with-president-xi-of-the-peoples-republic-of-china-2/
46　1972年上海コミュニケ、1979年外交関係樹立に関する共同コミュニケ、1982年第2次上海コミュニケ。
47　第2次上海コミュニケに関する米政府の国民党政府への説明。2016年に米国下院での採択により公式化。
・米国は台湾への武器販売終了日の設定で合意していない。
・米国は台湾への武器販売について中国と協議することに合意していない。
・米国は台北と北京の間の仲介役を務めない。

い統一に対して重大な懸念を表明したと解説する。（なお、中国のリードアウトは、一つの中国原則（One China principle）、3つの共同コミュニケに言及。台湾関係法と「6つの保証」にはもちろん言及しない。）また、中国のCCTVが、バイデン大統領が台湾の独立を支持しないと発言したことに関して記者から質問があったが、政府高官は、台湾の独立を支持しないのは従来からの米国の方針、と回答。

また、保健、薬物対策、気候変動といった問題での米中協力の重要性も話し合われたとしつつ、気候変動などでの中国の協力は米国に恩典（favor）を与えるものではなく、中国自身の責任を果たすものであるとの認識を示す。

核兵器の軍備管理の問題については、サリバン補佐官によれば、「戦略的安定性」の文脈の中でバイデン大統領は問題提起したようだ。しかし、サリバン補佐官は詳細に言及せず、また、政府高官のブリーフにおいても詳細は控えるとの話であった。中国は、米露に比べて現時点では核弾頭数など少ない状況にある中、従来どおり、米国との核軍備管理のための対話に関しては否定的であったものと想像される。

政府高官によれば、貿易に関して、バイデン大統領は、第一段階合意の履行を中国に求め、USTRタイ代表と劉鶴副首相の対話の進展への期待を示したようだ。しかし、政府高官は「第一段階合意に関する中国の立場を説明することは避けるが、中国側は多くの問題で異なる意見を持っている」と言及。貿易に関する米中の協議はなかなか容易ではないことが伺われる。

政府高官によれば、北京オリンピックへのバイデン大領の招待を含め、オリンピックに関しては話題に出なかったとのこと。（米国はその後北京オリンピックの外交ボイコットを決定した。）

▌中国の立場

中国側のリードアウトは、中国の主張を書き連ねたもの[48]。中国の立場が良く分かり興味深い。習近平主席の冒頭発言にもあったが、「米中それぞれが国内問題を良く

・米国は台湾関係法の改正に合意していない。
・米国は台湾の主権に関する立場を変えていない。
・米国は台湾に対し、中国との交渉を開始するよう圧力をかけない
48 https://www.fmprc.gov.cn/mfa_eng/zxxx_662805/t1919223.shtml

管理する」必要がある（each run their domestic affairs well）と言及している。あっさりした文言ながら、深読みすれば、「内政干渉するな」「米国は議会を含めて反中の動きを管理せよ」など様々なメッセージを読み取ることも可能だ。

バイデン大統領に、中米関係を以前の正しい形に戻してもらいたい、と主張している点は中国の本音であろう。米中関係を悪化させたのは米国側であり、米国がそれを修正することが必要だという主張だ。そこには、対中関与（engage）が失敗したという現在の米国の（ほぼ）コンセンサスである認識を拒絶する中国の態度が現れている。米国政府高官は、記者からの「今回の会談は米中関係の緊張（tension）を緩和することに成功したか」との質問に対して、「緊張を減らすことが今回の会談の目的ではない。厳しい競争は続いていく。競争を責任ある形で管理することが会談の目的だ」と回答している。米国が一方的に昔の良好な米中関係に戻すべく行動を取るという中国側の期待の表明は、交渉術だとしても、現実との乖離が大きい。

習近平主席は、守るべき３つの原則として以下を提示する。①相互の尊重。それぞれの社会システム、核心的利益、発展の権利を尊重すべき。②平和的共存。紛争や対立を避けるべき。米国は「共存」を提案するが、もう一言加えて、それは「**平和的**共存」であるべき。③ Win-win 協力。中米は協力で利益を得る。対立すれば利益を失う。

また、習主席は、中国の発展を阻害すべきでないこと、開放は基本的な国家方針であることも説明。さらに、より市場志向型で法律に基づき国際基準に基づくビジネス環境を構築することを強調。また、世界を異なる陣営、あるいはライバル集団に分けるやり方は世界に損失を与えると警鐘を鳴らす。

また、中国は民主主義に関しても持論を展開する。「文明は豊かで、多様。民主主義も多様である」「ある国が民主主義か否かはその国の人々が判断すべき」[49]「多様な民主主義を認めないことこそ、非民主主義的」と主張。さらに、人権に関して「相互尊重に基づき人権に関して対話する用意はある。しかし、我々は人権を内政干渉のために使用することに反対する」と主張した。

---

[49] 宇野重規が『民主主義とは何か』で主張するように民主主義には様々な形はあり得よう。しかし、「ある国が民主主義か否かはその国の人々が判断すべき」という言辞はほとんど意味がない。非民主主義的な一党独裁の権威主義体制において、それが「民主主義ではない」と「人々が判断」することが許容されるとは思えない。

貿易に関しては、政治化すべきでない、米国は「安全保障」概念の乱用をやめるべきと主張した。

総括

今回の米中バーチャル会談は、トランプ外交や、先般のアンカレッジ会談に比べて、面白みに欠ける。しかし、これまで「面白過ぎた」米中外交を、面白みに欠ける予測可能な対話に戻すことこそ、米国が志向しているところだろう。米中間の競争が紛争・衝突に転化しないよう、ガードレールを用意し、様々なレベルで対話を行い、「競争を管理」することは、米中および世界にとっても重要なことだ。そして、これは、カード・キャンベルが以前より主張していた方針だ。

民主主義の中での外交であり、米国は、国民にも説明が必要である。国民の期待値を調整し、同時に、反中感情が必要以上に高まらないように注意しながら、原則を守りつつ競争関係を管理することは困難だが重要な作業だ。米議会との関係もマネッジが必要となる。中国にとっても、国民からの「弱腰」批判を避けつつ、米中関係を管理することは必要だろう。中国にとっては、紛争の手前の「厳しい競争」状況もできれば脱したいが、そのために切るカードが不足している。広げ過ぎた核心的利益 [50] が手足を縛る姿は戦前の日本も彷彿とさせる。「競争の管理」のためには、米中相互の行動の管理に加えて、両国の国内世論をどう納得させるかという「国内の管理」も重要となろう。

50　中国は尖閣諸島の領有権も自らの核心的利益と位置付けている。

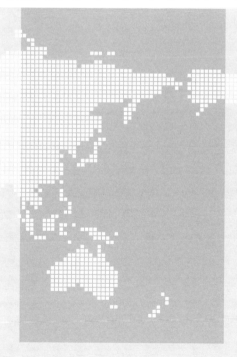

第2章

The Era of Geoeconomics

貿易とサプライチェーン

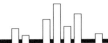

1

サプライチェーンと部分分離
（Partial Disengagement）

はじめに

　2020年5月11日付ニューヨークタイムズ紙は、米国通商代表（当時）のライトハイザー氏の「米国の雇用をオフショアする時代は終わった」というタイトルの寄稿を掲載した[51]。新型コロナ・ウィルスが広がる中で、マスクや人工呼吸器の確保に苦労した経験は多くの米国人の脳裏に焼き付いており、米国に工場や雇用を回帰させるリショアリング（reshoring）が必要との声は今でも強い。確かに、サプライチェーンの脆弱性への何らかの対処は必要だが、それは、正しい現状認識と十分な分析の上で遂行される必要がある。

新型コロナ・ウィルス関連財の貿易

　2020年5月5日にOECDが公表した報告書（以下「OECD報告」）は興味深い[52]。OECD報告は、検査装置、医療用マスク等の防護具、人工呼吸器等の医療器材といった新型コロナ・ウィルスに関連する物品を「新型コロナ・ウィルス関連財（COVID-19 Goods）」と定義し、その貿易動向を分析する[53]。新型コロナ・ウィルス関連財の輸入に関して世界全体の輸入に占める割合が高い国は、米国（18%）、ド

51　Robert E. Lighthizer, "The Era of offshoring US jobs is over" New York Times, May 11, 2021
　　https://www.nytimes.com/2020/05/11/opinion/coronavirus-jobs-offshoring.html

52　OECD, "TRADE INTERDEPENDENCIES IN COVID-19 GOODS" May 6, 2020
　　https://read.oecd-ilibrary.org/view/?ref=132_132706-m5stc83l59&title=Policy-Respone-Trade-Interdependencies-in-Covid19-Goods

53　OECD報告は、World Custom Organizationの統計に基づき分析を行っている。WCO統計の利点は品目の内訳が詳細であることであり、今回の新型コロナ・ウィルスの状況に関連ある品目の貿易動向を追える点がメリット。ただ分析は直近の数字である2018年の数字に依拠している。他の統計でもそうだが、タイムラグがあるため、まさに現時点での新型ウィルス関連財の動向を追うものではなく、従って、新型コロナ・ウィルスのために開発された検査キットの貿易などは含まれない。

イツ（9%）、オランダ（6%）、中国（5%）、英国（4%）、日本（4%）、フランス（4%）となっている。また、輸出に関して世界輸出に占める割合が高い国は、ドイツ（15%）、米国（11%）、スイス（9%）、中国（8%）、アイルランド（7%）、オランダ（5%）、ベルギー（4%）となっている[54]。

さらに、輸出入のバランスを見るため、輸出と輸入が同額の場合1となり、輸出（または輸入）のみで輸入（または輸出）が全くないときにはゼロとなる産業内貿易指数[55]を計算すると、主要国では、米国 0.75、中国 0.75、ドイツ 0.72、スイス 0.55、日本 0.72 となる。すなわち、新型コロナ・ウィルス関連財の貿易は比較的少数の国が集中的に、かつ（ある国が輸出のみあるいは輸入のみということではなく）概ね輸出入双方向で行っていることがわかる。また、品目毎に見れば、米国やドイツなど OECD 諸国は医療器材の輸出が多く、中国や東南アジアなど G20 新興国は医療用防護具の輸出が多いという特徴がある（比較優位に基づく一定の特化がみられる）。

このように OECD 諸国と G20 新興国の間では、相互に貿易が行われ、かつ一定の特化もあり各国は貿易により大きな利益を受けており、貿易制限のデメリットは大きいとする。他方、G20 外の途上国の多くは新型コロナ・ウィルス関連財の生産を全く行わず、専ら輸入に依存しており、こうした国への輸出の停止は当該国の国民の生命・健康に大きな悪影響があると警鐘を鳴らす。

米商工会議所の議論

2020 年 5 月 19 日、米商工会所主催のサプライチェーンに関すビデオ会議が開催された。その中では、サプライチェーンの強化としては在庫積み増しも有効、輸出規制は極力避けるべき、信頼できる同盟国・パートナー国との連携が重要、重要な医薬品を中国 1 か国に依存している状況は改善が必要、ハリケーン襲来などを考えればすべて米国内とすることは却ってサプライチェーン・リスクを高める、科学・工学（STEM）教育が重要といった意見が出されていた。

---

54 世界の輸出に占める日本の輸出は 12 位で 2%。

55 産業内貿易指数は、輸出と輸入の差の絶対値を、輸出と輸入の合計で割ったものを、1 から差し引いた数値。詳細は、OECD 報告の footnote 5 を参照ありたい。

最後に米商工会議所のドナヒュー会長が、米国は医療関係品の輸出は世界で２位、人工呼吸器の輸出も世界で３位だった、供給困難となったのは需要が急に平時の50倍と急増したため、と説明。その上で、供給の安定（security）と経済性のバランスを取ることが重要。長期的視点に立ちしっかり議論を尽くして対応すべき。米国とメキシコは経済的にリンクしているにも拘らずコロナ下でも工場を動かせる「必要不可欠」の定義が異なるため米国工場にメキシコから部品が来ないといったことがあったが、これらは相互の政策を調整することで解決できる。強靭性を図るということは工場全てを米国に戻すということではない。世界の市場の95％は米国外であり、米国は孤立主義に陥るべきではない、と熱弁をふるった。

部分分離：Partial Disengagement

　これまで、OECD の分析、米商工会議所の議論を眺めてきた。しかし、米国内ではこうした冷静な議論だけではなく、「中国の脅威」と「グローバリゼーションで被害を受けた」という意識が相互に補強し合いながら、デカップル（decoupling）や全面リショアリング（reshoring）を主張する声もある。

　中国は実存的脅威であり、それに対しては効果的に立ち向かう必要があるが、そのためには冷静な現状分析とバランスの取れた対処が必要である。その観点からは、アロン・フリードバーグ（Aaron L. Friedberg）氏とチャールズ・バウスタニー（Charles W. Boustany Jr.）氏が提唱する部分分離（Partial Disengagement）の議論は、は単純なデカップル（decoupling）とは異なる方策を提示しており参考になる[56]。部分分離（Partial Disengagement）の基本的な考え方は以下のとおりだ。

● まず現状認識として、中国への関与が中国をより自由主義的、民主主義的に変容させるという「責任あるステイク・ホルダー」論は失敗であったとし、中国は共産党の力の維持・拡大を究極の目的として行動し続けていると認識。さらに、中国による米国や他の先進民主主義国に対する姿勢は略奪的で、かつこれら諸国の開放

56　Charles W. Boustany Jr. and Aaron L. Friedberg, "Partial Disengagement A New U.S. Strategy for Economic Competition with China", NBR, November 4, 2019 https://www.nbr.org/publication/partial-disengagement-a-new-u-s-strategy-for-economic-competition-with-china/

性に付けこみ、それを利用していると考える。

●こうした中、4つのモデルを理念型として提示。一つ目は、米中双方がオープンな「自由貿易型」。二つ目は、米国がオープンで中国が閉鎖的な「現状維持型」。三つ目は、米中双方が部分的に閉鎖的な「部分分離（Partial Disengage）型」。四つ目は、米中双方が閉鎖的な「冷戦（封じ込め）型」。フリードバークとバウスタニーは、米国は「責任あるステイク・ホルダー」論で一つ目の「自由貿易型」を目指したが、中国は閉鎖的なままで失敗した。この結果、現在は二つ目の「現状維持型」にある、しかし、「現状維持型」の下で中国は米国の開放性を悪用する姿勢を強めており、米国が「現状維持型」を続けるのは困難となりつつある。他方、デカップル（decouple）して「冷戦（封じ込め）型」まで飛ぶのは適切ではなく、米国が部分的に閉鎖的になることで三つ目の「部分分離（Partial Disengage）型」を狙うべき、「部分分離（Partial Disengage）型」は政治的に持続可能で、安全保障上の立場を改善し、長期的には米国民の厚生も向上すると主張する。

●上記の「部分分離（Partial Disengage）型」を成功させるためには、①貿易戦争の停戦、②守り、③自己強化、④民主主義諸国との協力、という4つの戦略が必要となる。それぞれの内容は以下。

●①の「貿易戦争の停戦」は、対中高関税が米国のマイナスになっているという認識のもと、レバレッジは残しつつも対中関税を一定程度下げる方策。分野としては付加価値の高い分野の輸入には高関税を維持し、中国からの低付加価値品（例えば家具、玩具）の関税は引き下げる。

●②の「守り」は、（ i ）5Gを含めた重要インフラに関して中国の関与を絞る、（ ii ）軍事品を含めた必要不可欠な財に関し中国依存を避ける、ただし形を変えた保護主義とならないよう気を付け、同盟国からの輸入は排除しない、（ iii ）中国があらゆる手段で技術を奪いに来る中で、技術の漏出を防ぐ。具体的には、サイバーセキュリティやカウンターインテリジェンス能力を強化すると共に、中国からの投資のスクリーニング、人の動きのコントロール（特に科学技術(STEM)分野の博士課程の中国人学生など「非伝統的情報収集者」にも注意する）、技術の輸出管理（必要に応じて看做し輸出も管理。モノの輸出よりも技術・知識の輸出を警戒する）、を強化する。

- ③の「自己強化」は、競争に勝つには自分がより早く走る必要がある、という認識の下、経済を成長させる、それに必要なイノベーションを起こす、それに必要な研究開発投資を増やす、半導体・量子コンピュータ・AIなどを振興するための産業政策も実行する。
- ④の民主主義諸国との協力は、5G、輸出管理、貿易といった分野で他の民主主義諸国との連携を深める、輸出管理は米国だけで行っても他の先進国から技術が中国に流れれば意味はなく協調が必要、貿易は中国の問題のある貿易・経済行動に対して共同して圧力をかけるという意味と、先進民主主義国間でハイレベルの自由貿易協定を模索すべきという意味の両面がある。

▌総括

　新型コロナ・ウィルスの衝撃は大きく、その影響の一つとして米国ではサプライチェーン見直しの議論が盛んだが、その議論には単純化した乱暴なものも多い。安全保障の議論をしているつもりが、内実は古びた重商主義といった状況では、将来が懸念される。ましてや、自給自足では、自ら穴倉に引きこもり勝手に「封じ込まれる」政策で、大国米国といえども、長期的な中国との競争には勝てない。中国は実存的脅威であり、正しく恐れ、正しく対処する必要がある。全面的なデカップル（Decoupling）ではなく部分分離（Partial Disengagement）を志向し、分離（Disengage）の分野をハイテク等の重要品目に絞りつつ、有志の民主主義国の間で十分に協調していくことこそ必要であろう。

2 バイ・アメリカン／バイデン経済政策

はじめに

　バイデン次期大統領（当時）は、2020年11月16日に経済政策に関するスピーチを行った[57]。その内容と、選挙中のプラットフォームである「メイド・イン・オール・オブ・アメリカ」（"Made in All of America"）政策[58] を確認した上で、バイデン政権のバイ・アメリカン政策とその含意につき考えてみたい。

経済スピーチ

　11月16日のスピーチでバイデン次期大統領は以下の点を強調した。

- 富裕層と企業がしっかり税を負担すること。
- 製造業の分野で、良い給与の組合員の雇用を何百万と作り出すこと。
- 米国で生産しない企業には政府の契約を与えないこと。（No government contract will be given to companies that don't make their products here in America.）
- 米国が研究開発（R&D）分野のリーダーであり続けるために、3000億ドルのR&D投資を行い300万人の雇用を作り出すこと。
- 道路、橋梁、港湾などインフラに投資し、150万戸の廉価住宅を提供し、高速ブロードバンドを全家庭につなぐこと。
- 経済復興（Build back better）の過程で最低賃金15ドルを実現し、中間層を建て直すこと。

57　https://www.rev.com/blog/transcripts/joe-biden-speech-on-economic-recovery-plan-transcript-november-16

58　https://joebiden.com/made-in-america/

●民主党と共和党が協力することが大切で国民はそれを求めていること。

Made in All of America 政策

　バイデン陣営の "Made in All of America" 政策はいくつかの特徴がある。まず、製造業の重要性を強調している点だ。「米国の製造業は第二次世界大戦において民主主義を支えた、今日においても製造業は米国繁栄の基礎であり、労働者の家庭が経済復興を成し遂げる原動力だ」とその重要性を指摘する。その上で、製造業と技術へのスマートな投資が必要と主張。新型コロナで失われた雇用を取り戻すだけではなく、新たな製造業や技術革新で雇用を創出すると訴える。さらに、団結権、団体交渉権を強化することで組合の交渉力を高め、賃金増とベネフィット拡充を支援すると述べる。こうした思想を前提に、より具体的な方向として以下の6つを提案している。

　Buy American：トランプ政権のバイ・アメリカンは抜け穴ばかりであったと批判し、本当のバイ・アメリカンを実現すると主張。4000億ドルの購入計画と、クリーンインフラ（2兆ドル）で米国製品・米国サービスへの新たな需要を創出すると説明する。

　Make it in America：　中小企業、女性や非白人が保有する企業に特別な配慮をしつつ、特別なインセンティブや金融措置で米国製造業を再活性化するとする。

　Innovate in America：新たな3000億ドルのR&Dや革新的技術への投資を行い、高付加価値の製造業分野で質の高い雇用を創出すると主張。電気自動車、軽量素材、5G、AI等の分野が例示されている。

　Invest in All of America：投資、教育機会、良い雇用が特定の人種、居住区域、性別、性的志向、障害、宗教、出自に限定されていては米国の強さは発揮できないとし、政府調達、R&D、インフラ、訓練、教育といった公的投資が全ての米国人に行きわたるよう保証すると主張。

　Stand up for America：　米国の労働者に資する税制・貿易政策を採用すると主張。トランプ政権の有害な政策を是正し、製造業者、労働者が市場シェアや雇用の場で適切に競争ができるようにすると説明する。

　Supply America：重要なサプライチェーンを米国に引き戻し（Bring back critical supply chains to America）、危機時に重要な品目が中国やその他の国に

依存する状況を避けると主張する。

バイデンの Buy American の詳細

　以上、"Made in All of America" 政策を概観した。これらの措置により、製造業とイノベーションで少なくとも 500 万人の雇用を創出するとしている。この "Made in All of America" 政策で一番目に挙げられている "Buy American" 部分につき、以下より詳細に見ていきたい。

　まずバイデンは、「我々が納税者のお金を使う場合は、我々は米国製品を購入し米国の雇用を支援すべき」（When we spend taxpayer money, we should buy American products and support American jobs）という思想を持っていると紹介する。そして、この思想は 90 年前に米国議会が "Buy American Act" を可決して実現しようとしたが、大企業や利益団体の圧力で抜け穴が数多く作られ、実現していないと表明する。そして、トランプは "Buy American" を唱えたが行動を伴わず、政府調達の 30%は外国企業に発注され、国防総省の調達も外国企業向けが増加して 12%に達したと指摘する。そして、トランプの法人税減税で人々からお金を受け取った大企業は引き続きオフショアリングを継続していると批判する。

　バイデンはこうした状況を改善するため、以下の措置を公約する。

- 国内コンテント・ルールの強化：現在のルールでは 51%が米国内で調達されていれば米国製と見なされるが、バイデン政権はこれをより厳しくすることを主張。
- ウェイバーの削減：現在、連邦政府の調達責任者は十分な説明なく Buy American をウェイバーできるが、バイデン政権はこの抜け穴を塞ぐとする。具体的には米国内での調達が困難な場合には、それを透明にウェブで説明、さらに中小企業や女性所有企業などより多くの米国企業へのアウトリーチを進めるとする。
- 偽表示の終了：実際には中国やその他の外国で製造されていても米国製と表示されている場合があるが、そうした偽表示を終わらせると主張。
- Buy American の対象拡大：Buy American を政府の調達だけではなく、政府の支援を受けたプロジェクト等にも拡大することを提案する。例えば政府が投資やR&D を支援する場合に、その調達を米国製品に限定する。バイデン陣営は、MRI（磁気共鳴画像診断装置）の例を出し、米政府の財政支援を受けた研究

開発でMRIは産み出されたにもかかわらず、その後の生産は米国でなく中国で行われていると非難。企業が米国民の税金による研究開発の恩恵に浴したのであれば、当該製品の生産は米国で行われるべきで、そうでないなら支援を返金すべきと主張する。

● Buy Americaの強化：交通プロジェクトで使用される鉄や製品が米国で溶融や製造されることを求めるBuy Americaにつき、それを強化することを主張。

● 貿易ルールの修正：米国およびその同盟国が自国の税金を自国の投資促進に使えるよう、政府調達に関する国際ルールを近代化するためにバイデン政権は同盟国と協働すると主張。

▌ Buy American：国際ルールと歴史的視座 [59]

バイ・アメリカンは1933年Buy American Actを嚆矢とする。世界恐慌に伴う需要減への対応として、連邦政府が物資を購入あるいは公共建設を委託する際に米国製品の購入や米国資材の使用を連邦政府に義務付けた。米国製品か、米国資材かの判断基準は米国品の比率が50%以上であるか否か。また生産地が米国か否かで決定され、生産者やその所有者の国籍は無関係。米国製品が外国製品に比べて一定以上割高の場合や、米国内で当該製品が調達できない場合は、適用除外となる。

米国以外でも政府調達に際して国産品を優遇することは一般的であった。こうした状況を背景に、戦後GATTが発足した際にも、政府調達は内国民待遇の例外として位置づけられた（GATT第3条第8項）[60]。しかし、政府調達は取引額も大きく国際貿易への影響を無視できないとの議論が高まり、1979年、東京ラウンドにおいて、内国民待遇、無差別原則に基づく政府調達協定が先進国間の取り決めとして締結された[61]。その後、協定範囲の拡大が図られ、新政府調達協定が1994年に先進国間で署名、1996年1月に発効した。新政府調達協定では、対象範囲の拡大に

59 より長期的視点からのバイ・アメリカンの展開の歴史については末尾参考を参照。
60 https://www.mofa.go.jp/mofaj/ecm/it/page1w_000137.html#article3
61 https://www.meti.go.jp/shingikai/sankoshin/tsusho_boeki/fukosei_boeki/pdf/2011_02_13.pdf

加え、苦情申し立て手続き、紛争解決手続きを整備して協定の実効性を高めると共に、オフセット（政府調達契約の見返りにローカルコンテントや技術移転を求めると言った行為）を禁止するなど、内容の強化が図られている[62][63]。

このように、当初内国民待遇の例外であった政府調達は、オープンな調達が経済厚生を改善するという考えのもと、少なくとも先進国の間では政府調達協定と言う形で内国民待遇、無差別原則に向けてルール形成が進められてきた[64][65]。ただ、金融危機後の2009年2月に成立した米国復興再投資法（American Recovery and Reinvestment Act 2009）にはバイ・アメリカン条項があり、同法に基づく公共事業において使われる鉄鋼その他製品は米国製であることが求められた。当初の議会案は、政府調達協定に反するものであったが、カナダが激怒、EUも厳しく批判、オバマ大統領は貿易戦争を回避する必要があるとして、政府調達協定を優先し、それと整合的な範囲でバイ・アメリカン条項が使われる形に修正された[66]。

今回のバイデン政権のバイ・アメリカンは、政府調達協定（国際ルール）の範囲に収まらない強い内容が想定されているが、バイデン政権は「国際ルール」に適合するように「バイ・アメリカン」を調整するのではなく、「バイ・アメリカン」に適合するように「国際ルール」を調整することを提案している。国際協調を標榜するバイデンが、国際ルールの違反を避ける意向を有していることは歓迎するが、国際社会はこうした「国際ルール」の修正の意味を良く吟味する必要がある。バイデン政権は、税金を使った支出につき、お互いバイ・アメリカン、バイ・ヨーロピアン、バイ・ジャパニーズが認められる世界を志向している。トランプ大統領は、アメリカ・ファーストを標榜しつつ、各国もそれぞれ各国ファーストを追求することが正しい政策だと言い放ったが、バイデン陣営のバイ・アメリカンには同じ響きがある。（もちろん国際協調主義か否かで両者には大きな違いがあるのだが。）

62　Ibid.
63　新政府調達協定はWTO設立によりWTO Government Procurement Agreement（WTO GPA）となった。
64　もっとも、原則の例外として相互主義的に政府調達協定を不適用として留保している分野も残っている点には留意が必要である。
65　政府調達協定はWTOの包括受諾ではなく任意の参加であり基本的に先進国が参加している。しかし、これとは別にFTAにおいて政府調達条項が設けられる場合もある。CPTPPの政府調達条項の解説として以下参照 https://www.rieti.go.jp/jp/projects/tpp/pdf/15_gpa_v4.pdf
66　http://www.iti.or.jp/flash119.htm

中国は、政府調達協定（WTO GPA）の加盟を申請しているが現時点では参加メンバーではない。米国とのFTAも締結していないため[67]、中国は現在も米国のBuy American条項による排除を受けている。2009年の米国復興再投資法のBuy American条項は政府調達協定を尊重するので、日本や欧州やカナダは米国の連邦政府調達から原則として排除されなかったが、中国は排除された。今回のバイデン政権のバイ・アメリカンは、中国のみならず日本、欧州、カナダを含めて全ての外国企業を排除することが視野にある。

▎総括

　これまで見てきたように、自由貿易（内国民待遇、無差別原則）の例外であった政府調達に関しても、効率重視を通じた厚生拡大を目的に、例外範囲を限定し自由貿易の範囲を拡大してきたのが国際社会の歴史である。バイデン政権の提案はこうした流れを反転させるもので、その妥当性につき十分な国際的議論が必要であろう。

　政府調達を国内事業者に限定した場合の効率低下の程度は、国内の供給者の数と競争の有無にも依存する。一般的には大国に比べて小国では調達を国内事業者に限定した場合の効率低下は大きいだろう。しかし、大国米国にあってもバイ・アメリカンの強化が効率低下、割高な調達を招くことへの批判がある。また、（バイデンは割り切っている様子もあるが）他国が同様の国内企業優先策を取ることで米国企業のビジネス機会が減少すること、それが米国労働者にもマイナスであることに懸念を示す声もあり、米国商工会議所自身がそうした懸念を表明している[68]。

　対米交渉を考えた場合、政府調達協定（WTO GPA）の修正を拒否して、米国にstay or leaveを迫るという対応も必要であろう。米国のみ脱退した「N-米国」の世界では、残留した加盟国は、競争の利く環境で効率的な政府調達を行いつつ、他国での政府調達をビジネス機会として維持できる。唯一脱退する米国は、ビジネス機会の減少と、脱退という非国際主義的（トランプ的）な行動を国内的に説明する

---

[67] より正確にはFTAに政府調達条項がある場合に参加国は当然それに従うということ。CPTPPには（TPPにも）政府調達条項がある。ただ、NAFTAに政府調達条項があったがUSMCAでは米国とカナダの間の政府調達のカバー範囲を大幅に限定した（米国はバイ・アメリカンを使いやすくなった。）。
[68] https://www.uschamber.com/issue-brief/reject-the-expansion-of-buy-local-rules

必要に迫られる。WTO GPA には中国も加盟申請している中、こうした状況につき米国内で支持を得ることは困難であろう。

　なお、R&D の分野では自国限定の政府調達を認め続けることは可能であろう。政府調達協定においても、商業化ステージより前の政府支出については、内国民待遇の例外として許容することが認められる[69]。イノベーション段階を自国企業に限定して支援することは幼稚産業育成論の文脈でも（鉄鋼の調達を自国企業に限定するよりも）産業政策として説明しやすい。もっとも、米国で政治的に重要なのは、シリコンバレーやボストンでの R&D ではなく、ラストベルトの鉄鋼や建設資材なのかもしれないが。

　国際協定を修正してバイ・アメリカンを強化したいというバイデン陣営のスタンスは、バイデン政権の特徴を象徴している。そこには「国際主義」と「保護主義」が同居している。「単独主義」と「保護主義」に「不確実性」のおまけも付いたトランプ政権よりも良いと言えるが、バイデンの自由貿易理念への信仰心の薄さは懸念される（次ページ図参照）。バイデン政権が第 2 象限から第 1 象限に移動するには何が必要だろうか。国際社会の粘り強い働きかけは重要だが、最終的には米国内での意識と政策の問題だろう。自由貿易は勝者と敗者を産むが「補償付き自由貿易」においては全国民の厚生を改善することが可能だ。問題は貿易政策ではなく、所得再分配機能の強化や職業訓練・教育といった国内政策であり、これらは民主党政策綱領にも含まれている。貿易政策やバイ・アメリカン政策で市場機能を歪めるのではなく、より広い経済政策を的確に実施することこそ求められているのではないか。

69　「イノベーション志向型公共調達にむけた政策課題の検討」10 頁
https://www.jst.go.jp/crds/pdf/2007/RR/CRDS-FY2007-RR-02.pdf

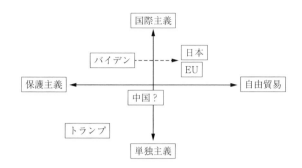

（参考）バイ・アメリカンのクロノロジー[70]

1760 年代：英国の課税への反対のための英国品ボイコットと国産品愛用の動き

1933 年：バイ・アメリカン法。フーバー大統領。大恐慌での需要減への対応。政府による直接購入のみが対象で、政府資金による民間企業の購入は対象外。

1982 年：Surface Transportation Assistance Act。高速道路、鉄道、RTS (Rapid Transit System) に関して、Buy America を義務付け。政府の直接購入に加えて、政府事業を落札した第三者の購入にも適用。

1994 年：Fifth Supplement Department of Defense Appropriation Act of 1941 に対する Berry Amendment が成立。制服、食糧等の米軍の購入に際して、通常のバイ・アメリカン法よりも強い米国品優遇を恒常化。

2009 年：米国復興再投資法（American Recovery and Reinvestment Act 2009）。オバマ大統領。同法に基づく事業の政府調達に際し、鉄鋼、製品の購入を米国品とすることが求められた。ただし、米国品とすることでコストが 25%以上上昇する場合は適用除外。

2017 年 4 月：Buy American and Hire American 大統領令。トランプ大統領。バイ・アメリカン法の遵守を図り例外適用を最小化する。

2019 年 1 月：Strengthening Buy American Preferences for Infrastructure

70　Andrea Durkin, "Evolution of Buy American Policies", Global Trade, September 20, 2020
　　https://www.globaltrademag.com/evolution-of-buy-american-policies/

Projects 大統領令。トランプ大統領。インフラ分野でのバイ・アメリカンの強化。対象を拡大。

2019 年 7 月：Maximizing Use of American Made Goods, Products, and Materials 大統領令。トランプ大統領。コンポーネントテストを再解釈し、米国品の定義を厳格化。

2020 年 8 月：Ensuring Essential Medecins, Medical Countermeasures and Critical Inputs are Made in the United States 大統領令。トランプ大統領。Covid-19 を受け、医薬品等の外国依存を減らし国内生産を強化。

第２章　貿易とサプライチェーン

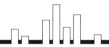

3 バイ・アメリカン 規則の提案

はじめに

ホワイトハウスは、2021年7月28日にバイ・アメリカンに関する規則案を公表した。その内容を確認したい。

経緯

バイデン大統領は、選挙期間中より米国の企業と労働者を支援するためにバイ・アメリカンを活用すると表明。大統領就任直後に大統領令 "Ensuring the Future is Made in All of America by All of America's Workers" に署名、政府全体でその「購買力」を用いて米国の製造業を支援することを謳った。2021年4月には政府内に「メイドイン・アメリカ室」を設置。同室において、例外の多いバイ・アメリカン規則の強化に向けて検討を行ってきた。

2021年7月28日にホワイトハウスが公表したのは、連邦調達規則（Federal Acquisition Regulation）の修正の提案であり、「規則制定にかかる提案の通知」（Notice of Proposed Rulemaking）という形式のものだ[71][72]。

---

71 ファクトシート
https://www.whitehouse.gov/briefing-room/statements-releases/2021/07/28/fact-sheet-biden-harris-administration-issues-proposed-buy-american-rule-advancing-the-presidents-commitment-to-ensuring-the-future-of-america-is-made-in-america-by-all-of-americas/
72 正確にはファクトシートが7月28日に公表。規制案については、7月29日にFederal Registerに "Federal Acquisition Regulation" の "Amendments to the FAR Buy American Requirement" として掲載。以下のリンクの国防総省の箇所の最初に所収。
https://www.federalregister.gov/public-inspection/2021/07/29

内容

　連邦政府は毎年6000億ドルを購入、うち半分は製造品であり、政府は巨大な購入者。この「購買力」を産業戦略に生かし米国労働者を支援することが目的と述べる。その上で、今回の提案は、バイ・アメリカン要件を下記3点で変えると説明する。

● バイ・アメリカンを現実のものとする：バイ・アメリカン法は、税金による購入は「実質的に全て」（substantially all）米国内で製造されたものと規定するが、現在のルールでは、価値の55%が米国内で製造されていれば、この条件が満たされると解釈されている。今回の提案は、この閾値を成立後すぐに60%まで引き上げ、さらに徐々に75%まで引き上げるもの。

● 重要物資に関して価格優遇を用いることでサプライチェーンを強靭化する：いくつかの製品は安全保障、経済安保の観点で極めて重要であり外国に依存できない。こうした重要物資に関して価格優遇を強化することで国内サプライチェーンを強化する。

● バイアメリカン・ルールに関する透明性と説明責任を高める：現在、バイ・アメリカンの対象であっても報告義務が不十分である。本提案は、重要物資に関してこの報告義務を強化し、結果として良い雇用と強靭なサプライチェーンを形成する。

各界の反応

　労働組合（AFL-CIO）は、本提案を歓迎。これまで何年もバイ・アメリカンの重要性へのリップサービスが繰り返されてきたが、バイデン政権は約束を守った、と高く評価するコメントを出した。

　以前よりバイ・アメリカンに反対している米商工会議所は、バイデン政権の提案は、非効率で割高なもの、政府がその役割を果たすためには、硬直的ではなく柔軟な調達ができることが必要と批判。カナダは、ウェビナーにおいて大使館関係者が、バイ・アメリカンの強化は不適切であり、バイ・カナダで対抗することもあり得るとコメントしている。

総括

　中間選挙、さらに 2024 年大統領選挙も見据えれば、政治的には製造業・労働者へのアピールは重要である。ましてや公約に掲げたバイ・アメリカンの強化であり、バイデン大統領としては手形を落とす必要がある。バイデン大統領は、2021 年 7 月 28 日にペンシルバニアのトラック工場でスピーチを行い[73]、本提案を明らかにした。また、ホワイトハウスのファクトシートにおいても、「バイ・アメリカン法の運用に関して過去 70 年で最大の変化」と本提案の意義を強調、口先だけではなく中間層のために努力する姿勢をアピールしている。

　もっとも、重要な点は、本提案が WTO 政府調達協定の変更は前提にしていない点だ。WTO 政府調達協定は一定額以上の調達に限定され、また、各国が留保している（従って協定でカバーされない）品目もあり、完全ではないが、連邦政府による重要な政府調達はカバーされる。トランプ政権においては WTO 政府調達協定の見直し・離脱の議論も行われ、バイデン政権においても当初は政府調達協定の修正の議論も行われていたが、とりあえず、バイデン政権のバイ・アメリカンが同協定の範囲内で実施されるのであれば、自由貿易体制を壊すものとまでは言えないだろう。（トランプ政権はいくつかの医薬品を政府調達協定における米国の義務から除外しようと参加国に提案したが、スイスを含む複数国の反対に遭い、その後、バイデン政権になった後もしばらくは前政権のスタンスを維持したが、その後、この提案を撤回している。なお、中国は WTO 政府調達協定にはまだ参加していない。）

　しかし、バイデン政権は今回の提案を、バイ・アメリカン強化に関し考え得る様々な施策の第一弾と位置付けている。従って、今後、より関係国にも影響する刺激の強い提案がなされる可能性もあり、注意しておく必要があろう。日本としては、今回の提案を含めて、米国のバイ・アメリカン政策の強化が自由貿易の思想と、国際協調主義に反するものであることを明確に指摘していくべきであろう。

---

73 https://www.whitehouse.gov/briefing-room/speeches-remarks/2021/07/28/remarks-by-president-biden-on-the-importance-of-american-manufacturing/

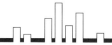

4 中国を見据えた WTO ルールの改善

WTO 改革への取り組み

　日、米、EU は、国有企業を含む中国の在り方が現在の WTO ルールでは十分対応できていないという問題意識から、トライラテラルでの協議の場を持っている。中国は国有企業に関する WTO ルールの見直しに反対している。現行の WTO ルールでは中国に十分対応できないという点については、2016 年にハーバード大学の Mark Wu 准教授が論文にまとめ関係者に大きなインパクトを与えた[74]。同論文では、中国の特殊性を、① SASAC[75]（国務院国有資産監督管理委員会）による一元的な国有企業株式の保有、②中央匯金投資による銀行株式の保有、③発展改革委員会、④企業グループ、⑤共産党の指導、⑥企業・国・党のリンク、という複数の要素が交じり合った結果として生ずる特別なものと分析。これに対応する特別なルールが必要と主張する[76]。現行ルールで不十分な例として、Mark Wu 氏は、2008 年の事例を紹介。禁止される補助金に対しては相殺関税（Countervailing Duty：CVD）が認められるが、補助金とは政府か政府の associated entity（Public Body）が供与するものに限られる。従って、例えば三菱 UFJ 銀行が低利で融資を

---

74 Mark Wu, "The "China, Inc." Challenge to Global Trade Governance", Harvard International Law Journal, Vol.57（2016）
https://papers.ssrn.com/sol3/papers.cfm?abstract_id=2779781

75 State-owned Assets Supervision and Administration Commission

76 Non Market Economy (NME)（非市場経済国）の概念は、中国特有のものではなく、例えばチェコスロバキアなど完全に市場経済と言えない国を WTO に受け入れるために、すでに存在していた概念。中国も WTO へ参加の際には少なくとも 15 年間、2016 年 12 月までは NME ということで参加が認められた。中国は 15 年経過すれば自動的に市場経済国とみなされると主張しているが、米、EU、日本等は、15 年経過後に改めて判断されるものと解釈し、中国はまだ市場経済国ではないとの立場。NME に対してはアンチダンピング（AD）課税をする際に（歪んで不当に安い）国内価格ではなく第三国価格との対比でダンピング判断を行える。（つまり AD 課税を使い易い。）Mark Wu 論文の肝は、中国が単なる NME ではなく、他に例を見ない特殊な経済で、従って新たなルールが必要と主張している点。（もちろん NME か否かも引き続き重要な論点で、中国は現在 EU と争っている。）

しても、三井物産が安い値段で商品を企業に販売しても、これらは補助金にはならない。米国との間で問題となったのは中国政府が過半の持ち分を有する銀行がPublic Bodyに該当するか否か。米国政府はPublic Bodyに該当する、従って当該銀行からの低利融資はWTOの禁止する補助金となると判断して、相殺関税（CVD）を課したが、それに対して2008年に中国がWTOのパネルに提訴。パネルでは米国の主張が支持されたが、上級委員会でひっくりかえり米国が負けたという事例である。また、2019年12月、トルコの鉄鋼会社がPublic Bodyに該当すると米国商務省が判断して相殺関税（CVD）を課したのに対してトルコがパネルに提訴した事案につき、パネルは、トルコの鉄鋼会社がPublic Bodyに該当せず米国の相殺関税（CVD）はWTO違反という判断が下されている。

　我が国としては、異質な中国を極力公平で同等なルールに引き込む、WTOに対する不信を強める米国をマルチの枠組みに引き留める、という双方の観点から、WTOルールの改革は重要な課題である。中国が国有企業問題に関するWTOルールの修正に否定的なこと、中国以外にも国有企業を使った補助金の自由度を確保したいという国が見込まれることなど、コンセンサスベースでのWTOルール改定は決して容易ではないが、マルチのシステムを維持するという目的のために粘り強く対応する必要があろう。我が国は中国とのサプライチェーンを通じた結びつきは米中以上に強く、中国とのデカップルを強いられる状況は経済的には困る。しかし、それを理由に、中国の不公正な経済慣行を許容し続けることは適切とは言い難い。我が国は米国、EUさらには賛同する同志国との連携に努め、WTOルールの改善と、中国の経済・貿易慣行の改善に向けた働きかけを継続することが重要だ。同時に、忘れがちではあるが、わが国自身も改革・開放に不断に取り組むことが重要であろう[77]。

77　なお、WTO改革は、国有企業等の中国問題のみならず、米国の上級委員の任命拒否で活動を停止している紛争処理メカニズムの復活や、デジタル経済の進展といった時代の変化への対応も重要課題だ。また、温暖化防止に役立つ製品などに関しては、その「正の外部性」に鑑みて補助金をより充軟に認めるといった改革も重要であろう。

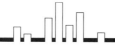

5 新型コロナ・ウィルス （貿易関連）

貿易全般／サプライチェーン

経済学者のリチャード・ボールドウィン（Richard Baldwin）は 2020 年 4 月 1 日付の論考で、「サプライチェーン伝染波」（Supply chain contagion wave）という言葉を使って世界経済の収縮を説明している[78]。ボールドウィンの論考は興味深く、経済の落ち込みが、供給制約と需要の落ち込みの双方が影響するという前提に立ちつつ、中国で発生した新型ウィルスは、感染症として米国等に伝播（COVID contagion）し、かつ、中国で生産される部品や中間財の供給途絶という形で米国等での生産活動に悪影響を与える（supply chain contagion）と説明。さらに、米国等での新型ウィルスの蔓延が、中国等にも再度感染をもたらす（COVID reinfection）可能性を指摘、また、米国等での生産活動の縮小が米国からの部品や中間財の供給を困難にすることで中国での生産にも悪影響を与える（supply chain reinfection）ことを指摘する。いわば要因の相互の循環が危機を深く長くする可能性につき警鐘を鳴らした。実際、その後は米中に留まらず、世界全体に感染と供給困難が伝播した。

マスク争奪戦

以上は貿易に関するマクロの様相だが、マスク、医薬品等を巡る貿易取引に関して米国と諸外国の間で生じた緊張の具体的事例を見る。まずマスクの事例だが、米国の 3M 社は、N95 マスク（医療従事者が着用するマスク）をカナダとラテンアメリカに輸出する約束をし、それを履行しようとしたところ、ホワイトハウスが国防生産法に

---

78 Richard Baldwin and Rebecca Freeman, "Supply chain contagion waves: Thinking ahead on manufacturing 'contagion and reinfection' from the COVID concussion" VOX EU, April 01, 2020
https://voxeu.org/article/covid-concussion-and-supply-chain-contagion-waves

基づき輸出の差し止めに動いた。トランプ大統領（当時）は 2020 年 4 月 2 日にツイッターで「3M がマスクでやっていることを見た後に、今日、彼らを厳しく叩いた」（"hit 3M hard today after seeing what they were doing with their Masks"）と述べ、記者会見でも 3M 社を非難。これに対して 3M 社は、不履行がカナダやラテンアメリアの医療従事者に致命的影響をもたらす、また、履行しなければ他国から報復を招き、米国向けのマスクの供給が滞り、結果的に米国で使用可能なマスクが減少する、これは米国民のためにならない、とステイトメントを発出。カナダのトルドー首相も翌日（4 月 3 日）に、コロナ・ウィルスが深刻な中で米国がカナダへの医療品の輸出を止めることは誤りだ、3M はカナダへのマスクの供給を続けることの重要性を理解している、とコメントした[79]。結局、4 月 6 日の記者会見でトランプ大統領は、「3M 社とは友好的な合意に至った。3M 社が追加的に毎月 5550 万枚のマスクを輸入することになった」と表明し本件は決着。3M 社は約束どおりカナダとラテンアメリカに輸出することが可能となった。なお、3M 社によれば、同社は米国内で毎月 3500 万枚のマスクの生産能力を有しているが、4 月より中国より毎月 1 億 6650 万枚のマスクを輸入する予定とのことであった。

ヒドロキシクロロキン、ゲームチェンジャー？

　次に医薬品の事例を紹介したい。ヒドロキシクロロキン（hydroxychloroquine）はもともと抗マラリア剤。ただ新型コロナ・ウィルスに効果があった症例があり、記者会見でゲームチェンジャーと何度も言及するなどトランプ大統領のお気に入りの薬。トランプ大統領の主張は、新たなワクチンの開発も取り組むが副作用の確認など時間がかかる、これに対して、ヒドロキシクロロキンは抗マラリア剤として以前より使われおり副作用が少ないことは分かっており安全、患者が希望すれば、どんどん使えばよい、何も失うものはないではないか、というもの。これに対して、感染症研究所のアンソニー・ファウチ（Anthony Fauch）所長は、ヒドロキシクロロキンが新型コロナ・ウィルスに効いたというのはアネクドート（anecdotal evidence）に留まり、薬品はランダム化比較試験（RCT）で確認できて初めて有効だと言えるとの立場を表明。ただ、このヒ

79　ちなみにカナダ国内では N95 マスクの生産は行われていない。

ドロキシクロロキンの輸入元として期待していたインドが、インド国外への輸出の全面禁止を表明。トランプ大統領は2020年4月5日にモディ首相と電話で話し、6日の記者会見では、もしインドが輸出禁止とすれば米国からの報復があると発言。結局インドは輸出を了承し、4月8日のお昼にトランプ大統領は、モディ首相に感謝のツイートをした[80]。

総括

　政策的含意を考えたい。まず、短期的政策（現状の生産能力を前提）と長期的政策（生産能力が変化し得る）に分けて考える必要があろう。短期的には、疾病対応に欠かせない物品が国内で不足しているときに海外への輸出が行われるということは国民感情としては耐え難い。GATT第20条（b）も「人の生命または健康の保護」を自由貿易原則の例外として規定している。従って、やむを得ない場合の輸出規制は否定されるべきではないが、3Mのマスクの事例が示すように、輸出・輸入の双方があってもネットで輸入ポジションの場合には、輸出制限をするよりも双方向での貿易が許容される方が、自国民の生命・健康を守ることになる。また、国毎に感染ピークにタイムラグがあれば、貿易を通じて相互に融通することですべての国がメリットを受ける。

　長期的観点からは、米国では医薬品など研究開発は国内も盛んだが、生産は海外、特に中国に依存している部分も多い。既に米国内で議論が行われているが、重要な医薬品について中国への依存度を下げるという政策については、安全保障の観点も踏まえて、その検討は重要であろう。もっとも、国内生産の強制は必然的に価格を上げる。また、人工呼吸器、CT、MRI、マスク、手袋、医療用ベッド、医療用ガウンと、対象は際限なく広がり得る。対象の絞り込みと共に、輸入制限による輸入代替的な国内生産基盤の確保ではなく、投資税額控除や補助金供与のような一定の国際競争下での政策誘導の方が生産の効率性を一定程度保ちつつ供給の安

80　2020年4月8日付トランプ大統領ツイート "Extraordinary times require even closer cooperation between friends. Thank you India and the Indian people for the decision on HCQ. Will not be forgotten! Thank you Prime Minister @NarendraModi for your strong leadership in helping not just India, but humanity, in this fight!"

定を確保する点で望ましいだろう。また、在庫の確保、サージ生産能力の維持、調達先の分散といった手段との比較考量も必要であろう。また、「緊急時の輸出制限を行わない」ということを関係国間で拘束力ある形で合意することにより、海外生産に伴い生ずる脆弱性を緩和するといった方策も重要だ。

　この長期的議論は、ボールドウィン（Baldwin）の supply chain contagion wave の議論とも関係する。国際的なサプライチェーンの発達は、危機の波がより簡単に国境を超える世界を作った。特に中国など一か国への依存度が高ければ、リスクの集中というデメリットも生じる。その意味では適切な国内と海外のバランス、また海外においても分散が効くような立地への誘導は意味がある。民間企業にとっても集中立地がリスクを高めて企業価値にマイナスと考えれば、自ら立地の分散を検討しよう。より難しいのは、個別企業としては最適立地と考えているが、日本全体（あるいは米国全体）で国として見たときに当該立地が安全保障上の脆弱性を生み出している場合。台湾は自国企業の過度の中国投資をリスクと考え、自国回帰を政策誘導した。日本の場合も、緊急経済対策において、新型コロナ・ウィルスの発生源である中国に依存した生産設備の国内回帰、あるいは生産の分散のための移転費用の補助という名目で予算措置を講じた。中国と完全にデカップル（decouple）することは可能ではなく望ましくもないが、分野毎に、個別企業の観点を超えて、国全体の観点でサプライチェーン・リスクを考えていく必要性は高まっていると言えよう。

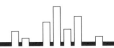

6 サプライチェーン・レビュー報告

はじめに

　ホワイトハウスは、2021年6月8日、サプライチェーン100日レビューの結果を公表した[81]。バイデン大統領は、2021年2月24日にサプライチェーン大統領令（以下「大統領令」）に署名し、4つの分野に関する100日間レビューと、6つのセクターに関する1年以内の評価を指示していた[82]。

構成

　報告書は、ブライアン・ディース（Brian Deese）経済政策担当大統領補佐官（国家経済会議委員長）とジェイク・サリバン（Jake Sullivan）国家安全保障担当大統領補佐官が取りまとめ大統領に提出する体裁を取る。冒頭に両者連名での大統領へのレター（introductory note）があり、続いて要約（Executive Summary）、その後に担当省庁からの4つのレポートという構成。4つのレポートは半導体（商務省）、大容量バッテリー（エネルギー省）、重要鉱物（国防総省）、医薬品（保健福祉省）となっている。

全体

　両補佐官は、冒頭で、「より安全で強靭なサプライチェーンは、安全保障、経済

---

[81] White House, "Building Resilient Supply Chains, Revitalizing American Manufacturing, and Fostering Broad-based Growth", June 2021
https://www.whitehouse.gov/wp-content/uploads/2021/06/100-day-supply-chain-review-report.pdf

[82] 100日レポートの対象である4つの分野は、半導体、大容量バッテリー、重要鉱物、医薬品。また、1年以内に評価・報告が求められた6つのセクターは、国防、公衆衛生、情報通信、エネルギー、運輸、農産品・食料。

安保、技術的優位の維持に不可欠」であり、「米国のサプライチェーンの強化のためには、継続的な関心と投資が必要」と主張する。

その上で、本件レビューのために、政権内で10数以上の省・政府機関からなるタスクフォースを組成し、労働界、産業界、学界、議会、同盟国・パートナー国などのステイク・ホルダーとも十分に協議の上で報告書を取りまとめたと説明する。

また、米国内で抗生物質を製造する能力が消失してしまったこと、大容量バッテリーに重要なリチウムとコバルトの精製に関して中国がそれぞれ世界シェアの60%、80%と圧倒的であることを紹介。またイノベーション能力の土台は生産であり、生産拠点が海外に移転すればイノベーションを行う能力も国内からなくなってしまうと警鐘を鳴らし、半導体では台湾や韓国は大規模な公的支援で国内生産能力を維持していると説明する。

さらに、米国の民間企業が安全性や強靭性よりもコストや効率性を優先した結果、サプライチェーン・リスクが増大した、その結果、米国労働者の利益も害されたとの認識を示す。同時に、今後サプライチェーンの強靭化を図るにあたっては、米国の持つ「強み」を活かすべきとし、イノベーションのエコシステム、人材、人種・地域の多様性、中小企業、価値観を共有する同盟国・パートナー国の存在を米国の強みと指摘する。

研究開発能力の再強化、「研究室」から「市場」へ移行する能力の強化、労働者への投資、教育の重要性も強調。また、全ての必須品を米国内で生産することは可能でも望ましくもなくサプライチェーンの多様化が重要と説明。しかし、同時に、米国では企業が賃金・税金が安く規制の緩い海外に出ることは不可避との考えが支配していたが、他国は政策によりそれを防いでいるとし、グローバリゼーションが消費者のみならず労働者としての米国民の利益になるようにすることは可能と主張する。

▌共通要因

サプライチェーンの脆弱性の要因として以下の5つを指摘する。

①**不十分な生産能力**：ここ数十年で米国の生産能力は減少したとし、特に2000年から2010年にかけて製造業の雇用は3分の1減少したと指摘。このうち25%は中国との競争の結果と主張、同時に他国と比較して米国の生産性の上昇も不十

分であったと説明。生産能力の喪失がイノベーション能力の喪失も招いたとする。

②**民間市場の短期主義**：現在の米国市場は、企業による質、持続性、長期的生産性への投資を十分評価しないと主張。成果実現まで時間がかかる改善、研究開発、サイバーセキュリティ対策などに十分な投資が行われていないと指摘する。

③**他国の産業政策**：米国の産業基盤への投資が不十分であったのに対して、（同盟国も競合国も含めて）他国は国内の競争力を戦略的に高めてきたと主張。EUが2019年に打ち出した35億ドルの研究開発基金、台湾・韓国・シンガポールの半導体工場への補助等に言及。また、中国の公正な貿易慣行を超える攻撃的な政策にも言及。

④**国際調達の地理的集中**：低コストで産業政策の支援もある国に投資が集中する結果、脆弱性が高まっていると分析。世界の先端半導体の92%が台湾で生産され、先進バッテリーの75%が中国で生産されているとする。

⑤**限定的な国際協調**：コロナ前の米国は、サプライチェーンのリスクに対して国際的に協力して対応するという努力が不十分であったと指摘。米国は全ての必要な物資を国内で生産できないことに加え、疫病や気候災害や中国との地政学的競争を考えれば、米国は同盟国・パートナー国と協力する必要があると主張する。

（提言）

上記を踏まえて、報告書は以下を提言している。

①**生産およびイノベーション能力の再建**：

● この一つ目の提言は立法措置を含めて様々な手段が提案されている。まずは、半導体分野の投資への500億ドル以上の支援。（これは、もともとは2022年度国防授権法でCHIPS Actとして入っていたが予算化されていなかったもの。2021年6月8日に上院を通過した「米国イノベーション競争法案」[83] において半導体支援は520億ドルとなっており、今後下院と調整が行われる予定。なお、以下に述べる提言内容の中にも、「米国雇用計画」などすでに存在する計画・法案と重複するものもある。）

● EV普及のための法案。EV購入者へのリベート付与、連邦公用車にEVの調達

（50億ドル）、EV充電インフラ整備（150億ドル）。

● バッテリー・サプライチェーンの整備。バッテリー製造に関して、税額控除に加えて課税対象利益の少ない事業者のためのグラント付与も検討。また、エネルギー省の融資プログラムを使った、重要鉱物の精錬やバッテリー生産のための施設の支援。

● 商務省に新たに「サプライチェーン強靭化プログラム」を設置するための法律制定。サプライチェーンの脆弱性に関して、監視、分析、予測し、また、産業界・労働界等と協力するためのプログラム。連邦政府が効果的な対応ができるよう500億ドルの予算付与を提案。

● 重要産業に「国防生産法（DPA）」を適用するために新たな省庁間調整メカニズムであるDPA Action Groupを設置。

● 次世代バッテリー開発のための投資。新たな医薬品製造プロセスの開発のための投資。

● 産業界・労働界と協力して質の高い仕事の創出。重要サプライチェーンにおける中小企業の支援。

● 米国輸出入銀行が、米国の輸出を支援する米国内のインフラや製造施設への国内融資のためのプログラム案を策定し、米輸銀理事会で議論する。

②**労働者に投資し持続性を評価し「質」を大事にする市場の発展の支援**：

● リチウム、コバルト、ニッケル、銅などの開発に関する持続可能性基準の策定。

● ホワイトハウスの科学技術政策局の支援をえつつ、内務省が中心となり、農務省、環境保護局等も参加し、重要鉱物の生産・精錬に適した立地を検討する作業グループを設立する。

● 医薬品のサプライチェーンの透明化。

③**重要物資の調達者や投資者としての政府の役割の活用**：

● 政府調達において優遇を受ける重要物資のリストを作成。

● 科学・気候変動に関する研究開発の際のグラント供与に関して米国品調達義務を強化。

● 備蓄の強化。コロナを踏まえて医療品の備蓄強化は進めているが、重要鉱物、重要物資についても同様に備蓄の強化を行う。

● 米国内での新たな自動車用バッテリー生産において高い労働基準への準拠。企

業への税額控除、融資、補助金の供与に関して、（労働組合結成の選択を含めて）質の高い仕事となるよう配慮。予算配布を議会が行う際には「一般的な賃金要件（prevailing wage requirement）」を課すことをレコメンドする。

④強制措置を含む貿易ルールの強化：

●米国の重要なサプライチェーンを毀損する不公正な貿易慣行に対応するため、USTR が主導する「貿易打撃力」（trade strike force）を設置する。また、サプライチェーン強靭化を米国の対中国貿易政策の要素に入れ込む。

●ネオジムで作る永久磁石はモーター等に必要で、民生用および軍事用に重要だが、現状は海外に依存している状態。ネオジム永久磁石に関して 1962 年貿易拡大法 232 条に基づく調査を行うか商務省が評価するよう提案する。

⑤サプライチェーンの脆弱性を減らすための同盟国・パートナー国との協働：

●クワッドや G7 など同志国がサプライチェーン脆弱性に関して協力することは重要。また、同盟国・パートナー国の政府や企業とともにサプライチェーン強靭化につき協議する新たな「大統領グローバル・フォーラム」を検討する。

●重要鉱物を含めて重要物資の生産能力を拡大するためのプロジェクトに投資するための DFC の能力を強化する。これはサプライチェーン強化のための同盟国・パートナー国との協働の力強い手段となる。

⑥コロナからの回復過程で生じうるサプライチェーン混乱のモニタリング：

●ワクチン接種が進み世界がコロナ禍から抜け出すときに生ずる需給の変動はサプライチェーンに負荷をかける。こうした今後の短期的な変動に対応するため「サプライチェーン混乱タスクフォース」（Supply Chain Disruptions Task Force）を設立することを提案。同タスクフォースは、商務省、運輸省、農務省が主導し、過去数か月に住宅建設、半導体、運輸、農業、食料で見られたような需給のミスマッチに焦点を当てる。また、商務省は短期的なサプライチェーンの脆弱性を監視するためのデータハブを設立する。

▌半導体

分野共通の分析・提言に加えて、報告書は4つのセクターに関するより詳細な分析・

提言も提示している。4つのうち、関心の高い半導体の部分のポイントを見る[84]。

①製造が米国の弱点

● 米国の半導体業界の収入は、世界の半導体業界の収入の約半分を占めるなど、大きな存在。しかし、米国における「製造」のシェアは、20年前の37%から現在は12%まで減少。以下、工程毎に見る。

②工程毎の状況

● 設計（Design）：米国の半導体設計は強靭で世界をリード。しかし、研究開発の原資ともなる売上の多くを中国市場に依存。

● 製造（Fabrication）：米国は十分な半導体生産能力を欠いている。米国は先端のロジック半導体は台湾に依存、成熟した半導体は台湾・韓国・中国に依存。

● 組立・試験・パーケージ（ATP and Advanced Packaging）：比較的技術レベルの低いATMに関して米国はアジアに大きく依存。半導体が複雑化するに従い、「先端パッケージ」分野は技術進歩の可能性を秘めるが、米国はそのエコシステムを欠き費用効果的な立地でもない。中国は先端パッケージ分野に大きな投資を行っている。

● 材料（Materials）：ガス、ウェットケミカルの多くは米国で製造できるが、シリコンウェハー、フォトマスク、フォトレジスタは海外に依存。

● 半導体製造装置（Manufacturing Equipment）：米国は、多くの製造装置に関して大きなシェアを有する。しかし、リソグラフィー装置はオランダと日本が支配。半導体の製造の多くが米国外で行われるため、米国の半導体製造装置業者は海外市場に依存している。

③提言

1　産業界と協力し、同盟国とも協力しながら投資を促進する。

2　CHIPS法（Creating Helpful Incentives for Production of Semiconductors for America）により製造へのインセンティブを与え、また国家半導体技術センターを通じて研究開発も推進する。

84　サプライチェーン100日レビューのうち、報告書の21頁〜80頁が半導体関連。
https://www.whitehouse.gov/wp-content/uploads/2021/06/100-day-supply-chain-review-report.
pdf?utm_source=sfmc%E2%80%8B&utm_medium=email%E2%80%8B&utm_campaign=20210610_
Global_Manufacturing_Economic_Update_June_Members

3 立法を通じて国内半導体製造エコシステムを強化する。

4 先端技術を研究室から市場に展開すべく、研究開発資源の供与等を通じて半導体製造業者（特に中小企業）を支援する。

5 半導体産業のための多様でアクセス可能な人材プールを構築する。

6 半導体サプライチェーン強靭化のため、同盟国・パートナー国と協力する[85]。

7 輸出管理制度や投資審査等を通じて半導体分野における米国の技術的優位を守る[86]。

総括

短期間で様々な分析を行い報告書をまとめた点は評価できる。いろいろな提案がなされているが、法律や議会による予算の配布が必要な項目も多く、また、あくまで大統領への提言であり、全てが100%実行されるとは限らない点は留意を要する。

4つの分野でそれぞれリードする省庁を決めていたが、それら省庁も他省庁や産業界、有識者等とも意見交換しながらレポートを策定。また、ホワイトハウスの大統領補佐官二人が取りまとめ役となり、各省の縦割りとならないように注意しながら進めた点は、参考となる。

内容的には、同盟国等の同志国と協調しながら進めることの重要性が強調されている点は重要だ。一国のみでサプライチェーンを完結することはできず同志国の協調が重要という点は、2020年10月に公表したAPI、CNAS、MERICSの共同レポートにおいても最も強調していた点でもあり賛同できる[87]。

---

85 Engage with Allies and Partners on Semiconductor Supply Chain Resilience by encouraging foreign foundries and materials suppliers to invest in the United States and other allied and partner regions to provide a diverse supplier base, pursuing R&D partnerships, and harmonizing policies to address market imbalances and non-market actors

86 Protect U.S. Technological Advantage in Semiconductor Manufacturing and AdvancedPackaging by ensuring that export controls support policy actions to address national security andforeign policy concerns related to the semiconductor manufacturing and advanced packaging supply chain and that foreign investment reviews consider national security considerations in the semiconductor and advanced packaging supply chain

87 「共通コード」(Common Code)は、アジア・パシフィック・イニシアティブが、米国のシンクタンク（CNAS）、ドイツのシンクタンク（MERICS）と共に、2020年10月にまとめた「テクノロジー・アライアンス」に関する報告書。主要民主主義国が、技術政策やサプライチェーンの脆弱性対応に関して政策協調を行う

気になるのは、米国の現状への認識が悲観的にすぎるのではないかという点である。効率性に振れ過ぎたサプライチェーンにつき、安全保障の観点も含めて強靱化をはかること、そのために政府が種々の政策措置を講ずることは妥当であろう。しかし、報告書は前提として、中国はもちろん、台湾、韓国、日本、EUなど、米国以外の国々が産業政策を用いて成功したが米国は遅れを取ったという認識のようだ。確かに、半導体の最新工場は空母2隻分の300億ドルかかる。初期コストが大きくスケールメリットが出る産業で、大規模な政府支援が効果を発揮しやすい分野であり、台湾、韓国の政策が奏功した部分はあろう。しかし、経済全体を見れば、GAFAに代表されるように、新陳代謝しながら新たな企業が登場・成長する米国経済のダイナミズムは米国の力の源泉であり、日本から見れば羨ましい限りだ[88]。半導体の場合にはファブレスとファウンドリーという分業体制のもと、製造が過度に台湾（TSMC）に集中しており、こうした脆弱性には対応が必要だろうが、製造業全般を米国に引き戻す政策はラリー・サマーズ氏[89]がしばしば指摘するように困難であろう。また、アダム・ポーゼン氏[90]が主張するように製造業全般を米国で増やすという「懐古」の試みは大変コストの高いものとなろう[91]。重要なのは、スピルオーバー効果（正の外部性）や安全保障といった要素に基づき、対象を絞って、効果的に政策支援を行うことではないか。報告書の中にも米国の強みを活かして対応すると記述している点は適切であろう。

　また、バイ・アメリカン的な要素も含まれている点も気になる。米国のバイ・アメリカ

ことが重要であるとし、そのための枠組みを提案する。以下で報告書は入手可能。https://www.cnas.org/publications/reports/common-code

88　The Economist　の2021年6月5日号の "Geopolitics and business" は、過去25年間に創立され現在1000億ドル以上の価値を持つ企業19社のうち9社が米国、8社が中国と指摘し、両国のみで「創造的破壊」が行われているとしている。ただ、米国における最近の保護主義、産業政策への動きが、米国の「創造的破壊」に制約を課す可能性に警鐘をならす。https://www.economist.com/leaders/2021/06/05/the-new-geopolitics-of-global-business　市場の失敗や安全保障上の考慮が必要な場合は存在し、産業政策を頭から否定すべきではないが、どのような場合にどういう手法で産業政策を実施するかは注意が必要であろう。なお、2021年6月4日の産業構造審議会総会に提出されたMETIの「経済産業政策の新機軸」は新たな産業政策にも言及がある。まだきれいな整理はされていないが、大変興味深い。https://www.meti.go.jp/shingikai/sankoshin/sokai/pdf/028_02_00.pdf

89　経済学者。元米国財務長官。
90　経済学者。ピーターソン国際経済研究所の所長。
91　アダム・ポーゼン「懐古の値段」（The Price of Nostalgia）
　　Adam S. Posen "The Price of Nostalgia: America's Self-Defeating Economic Retreat"
　　Foreign Affairs, May/June 2021
　　https://www.foreignaffairs.com/articles/united-states/2021-04-20/america-price-nostalgia

ン政策の活用が、少なくとも WTO の政府調達協定（GPA）の範囲内での対応となることを確認していく必要があろう。

　貿易に関しては、中国を念頭に、不公正貿易に関して、USTR が主導する「貿易打撃力」（trade strike force）を設置することもうたわれた。また、サプライチェーン強靱化を対中国貿易政策において考慮することも明示された。中国側はこの点にさっそく反発を示した[92]。USTR はその後「貿易打撃力」という用語の使用は取りやめたようだが、中国への対抗という文脈の中で米国が貿易をどう活用するのかという点は、引き続き注視が必要だ。また、ネオジム永久磁石に 232 条（安全保障を理由）の適用を検討するという点も動向が注目される。

　米国は企業に特定の生産を強制する国防生産法（DPA）があり、コロナ対策の一環でその使用が議論されたが、実際の活用までは相当時間がかかった。今回、国防生産法（DPA）の適用に関する省庁間調整メカニズムとして新たに DPA Action Group の設置を検討するのは、こうした反省に基づくものであろう。他方、我が国においては国防生産法のような枠組み自身が存在しない。民間企業への特定の生産の強制は軽々に行われるべきではないが、経済安全保障等の観点から民間企業の動員が必要な場合に、法的枠組みそのものがない状況でよいのか、（慎重な運用を前提としつつ）検討の必要があるのではないか。

92　Global Times の編集長である Hu Xijin は 2021 年 6 月 9 日、早速以下をツイート。「米国は、小さな国々に対してやったように、中国を『打撃』できると思うのか？なぜ、今年の最初の 5 か月間に米国が中国からより多くの輸入を行ったのか？なぜ、農業製品を中国に売ろうとするのか？　あなた方は、トランプ貿易戦争から何も学んでいないように思われる。」"You think the US can strike China like it does to small countries?　Why the US imported more Chinese goods in the first five month of this year? Why sell your agricultural products to China? It seems you haven't learned from Trump's trade war."

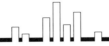

7 中間層のための外交・貿易

はじめに

　バイデン政権は中間層のための外交・貿易政策を掲げ、外交や貿易に関する政策は富裕層や企業のためではなく、中間層の利益のために形成されるべきであるとの立場を繰り返し表明している。こうした政策の背景と、その妥当性を考えてみたい。

2016 年の敗北から学んだ中間層重視

　安全保障担当の大統領補佐官であるジェイク・サリバン（Jake Sullivan）氏は、2016 年の大統領選に際してヒラリー・クリントン民主党候補のアドバイザーを務めた。勝利が確実視されていたヒラリー・クリントンがトランプに敗れたことは、サリバン氏にとっても大きなショックであっただろう。

　インタビューで、中間層への配慮が不十分であったことがトランプ・ナショナリズムを産んでしまった原因と思うかとの質問に対して、サリバン氏は、トランプ現象は複雑と留保しつつも、「我々が中間層の持つ懸念を外交や安全保障政策で中心課題として認識しなかったということは、我々は米国民の期待に応えなかったということだ。我々はこのことから学ぶことができるし、今後はもっとうまくやることができる。」と率直に回答している[93]。

93　"But I would say this — I believe that the fact that we did not elevate and center middle-class con-
cerns in our foreign policy and national security meant that we were not delivering for the American
people as well as we should have, that we can learn from that, and then we can do better as we go
forward." https://www.npr.org/sections/biden-transition-updates/2020/12/30/951280373/why-
bidens-national-security-adviser-plans-to-focus-on-the-u-s-middle-class

アメリカの中間層の現状

実際にアメリカの中間層はどのような状況にあるのだろうか。ピーターソン国際経済研究所が、2020年10月に、「不平等の拡大」という切り口で優れた報告書をまとめている[94]。

同報告によれば、下位50%の所得につき1980年と2017年を比較すると、欧州では37%上昇したのに対してアメリカはわずか3%の上昇にとどまる。2015年に上位10%の家計が持つ可処分所得の全体に対する比率は、OECD27か国の平均が24%であるのに対してアメリカは29%（日本は24%）。純資産の比率でみると、OECD27か国の平均が52%であるのに対してアメリカは79%と格差が大きい（日本は41%）。

また、30歳時点での収入を両親と比較すると、アメリカでは1940年代生まれは90%近くが両親よりも高い収入を得たが、1980年代前半生まれはこの比率は50%程度。つまり、半数は両親よりも低い収入にとどまっている。

アメリカの上位1%が得る国民所得は1980年には10%強であったが、2017年には20%を超えた。これは、下位50%が得る12%よりもはるかに多い。欧州でも格差拡大の傾向は見られるものの、2017年時点では上位1%が得る所得は10%強、下位50%は18%程度であり、アメリカほど大きな格差とはなっていない。

総じて、アメリカでは他国以上に所得、資産の双方で格差が拡大、中間層は厳しい経済環境に置かれていると言える。

「自由貿易」は間違っていたのか？

現在の政治・言論空間では「自由貿易を進める中で格差が拡大し、アメリカの中間層は苦境に陥った。新自由主義に基づき自由貿易を進めてきたことが問題だ。経済学者は現実を理解していなかった。」という意見が多い。本当だろうか？

まず、格差拡大に及ぼした貿易の影響が過大評価されている可能性が高い。実際の貿易の影響は20%程度で、格差拡大のより大きな要因は技術進歩にあると多く

94 PIIE, *How to Fix Economic Inequality?* 2021
https://www.piie.com/microsites/how-fix-economic-inequality

の経済学者が考えている（William Cline 2019[95]）。貿易には相手があり、相手は
しばしば言語も文化も異なる外国だ。最新の機械を非難するよりも外国（人）を非難
する方がよほどイメージし易く共感を得やすい。

　また、貿易が勝者と敗者を産むことは当初より想定されていた。200 年前に比較生
産費説を定式化したデービッド・リカードは、数値例を使い、布とワインの双方でポルト
ガルに対して「絶対」劣位にあるイギリスも、布に「比較」優位があるので、ポルト
ガルに布を輸出してワインをポルトガルから輸入することで、両国とも利益を得ることを
説明した。当然、イギリスのワイン製造業者と、ポルトガルの布製造業者は、仕事を
変えるという多大なコストを払うことが前提だ。

　さらに、貿易により、当該貿易財を生産するのに集約的に用いられる生産要素の
価格も変化する。この結果、低賃金国との貿易によって高所得国の低技能労働者
の賃金が下がる可能性について、今から 80 年も前の 1941 年に主流派経済学者に
よりに指摘されていた（ストルパー・サミュエルソン定理）。現実にこの現象がどれだ
け生じるかについては議論があるが、重要な点は、貿易が国全体として利益を生む
と主張する経済学者も、「貿易により自動的に全国民が利益を受ける」などとはそもそ
も主張していない点だ。「自由貿易」の主張は、あくまで「国内で適切な補償（所
得再分配等）を行えば、全国民が利益を受ける」というものだ。

重要なのは国内政策

　実際のデータを見よう。アメリカでは GDP に占める新興国からの輸入は 1990 年代
の 2%程度から、今日の 7%程度と上昇してきた。しかし、他の先進国もほぼ同様に
上昇している。ドイツでは 8%を超えるなど、アメリカよりも多くの輸入を新興国から行っ
ているが、所得格差はアメリカよりも小さい。アメリカの格差拡大を新興国からの輸入
のみに求めることには無理がある。

　また、不平等を示す指標としてジニ係数がある。ジニ係数は、皆が同一の所得で
完全に平等であれば 0、一人がその国の全ての所得を得る完全不平等の場合は 1 と

95 William R. Cline, "Trade and Income Distribution" PIIE, 2016
https://www.piie.com/bookstore/trade-and-income-distribution

なる。各国は、所得税や給付といった所得再分配措置を講ずるため、これらの措置後には格差は和らぐが、その強弱は国により異なる。2018 年の数字でみれば、アメリカは所得再分配措置前のジニ係数は 0.51。措置後のジニ係数は 0.39 で、これは高所得国の中で最も高い（最も不平等）。日本も措置前は 0.50 だが、措置後は 0.34。フランスは措置前 0.52、措置後 0.29。ドイツは措置前 0.50、措置後 0.29。フィンランドは措置前 0.51、措置後 0.27 だ（ピーターソン国際経済研究所）。

　米国の格差、中間層の困窮は、貿易そのものにあるのではなく、（技術進歩に加えて）所得再分配措置を含めた国内措置が不十分であることこそ真の原因と言えよう。結局、間違っていたのは「自由貿易」という考えではなく、「自由貿易」が前提としていた適切な国内措置を取らなかった政治・行政だ。

現実の政策の中で

　バイデン政権もこうしたことは理解しているはずだ。民主党政権公約には高所得者への増税を含めて、所得再分配機能を強化するための措置も掲げられていた。2021 年 4 月末に公表された「米国家族計画」では富裕層への所得税の強化、低所得者への税額控除・給付、医療保険の充実、教育支援の拡充など措置も盛り込まれており、格差縮小のための国内措置に取り組もうとした。しかし、議会のプロセスの中で、こうした内容に多大の妥協が強いられた。

　グローバリストを非難し、アメリカ・ファーストを連呼したトランプ前大統領は、敗れはしたが7400 万票を獲得した。2016 年の敗北のトラウマも残る中で、バイデン政権の「中間層のための外交政策」、「中間層のための貿易政策」というキャッチフレーズは、気が付けば、「アメリカ・ファースト 2.0」あるいは単なる保護主義に転じるリスクがある。バイ・アメリカンの強調は、すでにそうした懸念が現実となりつつあることを示している。

　米国内での貿易政策に関する議論について、米国の識者はどう見ているのか聞いてみた。戦略国際問題研究所（CSIS）の上級副所長であるマシュー・グッドマン氏は、「まず貿易全般に関する米国の状況だが、貿易の disruptive な側面を十分に考えなかったために、バックラッシュが起きたという面はある。disruptive な現象の原因は、本当は貿易だけではなく、技術進歩もあるのだが。また、共和党は、元々は自由貿易を重視していたが、現在は、自由貿易を支持する勢力の力が落ち、貿易に否定

的なトランプ的な考えの勢力の方が強い。一方、民主党はそもそも1970年代より自由貿易を支持する考えは弱い。加えて現在の民主党は労働組合、特に製造業の労働組合との関係を極めて重視している。」と説明する。他方、この状況は変わらないのかとの質問には「こうした状況が永遠に続くかと言えば、必ずしもそうではないと考えている。共和党の中にはビジネス重視の勢力は残っており、ビジネス界には一定の影響力がある。彼らは貿易推進派だ。また、民主党の方は、労働組合自体が昔に比べて弱体化している。また、経済のサービス化が進む中、サービスセクターの労働組合などは貿易には反対していない。また、民主党の支持者は若者、都市部居住者が多く、これらは貿易の価値を認めている。従って、全体として米国がずっと貿易に否定的のまま、ということではないと考えている。」と期待も込めて語る。

ブルッキングス研究所の東アジア政策センター長であるミレヤ・ソリス氏は、「米国の中位投票者は必ずしも貿易に否定的ではないが、米国の政治を決めているのは平均的な中位投票者ではない。大統領選の帰趨を決めるわずかな州があるが、そこでは、開かれた貿易への支持が低く、結果として、それが米国の貿易政策を規定するというのが今の米国の政治システム。共和党はかつては自由貿易の党だったが、トランプの影響が残っており、今は自由貿易の党ではない。民主党も全体として激しく貿易に反対ということではないが、バイデン政権も貿易には慎重。鉄鋼・アルミの232条の問題の解決方法も管理貿易だし、バイ・アメリカンも声高に主張されている。タイUSTRは労働者中心の立場を再三強調している。」と現状を分析する。

1992年の大統領選でビル・クリントンの選挙参謀を務めたジェームス・カービルは「大事なのは経済だ」（It's the economy, stupid.）という名言を残した。それをもじれば、今、アメリカで格差拡大を食い止めて中間層を守るためには「大事なのは国内政策だ」（It's the domestic policy, stupid.）ということではないか。

所得格差の問題は深刻であり、強く安定した中間層の立て直しは、アメリカの成長、社会的統合、健全な民主主義のために不可欠だ。しかし、それは貿易政策や外交政策が主として担うのではなく、むしろ国内政策でしか達成できないものであろう。貿易・外交政策を考える際に中間層を考慮することは間違っていないが、貿易、外交の格差問題への影響を実際以上に過大評価すれば、真の問題を覆い隠し、格差是正の実現にもマイナスとなる。格差が拡大し、分断が続けば、アメリカは地政学・地経学的な競争の中で後れをとり保護主義的圧力がさらに増大する。そうした状況は同

盟国日本にとっても決して望ましいものではない。

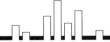

8 鉄鋼・アルミ関税、過剰生産、脱炭素

はじめに

トランプ政権は、鉄鋼・アルミの輸入に関して、米国の安全保障上の脅威であるとの理由で関税を課した。米国とEUは、これを「関税割当」に置き換えることに合意した。しかし米国とEUの合意は、双方の紛争をコントロールするという目的以外にも、中国の過剰生産問題への対応、脱炭素の推進といった狙いも視野に入れている。

鉄鋼・アルミへの関税の経緯

1962年通商拡大法232条は、ある製品の輸入が米国の国家安全保障の脅威となると判断される場合に、大統領に輸入制限措置を講ずる権限を付与する。232条のプロセスは次のとおりだ[96]。(i)まず、商務省がみずから、あるいは他の省庁等からの要求に基づき、商務省として調査を開始する。調査の過程で、国防総省[97]、その他必要な政府職員等と協議を行う。(ii)商務省は調査開始から270日以内に、当該輸入が安全保障上の脅威と言えるか、言える場合には大統領が取るべき行動の提案を含む報告書をまとめる。(iii)大統領は、報告書受領後90日以内に、①安全保障上の脅威という商務省の見解に同意するか、②同意する場合には具体的な行動、を決定する。

鉄鋼、アルミに関しては、2017年4月に商務省が調査を開始し、安全保障上の脅威と認定し報告を取りまとめた。報告を受領したトランプ大統領は、安全保障上の脅威という商務省の意見に同意し、2018年3月に、鉄鋼に25%、アルミに10%の

96　2021年11月4日　CRSレポート
　　CRS, "Section 232 of the Trade Expansion Act of 1962" updated November 4, 2021
　　https://sgp.fas.org/crs/misc/IF10667.pdf
97　国防総省との協議は必須である。

追加関税を課した。2020年1月には、派生製品（derivative products）にも対象を拡大した。

　なお、輸入割当の受け入れと引き換えに、鉄鋼に関してブラジルと韓国に、鉄鋼とアルミの双方に関してアルゼンチンに、232条に基づく関税の免除が与えられている。また、2019年5月に、カナダとメキシコに対して、共同監視（joint monitoring）を前提に免除が与えられた。

　なお、米国の232条に基づく鉄鋼・アルミへの関税に対して、EUは、WTOに提訴すると共に、報復関税として、バーボン・ウイスキー、リーバイスのジーンズ、ハーレー・ダビッドソンのバイク等に関税を課していた。EUは、米国の関税撤回がなければ2021年12月より報復関税を2倍とすることを予定しており、それを避けるためには、1か月前の10月末までに紛争を解決する必要があった。（なお、安全保障を理由とした232条に基づく米国の追加関税措置はWTOルール違反の可能性が高い。詳細は末尾の補足参照。）

▍米国とEUの合意——関税割当の仕組み

　2021年10月31日に発表された、鉄鋼に関する米国とEUの合意は以下のとおり。

● 米国は、232条に基づき鉄鋼に課していた25%の関税を「関税割当」（tariff-rate quota：TRQ）に置き換える。関税割当は、一定の閾値に輸入量が達するまでは無税あるいは低関税に抑え、当該閾値を超える場合に高い関税を課す仕組みだ。今回は、鉄鋼の54製品に関して、2015年～17年の輸入実績に基づく年間330万トンまでは無税での輸入を認め、それを超える輸入については25%の関税が課される。割当量はEUの各国に配分される[98]。

● 鉄鋼派生品に対する232条に基づく25%の関税は撤廃。

● 割当の範囲内で無税が認められる製品は、あくまでEU域内で溶融・鋳造（melted and pourcd）された製品であることも規定。これは、中国で生産された鉄鋼がEU域内で簡易な加工のみ施されて無税で米国市場に流れ込む状況を防ぐため。

● 米国は、これまで認めていたEUに対する232条関税の除外措置を継続する。

98　https://ustr.gov/sites/default/files/files/Statements/US%20232%20EU%20Statement.pdf

当該措置を受けている EU からの輸入は 100 万トン程度の模様。この除外措置の対象となる輸入は、関税割当の 330 万トンの外数。(つまり、枠を食わない。)また、現在除外措置を受けている EU からの輸入は、再度申請しなくても、2023 年 12 月末まで自動継続を認める。

● 関税割当は、四半期ごとに管理される。年間の割当量は、四半期毎に割り振られ、四半期割当量の未消化部分は 4%を上限に翌々期に繰り越される。例えば、2022 年第 2 四半期に生じた未消化部分は、2022 年第 4 四半期に繰り越される。(輸入量のデータが出てくるのにタイムラグがあるために翌期ではなく、翌々期にしていると思われる。)

● 毎年の関税割当量は、前年の米国の鉄鋼需要を勘案して見直す。需要が 6%上昇すれば、割当量を 3%増やす。需要が 6%減少すれば、割当量を 3%減らす。需要は 6%の変動を最小単位として、それに 3%の割当量を対応させる。需要の変化が 6%未満であれば、割当量は前年のものが維持される。

10 月 31 日に発表された、アルミに関する米国と EU の合意は以下のとおりだ。

● 米国は、232 条に基づきアルミに課していた 10%の関税を「関税割当」(tariff-rate quota：TRQ) に置き換える。関税割当量は、未鍛造(unwrought)アルミに関しては 18,000 トン、鍛造(wrought)アルミに関しては 366,000 トン。それを超える部分には、10%の関税が課される。割当量は EU の各国に配分される。

● 鉄鋼派生品に対する 232 条に基づく 10%の関税は撤廃。

● 米国は、これまで認めていた EU に対する 232 条の除外措置を継続する。この除外措置の対象となる輸入は、関税割当の外数。(枠を食わない。)

● 関税割当は、半年毎に管理される。年間の割当量の 60%超が、最初の半年に配分されないよう管理する。

米国と EU の合意——より広い狙い

以上、合意された関税割当制度を確認したが、米国と EU は、同じ 2021 年 10 月 31 日に共同声明を公表、より広い狙いについても言及している[99]。キーワードは「過

---

[99] https://ustr.gov/sites/default/files/files/Statements/US-EU%20Joint%20Deal%20Statement.pdf

剰生産能力」と「脱炭素」だ。

過剰生産能力に関しては、米国とEUが定期的に協議を行い、鉄鋼・アルミの「非市場的過剰生産能力」問題の解決のための追加的な行動を検討するために協力することが謳われている。また、**脱炭素**に関しては、鉄鋼・アルミが世界的に大きな炭素排出源であると認めた上で、炭素集約度を引き下げるための方策に関して米EUが交渉を行うことを明記。いずれの問題に関しても、同志国の参加を歓迎するとする。

米EUは、上記のような、市場を基礎とした条件を取り戻し、また、炭素集約度を低下させるための「枠組み」（アレンジメント）につき、今後2年で合意することを目指すとする。その上で「枠組み」（アレンジメント）の方向性として、（新たに作るものを含む）国際的なルールと整合的な形で、以下を示す。

(i)　市場志向の条件を満たさず非市場的過剰生産能力を生ぜしめる（アレンジメント）非参加国の市場アクセスを制限する。

(ii)　低炭素集約の条件を満たさない非参加国の市場アクセスを制限する。

(iii)　国内政策がアレンジメントの目標に合致し低炭素化を支持することを保証する。

(iv)　炭素集約度の高く非市場的な生産能力に寄与する非市場的慣行を控える。

(v)　脱炭素のための政府投資に関して協議を行う

(vi)　国内の法的枠組みに基づき非市場志向の主体からの対内投資をスクリーニングする。

持続可能な鉄鋼・アルミのアレンジメントの形成のための協力と交渉を促進するために、米国とEUはワーキング・グループを設置する。ワーキング・グループは、鉄鋼・アルミの炭素集約度を計算するための方法論の検討やデータの共有なども実施する。

▌苦渋の決断

1962通商拡大法232条に基づく安全保障を理由とした米国の関税は、国際的な評判はすこぶる悪かった。トランプ政権は、232条を積極的に活用、鉄鋼・アルミで発動すると共に、自動車・自動車部品でも商務省に調査を行わせ、（調査結果の公表は行わないまま）追加関税の可能性があり得るという脅しを使って日米貿易協定（第一弾）推進の梃子とした点は記憶に新しい。バイデン政権も、成立後になかなか本問題への対応を示さなかったが、今回、EUとの間で、鉄鋼・アルミに関して一定の

合意を見た点は評価できる。

　しかし、トランプ政権と同様（あるいはそれ以上に）製造業労働者・ラストベルトに配慮するバイデン政権は、232条の追加関税を単純に撤回という形はとらず、「関税割当」への置き換えという中途半端な形をとった。同盟国からの輸入についても安全保障上の脅威という認識は残る形であり、EUとしても苦渋の決断だったと思われる[100]。EU側が、本件合意は最終的なものではなく、あくまで暫定的なものと強調している点には、そうした背景もあろう。

過剰生産能力

　今回の米国・EUの合意の影の主役は、やはり中国であった。鉄鋼等の中国の過剰生産能力の問題は、以前より国際的に議論されている。「鉄鋼過剰能力国際フォーラム」（Global Forum on Steel Excess Capacity : GFSEC）は、従来より中国の過剰生産問題を指摘、最近の報告書でも、新型コロナで落ちた需要が回復する中で、過剰生産能力の本質的な問題に取り組まなければ、供給過剰がさらに拡大すると警告。過剰生産能力の原因は、市場に基づかない政府の補助金・支援が存在すると指摘する[101]。設備産業である鉄鋼業は、限界費用と平均費用の差が大きい（限界費用は平均費用よりも小さい）。通常、生産量（供給曲線）は限界費用で決まるので、過剰な投資により設備投資が過大となれば、赤字（平均費用＞販売価格）でも生産を増やす誘因が増える。ましてや補助金等により設備投資の相当部分が政府等により肩代わりされていれば、供給拡大圧力はより強大なものとなる。

　短期的には現在の鉄鋼業界の状況は悪くないが[102]、GFSECが指摘するように、コロナ後の設備投資が過大に行われれば、過剰能力の問題はより深刻なものとなろう。2020年には世界の鉄鋼生産の58%を中国が占めた[103]。市場原理に基づかない鉄

100　ワシントンDCの貿易専門家は、「豚に口紅を塗りたくっても、豚であることには変わりない」とコメントしていた。品はないが、本質をついている。

101　Global Forum on Steal Excess Capacity, "2021 GFSEC Ministerial Report" 2021
　　https://steelforum.org/events/gfsec-ministerial-report-2021.pdf

102　日本製鉄、値上げ浸透で最高益
　　日本経済新聞、2021年11月2日 https://www.nikkei.com/article/DGXZQOGD024X70S1A101C2000000/

103　GFSEC報告書

鋼業界への補助金の問題への対応は重要であり、米 EU の合意が、この点の改善を強く主張している点は妥当であろう。また、本来、赤字を累積する鉄鋼会社の退出メカニズムを議論することも重要であろう。

　米国内政治においても中国の過剰生産能力に対する批判は強い。2021 年 4 月にはブラウン議員（D-OH）とポートマン議員（R-OH）が超党派で上院に「米国雇用を守るために国際的な市場歪曲を除去するための法案」（Eliminating Global Market Distortions To Protect American Jobs Act of 2021）を提出した[104]。2021 年 11 月初、タイ通商代表は同法案を支持すると表明している。法案が可決されるかは不明だが、中国の補助金等により生ずる過剰生産問題に対する批判が米国内で強いことの証左ではある。

▌脱炭素

　また、鉄鋼業は、年間 25 億トンの二酸化炭素を排出しており、世界の二酸化炭素排出の 7 ～ 9%を占める。鉄鋼業の排出削減は重要な課題である。EU は炭素国境調整措置（CBAM）の原案を既に公表、米国は、EU に十分な協議を求めていた。232 条関税問題の解決にからめる形で、鉄鋼分野の脱炭素に関する議論の場が形成されたことは、好ましいことである。

　米国と EU は、将来的なアレンジメントを視野に入れており、同アレンジメントの方向性には「(ii) 低炭素集約の条件を満たさない非参加国の市場アクセスを制限する。」という厳しい項目も入っている。「市場アクセス制限」が関税（調整措置）の形を取れば、それは炭素国境調整措置（CBAM）のような政策となろう。単純に、輸入を止めるとうことであれば、それは最近議論が散見されるクライメット・クラブ（カーボン・クラブ）の形成ということになる。

　偽装した保護主義とならいように注意しつつも、炭素排出量を貿易措置において考慮する流れは、「競争条件均等化という民主主義の圧力」の下では、長期的には避けがたいものと思われる。ただし、①厳しい国内措置を導入しない状況での炭素を理由とした国内市場アクセスの制限は国際社会の理解は得られないだろうこと（現

104　https://www.congress.gov/bill/117th-congress/senate-bill/1187/text?r=2&s=1

在の米国はその状況）、②個別製品の炭素集約度の計算方法の確立が重要であること、は留意しておく必要がある。この②に関しては、今回の米 EU 共同声明において、炭素集約度の計算の方法論等に関するワーキング・グループ設立が明記されていることは、適切なものと言えよう。

日本への含意

　既にみたとおり、今回の「関税割当」の仕組み自身は、国毎にも割当があり[105]、繰越（キャリーオーバー）も限定的で、管理貿易的・保護主義的色彩が強い。もちろん、枠に余裕があれば、実質上は関税撤廃と同じ経済効果をもたらすが、予断は許さない。米国の業界や労働組合が今回の合意を高く評価している点も気がかりだ。日本としても、鉄鋼・アルミへの 232 条関税の撤廃を主張しており、米国は日本とも本問題の解決のために協議を行うことを表明。2021 年 11 月に USTR タイ代表が訪日した際にも議論となった様子だ。「関税割当」による解決は、232 条が日本との貿易も安全保障上の脅威と見なしているという根本問題をそのままにするものであり、本来は完全撤廃が望ましい。交渉の結果、EU と同様に「関税割当」という形で決着する場合も、わが国としては、自由貿易の価値が重要である点につき米国に釘を刺しつつ、「関税割当」は、あくまで移行期における暫定的な措置と明確にする必要があろう[106]。なお、EU 等と異なり、日本は 232 条関税に関して WTO に提訴しなかった。米国という最重要な同盟国との関係は慎重に管理する必要はあろうが、不適切と思われる措置に関しては直言し戒めることも、真の友人であれば必要なことではないか。米国が、WTO に提訴し報復関税も課した EU とまず解決のための合意をしたことの意味を、わが国としても吟味する必要はあろう。

　「過剰生産能力」「脱炭素」のアレンジメントに向けた議論に関しては、わが国としてもこれに積極的に参加することが重要であろう。そうした議論への参加は、適切な国際ルールの形成や、国内的に妥当な政策（補助金・産業政策の在り方、単な

105　合意の文言上あいまいだが、国毎に加え、品目のブレークダウン毎に割当を配分しているようにも見える。その場合、非常に詳細に貿易を「管理」する取り決めであり、自由貿易とは大きく乖離する。

106　本部分を執筆後、2022 年 2 月月初に、日米で鉄鋼に関して「関税割当」に移行することに合意したことが発表された。日本側は、さらに完全な解決を目指すことを表明している。

る aspiration ではない具体的な脱炭素政策）の検討にも資するものとなろう。

　ルール形成の観点では、中国が CPTPP への参加を申請する中、米国の復帰も期待されるが、貿易協定に慎重なバイデン政権が復帰に慎重な姿勢を維持しているのは残念だ。米側は代わりに米議会での批准が不要な「インド太平洋経済枠組み」というアイデアの検討を始めている。まだ初期段階で詳細は今後検討されるものだが、サプライチェーン強靭化、インフラ投資、デジタル・エコノミー、技術標準、イノベーション協力などと並び、中国を念頭に非市場経済的措置への対応も含まれる可能性がある。

　2021 年 11 月に米国のタイ通商代表とレモンド商務長官が訪日した際に、日米間で二つのパートナーシップの立ち上げが合意された。一つは、外務省、経産省、米 USTR による「貿易パートナーシップ」、もう一つは、経産省と米商務省による「日米商務産業パートナーシップ」（JUCIP）だ。2021 年 4 月には「日米競争力・強靭性（コア）パートナーシップ」も立ち上げられており、また、日米豪印のクワッドにおいても経済協力の枠組みがある。若干乱立気味ではあるが、相互に良く調整しつつ議論を深め、2022 年のキックオフが想定されている「インド太平洋経済枠組み」の議論にも日本として初期から主体的に関与することが重要であろう[107]。

▌（補足）安全保障を理由とした貿易制限措置と WTO ルールの関係について

　米国による通商拡大法 232 条を使った鉄鋼・アルミに対する追加関税は、安全保障を理由としているが、WTO 違反であるとの批判が根強い。安全保障を理由とした例外は WTO ルール上は GATT21 条に規定されており、21 条（b）で自国に不可欠な安全保障上の利益を守るために必要な場合（戦争の場合など 3 つを列挙）、（c）で国際平和と安全を守るための国連憲章上の義務を履行する場合、を GATT の義務に縛られないものとして規定しているが[108]、上述の米国の措置はこれらに該当しないとの見方が強い。

107　その後 2022 年 1 月に、日米は経済版 2 ＋ 2 の設置に合意した。日本側は外務大臣と経済産業大臣、米国側は国務長官と商務長官。

108　GATT 第 21 条 の 条 文 に つ き 以 下 参 照 https://www.wto.org/english/res_e/booksp_e/gatt_ai_e/art21_e.pdf

米国は、GATT 第 21 条の安全保障を理由とした例外措置は、その主張はそれを援用する当該国の判断のみに依拠し（self-judging）、常に認められるべきで、その妥当性を判断する権限は WTO（の紛争解決メカニズム）にはないとの主張を行ったが、同主張は、2019 年 5 月のロシア対ウクライナのパネルで退けられた。

ロシア対ウクライナのパネル裁定は大変興味深い。本件は、ウクライナがロシアの交易制限（transit の禁止）を WTO 違反としてパネルに提訴したが、戦闘状態にある両国の状況は、GATT 第 21 条の（b）（iii）に該当するとしてロシアが勝訴した。ただ、ロシアは、そもそも安全保障は self-judge でパネルにその妥当性を判断する権限はない、仮に権限があっても GATT 第 21 条の要件を満たすという 2 段構えの主張を展開。1 段階目の「パネルに権限無し」とのロシアの主張に米国も賛成という意見書を送ったが、パネルはこれを否定。2 段階目の実質判断でロシアが勝ったものだ。（政治的にはロシアの行動を非難してウクライナイを支援していた米国が、パネルでは逆の立場でロシアを応援して関与した点は大変面白い「ねじれ」だ。）

パネルはロシアや米国が主張する self-judge を否定する際に、1947 年 7 月 24 日の GATT のドラフト協議（正式には GATT となる前に国際貿易機構 ITO の設立が想定されており、ITO のニューヨークドラフトの協議）において米国交渉団が、「例外があまりに広いと何でも認められ不適切」と主張していた点も持ち出し、self-judge を否定している。WTO Russia vs Ukraine ケースにつき以下のパネル報告参照[109]。（なおロシアは勝訴したため、self-judge は否定されたが上級委員会に上訴せず）

109　https://docs.wto.org/dol2fe/Pages/FE_Search/FE_S_S006.aspx?Query=(@Symbol=%20wt/ds512/r*%20not%20rw*)&Language=ENGLISH&Context=FomerScriptedSearch&languageUIChanged=true#

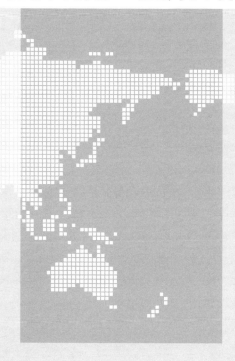

第 **3** 章

The Era of Geoeconomics

経済制裁・経済安保

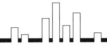

1　米中関係／ビザ、冷戦、相互依存

▌ 中国共産党員へのビザ停止

　戦略国際問題研究所（CSIS）のジュード・ブランシェット（Jude Blanchette）氏が2020年7月17日に発表した「中国にタフになった米国。戦略的になるのはいつか?」"The United States Has Gotten Tough on China. When Will It Get Strategic?"という論考は興味深い[110]。同論考は、トランプ政権による中国共産党員とその家族へのビザの発給停止の政策を批判的に分析する[111]。

　ブランシェット（Blanchette）は本施策の問題点として以下をあげる。

● 中国共産党員リストは公表されておらず、誰が共産党員か分からない。

● 9200万人の共産党員がいるが、そのほとんどは中国の政策形成に関与していない。共産党員の一番多い職業区分は「農業・漁業・牧畜業」。

● 共産党員のうち1200万人は30歳以下。つまり将来のリーダー達に米国が影響を与える機会を失うことになる。

● 共産党員の家族へのビザ発給も停止することで、中国人全体の3分の一が米国を訪問できなくなる。その中には米国国籍保有者の両親や妻（夫）も含まれる。

　その上で、Blanchetteは3つの重要な点を指摘する。一つ目は、中国を非難するときに問題は中国人ではなく中国共産党という言い方をすることが増えている。そうした区分は意味のあることだが、中国共産党は上記のとおり多くの中国人を含んでしまうことから、対象をさらに絞り、習近平指導部を非難する形とすべきと主張する。

110　Jude Blanchette, "The United States Has Gotten Tough on China. When Will It Get Strategic?" CSIS, July 17, 2020
　　 https://www.csis.org/analysis/united-states-has-gotten-tough-china-when-will-it-get-strategic
111　2020年7月15日ニューヨークタイムズの報道は以下
　　 "U.S. Weighs Sweeping Travel Ban on Chinese Communist Party Members" New York Times, July 15, 2020
　　 https://www.nytimes.com/2020/07/15/us/politics/china-travel-ban.html

　二つ目は、今回の措置が、政策ミスとやり過ぎで困難にある習近平にチャンスを与えてしまうこと。米国にとり共産党全体が敵との姿勢を示すことで、「外国は中国の政治体制を攻撃する」との習近平のタカ派の直観に預言者的正統性を与えてしまう。

　三つ目は、(2008年以降の中国の攻撃的姿勢に対してオバマ政権の対応が生ぬるかった点は確かだが) 最近の中国に対する米国の政策は「外見上強く見える」ことばかりを意識し[112]、結果的に戦略的競争のためのシリアスな政策検討を困難にしていると批判する。いずれも、本質をついた批判である。

米中関係は「冷戦」か?

　ニューヨークタイムズは2020年7月14日付でステフィーブン・リー・マイヤーズ(Steven Lee Myers)とポール・メイザー (Paul Mozur) による「イデオロギーの渦に巻き込まれ、米中は冷戦に向かう」("Caught in Ideological Spiral, U.S. and China Drift Toward Cold War") という記事を掲載した[113]。以前は米中関係を冷戦に例えるのは不適切と言われてきたが、米中間の緊張が高まる中、近時は冷戦の様相を深めつつあることを指摘している。

　記事を読み、2018年12月にウィルソン・センターで行われた「米中関係」に関するセミナーに参加したことを思い出した[114]。同セミナーは、米中関係を「冷戦」と呼ぶか否かがテーマの一つであったが、パネリストの多くは「冷戦」と位置付けることに否定的であった。その理由は、①過去のソ連との冷戦と異なり、中国は米国を含む西側諸国と緊密な経済関係を有していること、②「冷戦」と位置付けることで自己実現的に敵対的性格が強化されてしまうこと、が挙げられていた。それでは米中関係をどう呼べばよいのか、との司会者の質問に、パネリストの一人は、「単に米中関係と呼べばよい」と答えて会場の笑いを誘っていた。

　2018年12月時点では、すでにペンス副大統領のハドソン研究所での有名な対中

112　新型コロナ・ウィルスを中国ウィルスと呼ぶことや、米国の大学への中国人留学の制限などを例示として挙げている。

113　Steven Lee Myers and Paul Mozur, "Caught in Ideological Spiral, U.S. and China Drift Toward Cold War" New York Times, July 14, 2020
　　https://www.nytimes.com/2020/07/14/world/asia/cold-war-china-us.html

114　https://www.wilsoncenter.org/event/us-china-2018-year-review-new-cold-war

演説は行われ、また 2019 年度国防権限法も議会を通過しており[115]、米国の中国への姿勢は厳しくなっていたが、その後、トランプ政権後期において対中姿勢はさらに厳しさを増した。その後誕生したバイデン政権は、米中関係を冷戦と規定することは避け、競争を管理することに努力する。しかし、衝突に至らない範囲での「激しい競争」をむしろ是とするバイデン政権においても、米中関係は「冷戦的」な緊張をはらみ続けている。米中関係は、確かにソ連との冷戦とは異なる点も多く、「米ソ冷戦」と同じとは言えない。しかし、強大な軍事力を有し、異なるイデオロギーを持つ2つの大国が、熱戦を避けつつも多方面で激しい競争を繰り広げるという点では「冷戦的要素」を多分に持つ[116]。経済に関しては、既に米国の3分の2の経済規模を有する中国はソ連よりも手強い競合相手と言える。同時に、両国の経済の相互依存が紛争の激化にブレーキをかける効果に期待する見方もある。

▌「経済の相互依存」の二面性と「新冷戦」への含意

「経済の相互依存」については、二つの視点で考える必要があろう。一つ目の視点は、経済の相互依存を使った「経済的威圧」の可能性である[117]。アルバート・ハーシュマンはこの点を理論化し、国家間の交易には、「厚生効果」とともに「影響力効果」が発生するとする[118]。「厚生効果」は経済学者が通常分析する貿易取引により双方がメリットを受ける(双方の経済厚生が向上する)効果である。「影響力効果」

2019 年度国防権限法において、2019 年 8 月よりファーウェイ、ハイクビジョン等の 5 社を米国の政府調達から除外すること、2020 年 8 月からはこれら 5 社と取引のある企業を米国の政府調達から除外することが決められた。

116 中国政府は米国内の冷戦思考を批判している。例えば、チャイナ・デイリー(China Daily)によれば、中国外交部の汪文斌(Wang Wenbin)報道官は以下の発言している。「中国と米国の関係が深刻な挑戦に直面している主たる要因は、米国の幾人かが中国との関係をいつも冷戦思考でゼロサム的に捉え、中国の封じ込めと抑圧を唱えることにある。」("The key reason for the severe challenges facing Sino-US ties is that some people in the US always view its relationship with Beijing in the Cold War mentality and zero-sum game mindset and advocate containment and suppression of China.")

117 特に経済力が非対称な場合の経済的威圧とそれへの対応に関して以下参照
大矢伸 「世界が中国の「経済的恫喝」に屈しないための知恵」東洋経済オンライン、2020 年 7 月 13 日
https://toyokeizai.net/articles/-/361249

118 「影響力効果」は、ハーシュマンが 1945 年に出版した処女作『国力と外国貿易の構造』*National Power and the Structure of Foreign Trade*(University of California Press)で示した概念。

は、相互依存により相手国に対してパワーが生じることで、経済的威圧はそうしたパワーの活用（悪用?）の一例である[119]。なお、民主主義国では利益集団が政治過程に影響を与えうるところ、権威主義体制に比較して、相手国による経済相互依存のパワー化に対してより脆弱と指摘される[120][121]。

　二つ目の視点は、「経済的相互依存が戦争の可能性を減らす」という主張である。この考えは、英国人のノーマン・エンジェルが1910年に書いた『大いなる幻想』で示されている[122]。エンジェルは、経済相互依存関係の中では、国を繁栄させるための戦争という考えはもはや幻想であると主張した。しかし、その後、第一次世界大戦が勃発し、このエンジェルの主張こそ「大いなる幻想」だと批判された[123]。しかし、京都大学の関山健准教授は、当時の貿易統計を分析し、英国から見てドイツ、オーストリア・ハンガリーの貿易シェアはそもそも小さく（10%以下）、また、ドイツから見て英国の貿易シェアは以前は高かったもののその後大きく低下した（1860年頃は35%近かったものが、大戦直前の1913年には10%を切っていた）ことを示す。そして、むしろ経済の相互依存関係が不十分であったことが第一次世界大戦の要因の一つとした上で、米中デカップルが「熱戦」の可能性を高める危険性を指摘する[124]。

「米ソ冷戦」と異なる「新冷戦」（あるいは「冷戦2.0」）を分析する際の難しさは、米中に経済の相互依存が存在し、かつ、この依存関係がハーシュマンとエンジェルがそれぞれ指摘する「依存による脆弱性」と「依存による戦争抑止」という二つの効果を併せ持っていることである。これをダイナミック（動学的）に見れば、両国に「経済相互依存が産むパワーによる脆弱性」が存在し、それが「民主主義国に不利に働く可能性がある」という状況の中で、この脆弱性を減らすために「経済の相互依

119 田所昌幸「武器としての経済力とその限界」、北岡伸一・細谷雄一編『新しい地政学』（東洋経済、2020年）
120 同書
121 経済依存関係が弱かった米ソ冷戦においても、米国経済界から米当局への政治的なプレッシャーはあったと、キッシンジャーが回想している。「私の在任中、ヒモをつけない東西貿易をもっとも強力に主張したのは、レーニン主義理論からあれほど悪者扱いされていた資本家連中自身にほかならなかった。」同書
122 英語の書名は "The Great Illusion"。ノーマン・エンジェルは、国際連盟への支援と、反戦論に基盤を置く国際平和への貢献を理由に1933年にノーベル平和賞を授与されている。
123 関山健「経済相互依存は米中対立を抑止できないか」、宮本雄二・伊集院敦編『技術覇権・米中激突の深層』（日本経済新聞出版社、2020年）
124 同書

存の低下」を試みると、「経済厚生の低下」のみならずエンジェル効果により「戦争リスクの増大」を生む可能性があるということである。

　筆者は以前より、（主として経済コストの観点から）全面デカップルに懐疑的で、むしろ先端技術等分野を絞った「部分分離」"partial disengagement"（あるいは「管理された相互依存」"managed interdependence"と言ってもよい）に政策的妥当性を感じている。結果的にこれはハーシュマン的な「経済相互依存によるパワーへの警戒」と、エンジェル的な「経済相互依存による平和効果」のバランスを取る方策と言える。ただ、「部分分離」"partial disengagement"をいかにオペレーショナライズするか、これに関して中国と米国／西側諸国との間で共通認識に至ることが可能か、など不確定な要素は多い。

「米ソ冷戦」は、軍事的には「相互確証破壊（MAD）」により双方の共通認識と安定（・・・それが狂気(mad)の安定であったとしても・・・）を獲て、長期の平和が維持された。「新冷戦」においても、相互依存の悪用を防ぎつつ「戦争」を回避する安定的関係を構築する必要がある。そのためには、「宥和」（appeasement）ではなく、さりとて（共産党員と家族への入国ビザ全面停止のような）「外見上強く見える措置」の乱発でもない、冷静でシリアスな政策検討が不可欠だ。「衝突に至らないように競争を適切に管理」し、「中国との平和的共存」を維持するためには、「知的な分析」と、「強い意志」と「誠実な態度」が求められる。

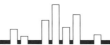

2 中国・反外国制裁法

法律の概要

反外国制裁法は、2021年6月10日の全人代常務委員会で可決・公布された、16条からなる法律だ。同法のポイントは以下のとおり。（ポイントは、条文を絞り、かつ分かりやすさのために簡略化している。）

- 外国が国際法に違反し中国を抑圧し、中国の組織等に差別的措置を講じて内政に干渉すれば、中国は報復措置の権利を有する。（第3条）

- 差別的措置に関与した個人・組織を報復リストに加えることができる。（第4条）

- 該当する場合、以下の措置を取ることができる。①入国禁止、②中国国内の資産差し押さえ・凍結、③中国国内の組織・個人との取引の禁止・制限、④その他の必要な措置。（第6条）

- 中国国内の組織・個人は、関係部門が講じる報復措置を実行しなければならない。これに反すれば活動を規制・禁止する。（第11条）

- いかなる組織・個人も外国の差別的措置を実行・協力してはならない。これに違反し中国の公民・組織の権益を侵害すれば、中国の公民・組織は人民法院に訴訟を提起し損害賠償を要求できる。（第12条）

反外国制裁法の性格について、全人代常務委員会法制活動委員会の責任者は「中国が立法に基づき行う行動は西側の特定の国々が行ういわゆる「一方的制裁」とは本質的に異なり、西側の特定の国々の中国に対する抑え込みや締め付けに対処・対抗する防御措置である」と解説している[125]。

また、全人代自身もそのホームページで、同法の背景を説明。近年、一部の西側諸国が新疆、チベット、香港等の文脈でいわゆる制裁を中国に課しているが、同

---

[125]　中国共産党の機関紙である人民日報のウェブ・プラットフォームである「人民網」の日本語版に掲載されていた解説。http://j.people.com.cn/n3/2021/0611/c94474-9860451.html

法はそうした制裁に対抗するものである、と解説。加えて、同法は国際法に準拠するもので、中国の対外開放と改革への動きは不変であることも強調している[126]。

　中国は米国による自国法の域外適用に批判的な立場を取るが、「反外国制裁法」自体が域外適用の性格も持つ点には注意が必要だ。中国国内の組織・個人は、関係部門が講じる報復措置を実行しなければならない、という第11条は、中国国内の企業等を念頭に置いている。(その場合でも、中国における日系の子会社や合弁会社が含まれるので影響は大きい。)これに対して、いかなる組織・個人も外国の差別的措置を実行・協力してはならない、という第12条は、中国国内という限定はなく、文理上、域外適用が前提となっている。中国当局が実際にどこまで広範な運用を行うかを見定める必要があるが、例えば、米国の新疆ウイグルの強制労働に関する制裁に従い新疆ウイグルからの輸入を取りやめた日本企業が「反外国制裁法」第12条違反と見なされる可能性はある。(日本企業が中国に資産等を保有しなければ、人民法院で敗訴しても、強制執行は困難だが、懸念される事態ではある。)

▎引き裂かれる企業：EU の教訓

　中国は、新疆ウイグル、チベット、香港、台湾といった核心的利益に対して、米国等が制裁を多用し「介入」してくることは我慢できない。しかし、中国が米国同様に制裁を多用し始めたと見られることは避けたい。従って、中国は「反外国制裁法」は、あくまで一方的で差別的な外国の制裁への防御であり、国際法に従って行使するという点を強調している。

　中国政府の防御措置は、「報復措置」と表現されているが(第3条)、「中国国内の組織と個人」は、これに従う必要があり、従わなければ業務を継続できない(第11条)。この「中国国内の組織と個人」には、前述のとおり日系の中国子会社・合弁会社も含まれる。日本企業を含めた外国企業は、米国等の制裁と、中国の「反外国制裁法」の間で板挟みとなり、引き裂かれる状況が生じ得る。

　こうした板挟みは、今回の「反外国制裁法」が始めてではない。過去、欧州も

126　全人代のホームページにおける Anti-foreign sanctions law necessary to fight hegemonism, power politics: official という資料（2021 年 6 月 11 日にアップ）
http://www.npc.gov.cn/englishnpc/c23934/202106/469e4015f8df41c881d69ab86cbd4aaa.shtml

米国の制裁の「長い手」に悩み、いわゆる Blocking Statutes を制定し、欧州企業が米国制裁に従わないように対応したことがあった。ソ連、キューバ、イラン、リビア、ロシア、シリアに対する米国の制裁は、米国の SDN リスト掲載企業と取引すれば EU 企業にもペナルティが課される。EU はこれに対抗、EU 企業がこれらの米国制裁に従うこと禁じ、EU 企業に影響を受けたら 30 日以内に EU 当局に報告する義務を課し、EU 企業に EU 裁判所で損害賠償請求を許容する Blocking Regulation を制定した[127][128]。中国は、「反外国制裁法」制定にあたり、こうした EU の法制等も研究している。

　しかし、EU の Blocking Statutes の効果は限定的であったとの評価が一般的だ。Marry E. Lovely と Jeffrey J. Schott はその要因として、EU 当局が熱心に法律を執行しなかった点を挙げる。具体的には、EU 企業に通知義務を履行することを求めず、また、必要な場合にはEUとして被害を緩和するための補助金供与の規定もあったがその実行に消極的で、さらに、EU の規制を法制化しない EU メンバー国もあったという[129]。企業から見て、米国市場が圧倒的な魅力を持つ点も Blocking Statutes が成功しにくい要因であろう。逆に言えば、中国の「反外国制裁法」が強い効果を持つか否かは、①中国当局がどれだけ厳格に運用を行うか、②中国市場の相対的な魅力度、に拠る。後者の中国市場の魅力に関しては、中国地場企業にとっては中国市場を第一に考えるのは当然であろう。この点、外資企業や外国企業にとっては、各社の市場戦略により立場は異なり得るが、中国市場を放棄するという判断が容易でない企業は多いだろう。他方で、「厳格な運用」により外国制裁への協力を許さないという強いスタンスを中国当局が取ることは、結果的に中国市場からのデカップル進行という中国当局に望ましくない結果を招来する可能性があり、中国側としても、実際の影響を想定しつつ、慎重に運用を進めることが想定される。「反外国制裁法」における「差別的規制措置」の範囲が不明確である点は、予測可能性という点でマイナスだが、中国側としても、大きな裁量の中で状況を見ながら進

127　Marry E. Lovely and Jeffrey J. Schott "Can China Blunt the Impact of New US Economic Sanctions?" PIIE, June 2021
　　 https://www.piie.com/sites/default/files/documents/pb21-13.pdf
128　"US Cuban Liberty and Democratic Solidarity Act of 1996"（いわゆる Helms-Burton Act）への対応もこうした EU の努力の一環。Ibid.
129　Ibid.

めていきたいものと思われる。

▌制裁の有効性

　中国の「反外国制裁法」は米国等の制裁への対抗措置として構想されているが、そもそも、一般論として米国が多用する経済制裁は成功しているのだろうか。Michael Mastanduno は、一般論として制裁の目的を、①対象国の国内政策の変更（米国のジャクソン・バニークは人権、ロシアのラトビア・エストニアへの制裁はロシア系住民の保護、西欧のアルジェリア・マラウィ・トーゴへの制裁は民主化）、②対象国の外交政策の変更（1935 年イタリアのエチオピア侵攻、1979 年ソ連のアフガニスタン侵攻、1990 年イラクのクウェート侵攻、1990 年代リビアとイランのテロ支援、1993 年と 1998 年にインドとパキスタンの核開発）、③対象国の経済・軍事能力の制約（冷戦時の NATO によるワルシャワ条約機構への貿易制限、1990 年代のサダム・フセインのイラクへの国連制裁）、④体制転換（ローデシアと南アに対する国連制裁、1960 年より始まる米国のキューバ制裁、2000 年代の米国による北朝鮮制裁）、と整理する[130]。

　その上で Mastanduno は、経済制裁が、成功しないことが多いのに使われ続ける理由に関して、以下のとおり説明する。

　①制裁は完全に成功することはまれだが、いくつかのゴールを達成することはあり、常に失敗と言い切ることもできない。ソ連への制裁は、ソ連の経済を崩壊させたり、体制転換をすぐには起こさなかったが、先端技術の移転を制限し、ソ連が軍事競争を継続することを困難にし、またソ連の孤立化というメッセージを発する役割を果たした。

　②制裁は他の手段も含めたより広い外交戦略の中で使われる。経済制裁が武力行使の前哨戦である場合もある（90, 91 年のイラクへの経済制裁）。

　③制裁の効用は他の選択肢との対比で判断されるべき。政策当局は「制裁が機能するか」ではなく「他により良い手段があるか」を問う。（1979 年のソ連のア

130　Michael Mastanduno "Economic Statecraft," *Foreign Policy: Theories, Actors, Cases*, OUP Oxford, 2008

フガニスタン侵攻に対して、ベトナム戦争で疲弊した米国は軍事介入は避けたく、他方、何もしないということは困難であった。）

Mastanduno の上記の説明は、クリミアを併合したロシアに対する西側の制裁に関しても当てはまろう。経済制裁によりロシアがクリミアをウクライナに返還する可能性は極めて低い。しかし、西側としては何もしない訳にはいかず、他方で軍事介入は避けたい（上記③）、ロシアの経済的・技術的な発展を制約する（上記②）、さらには、痛み（コスト）を課すことで、ロシア（や他の修正主義国）が周辺国に更なる軍事介入を行うことへの一定の抑止を狙う（上記①、②）といった点で、対ロシア制裁に合理性を見出すことは可能であろう。中国の新疆ウイグルにおける人権侵害・強制労働、香港での人権侵害（と国際条約である中英共同宣言の違反）等についても、経済制裁により中国が行動を変える可能性が高くないとしても、それゆえに経済制裁が無意味とは断定できないだろう。

他方で、米国を中心に経済制裁の効果を過大視する傾向がある点には注意が必要だ。Mastanduno は、制裁は、目標が過大でなく、対象が比較的弱体で、それが制裁国（制裁を発動する側）に大きなコストにならない場合に成功の可能性が高まる、と指摘する[131]。中国への制裁は、こうした条件には当てはまらない。また、制裁は民主主義国向けの方が効きやすいとしたうえで、さらに留意点として、制裁が対象国の結束を強めてナショナリズムを高揚させる効果（rally round the flag effect）を持つ場合があることも指摘している。中国においては、共産党が情報統制等により誘導した面はありつつも、米国等の制裁が中国国内の結束効果を生み出している傾向が見て取れる。

また、元米国財務長官の Jacob Lew は、2018 年の論文で、トランプ政権の制裁の多用が米国の長期的なレバレッジを弱めると批判、他国が違法で不適切と考える強要を米国が継続すれば、20 年〜 30 年で他国は経済や金融システムを米国からシフトするだろうと警鐘を鳴らし、①一方的な貿易措置を取らない、②二次制裁は最後の手段とする、③可能な限り国際協調をはかる、という経済制裁に関する3つの改革をすぐに行うべきと提案する[132]。

131　Ibid.
132　Jacob J. Lew and Richard Nephew, "The Use and Misuse of Economic Statecraft," Foreign Affairs, November/December 2018.

王缉思の「二つの秩序」

　2021年夏、中国の王缉思（Wang Jisi）が書いた論文が米国の外交・安保サークルで話題になった[133]。王缉思は、北京大学国際学部の学部長で、中国外交政策評議会の委員もしていた人物だ。彼の論文は、最近の米中関係の緊張は米国側により作り出されており、それは、米国が中国共産党の力を弱めることを目的として中国の内政に干渉しているため、と中国側は考えていることを説明する。これ自体は良くある中国側の議論だが、興味深いのは、王缉思が今後を展望して、「二つの秩序」（Two Orders）と「二つの現実」（Two Realities）を力説している点だ。「二つの秩序」とは、「米国は中国の国内秩序を尊重し」、「中国は米国が主導する国際秩序を尊重する」ことだ。王缉思は、従来はこの二つの秩序に関して米中間で暗黙の了解があったが、最近それが崩れていると指摘する。「二つの秩序」に対応する「二つの現実」は、「中国国内で中国共産党は高い人気があり、その権力基盤は揺るぎない」という点と、「米国は国際秩序を形成する最強の国家であり続ける」という点だ。すなわち、王缉思は米国に対して、「二つの秩序」は現在でも有効であり、中国は米国主導の国際秩序に挑戦しない、その代わり、米国も中国国内の共産党統治への介入はやめよと主張しているのである。

　王缉思の議論はスマートだ。しかし、問題となるのは中国の「国内秩序」の定義が広い点だ。中国は、香港、台湾、尖閣などは全て「国内秩序」でかつ中国の核心的利益と考えている。香港は中国の領土だが、一国二制度を定めた中英共同声明は国連に寄託された条約であり、一国二制度を否定する香港国家安全維持法の制定は、条約違反であり国際秩序の問題だ。台湾も、西側諸国で法的な台湾独立を支持・主張する国はないが、一方的な武力による現状変更（統一）は国際秩序の問題であろう。尖閣諸島を含む東シナ海や南シナ海における中国の国際法違反の行動は、あらゆる意味で国際秩序の問題だ。新疆ウイグル自治区についても、人権問題は、国際法の発展および中国も賛成したウィーン宣言[134]に鑑みれば、単に「内

133 Wang Jisi, "The Plot against China?," Foreign Affairs, July/August 2021. https://www.foreignaffairs.com/articles/united-states/2021-06-22/plot-against-china

134 ウィーン宣言、第5条抜粋。「国家的及び地域的独自性の意義、並びに多様な歴史的、文化的及び宗教的背景を考慮にいれなければならないが、すべての人権及び基本的自由を助長し保護することは、政治的、経済的及び文化的な体制のいかんを問わず、国家の義務である。」

政不干渉」の対象と整理できる問題ではなかろう。

▌二つのジレンマ

　バイデン政権が進める価値観を共有する同志国の協調は、同志国間で好意的に受け止められている。他方、国際的な世論調査における中国の好感度は、近年、大きく低下している。米国上院を通過したノベーション競争法案には、戦略的競争法案が取り込まれ、その中には行政府に対して立法府が与えた制裁権限をより積極的に使用すべきとの条項も盛り込まれている[135]。中国としては、こうした状況を打開する必要を強く感じている。そのために、「愛される中国」を目指した対外広報、王緝思論文にあるような米国の国際秩序のリーダーシップに中国は挑戦しないというメッセージなど、ソフトな対応を強調する共に、中国の「国内秩序」に干渉する外国制裁に対しては「反外国制裁法」で強く反撃するというメッセージも必要と考えているのだろう。

　西側企業は「反外国制裁法」に懸念を深めている。しかし、企業の懸念が、西側政府の行動変化を促すかは分からない。西側政府の行動変化を産みだすためには、少なくとも中国は、EU の Blocking Statute のような臆病な運用ではなく、「反外国制裁法」を積極的に運用する必要があるが、それは、中国が避けたいデカップルを促進する。中国はジレンマを抱えている。

　日本を含む西側諸国もまたジレンマを抱える。外交においては「利益」と「価値」の双方が重要だ。日本の最大の貿易相手国で、直接投資の利益率も高い中国は、日本の経済的利益にとって米国と並ぶ重要性があり、こうした現実を直視する必要がある。しかし、それは「価値」を軽視したり、日米同盟を相対化するということではない[136]。完全デカップルは回避しつつも、中国の経済的威圧を受けにくくするために、サプライチェーンの分散による一定の対中依存度低下と、同時に、同志国連携による対抗力強化で「反外国制裁法」の積極運用に対する中国の負担を増大させる

135　ただし、本原稿執筆時点ではまだ法律として成立していない。

136　ちょうど10年前の雑誌の懇談において、「自由と繁栄の弧」の文脈で谷内正太郎氏が以下のような発言をしている。「私は価値外交を提唱していますが、それが大事だからといってそれだけを追求するのでは、外交はできません。当然ながら安全保障はもちろん、実利のことも考えなければならないし、戦略的には敵の敵は味方だという状況だってあり得ます。そういうところは政治家が責任を持って対処すればよいのです。」2011年7月外交 Vol.8 「日本外交における価値を考える」

（cost-imposing strategy）といった工夫も必要だ。

　中国の問題の多くは共産党支配を維持するための中国の行動から生じているよう思われる。自由な選挙を欠き統治の正統性に陰を持つ中国共産党は、求心力を高めるための適度のナショナリズムを必要とするが、それは時として「トラの背中から降りられない」[137]状況を作り出す。しかし、我々は、規律を保ち、そうした中国の体制そのものへの干渉は避け、あくまで、ルールに基づく自由な国際秩序への悪影響に対して毅然と対応をすべきだろう。ただし、この国際秩序は国際法の発展を反映した広い概念だ。「反外国制裁法」は日本の経済界にとって脅威だが、ジレンマは中国にもある。西側諸国にとって中国市場が重要であるのと同様、まだ一人当たり国民所得が日本の4分の1（米国の6分の1）の中国が中所得国の罠を抜け出すためには、中国にとっても西側との経済交流は重要だ。中国と西側諸国の競争的関係は長期間継続するかも知れない。我々は不条理を受け入れたシーシュポス[138]のように、中国との長く苦しい「競争的共存」を生きる「覚悟」が必要であろう。

137　兼原信克、『安全保障戦略』（日本経済新聞出版 2021）
138　アルベール・カミュ、『シーシュポスの神話』

3

経済制裁

経済制裁

　2019年2月19日、米シンクタンクのアトランティック・カウンシル（Atlantic Council）においてオバマ政権で財務長官を務めたジェイコブ・ルー（Jacob J. Lew）氏の経済制裁に関する対談を聞く機会があった。同氏はフォーリン・アフェアズ（Foreign Affairs）の2018年11・12月号で経済制裁に関して論文も発表している。

　Jacob J. Lew氏のForeign Affairsの論文は、コロンビア大学の同僚であるリチャード・ネフュー（Richard Nephew）氏との共著で、「経済制裁の利用と誤用」（"The Use and Misuse of Economic Statecraft"）というタイトルだ[139]。米国は冷戦後に、外交目的を達成するために経済制裁をより頻繁に用いるようになってきているとした上で、効果的な経済制裁のためには各国との協力が重要であると主張する。大きな市場と金融システムを持つ米国は、各国の協力が得られない場合にも二次制裁（secondary sanction）[140]を用いることはできるが、欧州を始め批判も強く、抑制的に行う必要があると主張。オバマ政権は、トランプ政権と異なり、そうした声にも相当配慮を行っていた。例えば、イラン制裁における原油輸入削減に中国に加わってもらうために中国は20%弱の削減でもよいとの妥協を行った。クリミア侵略後のロシアへの制裁についても欧州へのエネルギー供給に配慮する形での制裁を行った、と説明。最後に、米国の制裁を含めた経済外交を正しい道に戻すためには、①特に同盟国との間で破壊的な貿易戦争を止める、②二次制裁（secondary sanction）は真に

---

139 Foreign Affairs 2018年11・12月号　https://www.foreignaffairs.com/articles/world/2018-10-15/use-and-misuse-economic-statecraft

140 二次制裁（secondary sanction）とは、米国企業に対して、制裁対象企業のみならず、制裁対象企業と取引をする第三国企業との取引も禁じること。例えば、フランス法においてフランスの銀行がイラン企業に融資することが合法であったとしても、米国がsecondary sanctionをかければ米国市場で取引をしたいフランスの銀行はイラン企業に融資ができなくなる。結果として米国法が域外適用される効果を持つ。

安全保障上必要な場合でかつ関係国への制裁への参加の説得が上手く行かなかった場合に限定する、③可能な限り国際的な協調を行う。それは時間がかかるが成功の可能性と持続性を高める、と指摘する。

　2019 年 2 月 19 日に行われた Lew 氏の対談も、基本的な考えは論文と同様だが、同氏は以下の点を強調していた。

- 必要な場合は単独での経済制裁の余地は残しつつも、原則は同盟国等と幅広くマルチで制裁を行うべき、そうでなければ効果は小さい。
- 経済制裁の目的は相手の政策を変えるための交渉のレバー。従って相手が行動を変えたら制裁は緩和・解除すべき。
- 2 月中旬のミュンヘンでの安全保障会議で明らかとなったが JCPOA（イラン核合意）からの脱退を含めた米国のイラン制裁は同盟国を含めて各国の支持を得ていない。欧州は米の制裁をすり抜ける SPV を設立する[141]。
- イランのケースのように国際的な合意に基づかない制裁の強要は、国際経済社会における米国の中心性を傷つけていく。
- （トランプは人権とは無縁と思われているが、グローバル・マグネツキー法 (Global Magnitsky Act)[142] を活用した経済制裁により人権に配慮しているのではないかとの質問に）人権侵害に対して米国がこうした制裁の手段をもっていることは重要。ただ、同制裁により相手国の政策を変えることは困難であり、多くの場合は、米国の見解を表明するだけに終わってしまっている。自分は制裁をシンボリックな意味のみで使うことには慎重。

141　EU は SPV（特別目的会社）の設立を 2019 年 1 月 31 日に正式に公表、"Instrument in Support of Trade Exchange (INSTEX)" という名前で、英、独、仏が出資して仏に設立される。ただ、機能については Brian O'Toole 氏の説明によれば、米国の制裁をすり抜けるというよりは、米国の制裁が許容する食料、薬品、医療器具などの貿易取引に限定する由。SPV の対象を米国制裁取引も含む広いものにしたところで、米国市場を重視する欧州企業は付いてこれないと思われることから、対象を絞った SPV とした可能性がある。
　　Brian O'Toole "Facing Reality: Europe's Special Purpose Vehicle Will Not Challenge US Sanctions", Atlantic Council, January 31, 2019
　　https://www.atlanticcouncil.org/blogs/iransource/facing-reality-europe-s-special-purpose-vehicle-will-not-challenge-us-sanctions

142　ロシアの弁護士セルゲイ・マグニツキー氏はロシアの税務当局の巨額の横領を告発したところ逮捕拘留され 2009 年に獄中で死亡した。同事件を受け人権団体が働きかけ、米国で 2012 年に Magnitsky Act が成立。ロシアの汚職や人権侵害の当事者に対して資産凍結やビザの停止が可能となった。後にこれを世界全体に広げたのが Global Magnitsky Act。

● (ロシア制裁への評価を聞かれ) ロシアによるウクライナの主権侵害は米国の重要な利益を害するもの。欧州も基本的には同様の考えだが、経済面での配慮もあり、欧州とはよく協議をしつつ対ロ制裁を強化していった。一定の効果はあったと考える。制裁がなければミンスク合意[143]も難しかったろう。ただ、その後トランプ大統領はロシアに対して誤ったメッセージを送っている。議会はトランプ大統領への信頼をなくし、制裁緩和の権限を大統領から取り上げた。

● (JCPOA 脱退後の新取り決めの可能性に関する質問に) JCPOA が完全とは思っていない。核以外にも人権やテロなどの問題ももちろんある。イランはアグレッシブにその影響力を周辺に拡大しようとしたが、まさにそうであればこそ JCPOA でまず核は持たせないという政策に意味があった。

第3章　経済制裁・経済安保

---

143 2014 年 9 月にウクライナ政府、ロシア政府、ドネツク人民政府、ルガンスク人民政府で結ばれた停戦合意。

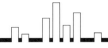

4 米国財務省の制裁レビュー

▎報告書概要

　2021年10月18日、米国財務省は、経済・金融制裁のレビュー結果をまとめた報告書を公表した[144]。報告書は以下のような現状認識を示す[145]。

- 2001年9月11日の同時多発テロ以降、経済・金融制裁は、安全保障や外交上の脅威に対応する際に最初に使用される道具となった。それは、米国の金融システムと通貨の強さと信頼に裏打ちされていた。

- しかし、米国は今、制裁の有効性に対するいくつかの挑戦に直面している。サイバー犯罪、戦略的経済競合者、金融の複雑さが増すことに伴う人材・インフラへの圧力、などだ。

- 米国の敵国は（そしていくつかの同盟国も）ドルの利用や国際送金を減らしている。これは制裁以外の様々な理由もあるが、こうした傾向が米国の制裁の有効性を減じることを認識しておく必要がある。

- 加えて、デジタル通貨や新たな支払いプラットフォームなどの技術革新は潜在的に米国の制裁の効果を減少させ得る。こうした技術は、ドルの国際的な役割を減少させるために新たな金融・支払いシステムの構築を目論む敵国の動きを後押しする。その上で、制裁を現代化するために以下を改善点として提示する。

  ①制裁を明確な政策目標と結びつける

  ②可能な場合に多国間で協調する

  ③経済的・政治的・人道的な意図しない悪影響を緩和する

  ④理解し易く執行し易い制裁を目指す

  ⑤財務省の制裁に関する技術・人材・インフラを現代化する

---

[144]　"THE TREASURY 2021 SANCTIONS REVIEW", Treasury Department, October 2021
　　　https://home.treasury.gov/system/files/136/Treasury-2021-sanctions-review.pdf

[145]　なお、今回の財務省のレビューは、財務省以外が所管する制裁は対象に含めていない。

総括

　財務省の制裁レビューは、方向性には違和感はない。制裁の有効性が挑戦を受けていると認め、ドルの利用を減らす動き、デジタル通貨を含む新たな支払い手段の登場が米国の制裁の効果を減殺する可能性を指摘している点は適切であろう。また、今後の対応として「明確な政策目標と結びつける」、「可能な場合に多国間で協調する」といった点が強調されている点も妥当なものと思われる。

　他方、今回のレビューが踏み込まなかったと思われる箇所もある。1つ目は、本レビューは「過剰な制裁がドルの利用を減らし結果的に金融制裁の効果を減殺する」という仮説を受け入れなかった点だ。この仮説は、「過剰な制裁がドルの利用を減らす」という因果関係①と、「ドルの利用の減少が金融制裁の効果を減殺する」という因果関係②に分解できる。本レビューは、因果関係②は首肯するが、「過剰な制裁がドルの利用を減らす」という因果関係①を認めることは避けている。レビューにおいて「制裁が過剰」という認識は示されておらず、また、「制裁がドル利用を減らす」という点については、「（ドル利用の減少には）金融制裁を超えた様々な理由があるが」[146] という表現にとどめている。中国は外貨準備のドルの比率を減らし、ロシアも資源取引をユーロなどドル以外に切り替える動きを強めている。こうした動きの要因を確定することは困難だが、米国の金融制裁の回避のためという理由付けは説得力がある。軍事力の行使のハードルが高い中、仮にドル離れを促進したとしてもそれでも金融制裁を使うという判断は当然あってよいが、金融制裁に伴う副作用を客観的に認識することは、金融制裁の寿命を長持ちさせるためにも必要なことのように思われる。

　レビューが踏み込まなかった2つ目の点は二次制裁だ。前述のとおり、オバマ政権で財務長官を務めた Jacob J. Lew 氏は Foreign Affairs（2018 年 11 月・12 月号）掲載の "The Use and Misuse of Economic Statecraft" という論文で「二次制裁は真に安全保障上必要な場合でかつ関係国への制裁への参加の説得が上手く行かなかった場合に限定する」ことを提案していた[147]。今回の財務省による制裁レビューでは、「多国間で協調」すべきことを主張している点ではトランプ政権よりも改善だが、二次制裁の限定については言及がない。金融制裁は、二次制裁が極め

第3章　経済制裁・経済安保

146　"While such changes have multiple causes beyond US financial sanctions,"

147　Foreign Affairs 2018 年 11・12 月号　https://www.foreignaffairs.com/articles/world/2018-10-15/use-and-misuse-economic-statecraft

て大きな効果を持ち得るタイプの制裁であり、二次制裁の可能性を入り口で狭める議論は避けたいという思惑が働いたのかも知れない[148]。しかし、こうした二次制裁の安易な使用は、価値観を共有するはずの欧州等のドル離れも促しかねない点は留意が必要であり、慎重な運用が求められよう。

---

148 9.11 後に米財務省の金融制裁を主導した Juan C, Zarate は、金融制裁の特徴を説明して「単独制裁かマルチの制裁かという伝統的な考えはもはや無関係となった。むしろ戦略的な問題は、金融圧力の効果をいかに、国家・国際機関・銀行・他の民間アクターを含む国際的な主体に対して増幅し共振させるかだ」と述べている (*Treasury's War*, pp11)。マルチで制裁を課さなくとも、他国にも影響を及ぼし得る点は金融制裁の最大の強みだが、その強みは、単独主義への反発を招きやすいという金融制裁の弱みと表裏一体である点は、深く認識しておくべきであろう。Juan C, Zarate, *Treasury's War*, PublicAffairs, 2013

5

国家経済会議（NEC）

　米国の国家経済会議（National Economic Council：NEC）は、米国の経済政策の司令塔として重要な機能を果たしている。その創設の経緯、構成、機能、運営、事例、留意点につきレビューする。

1．NEC 創設の経緯

　国家経済会議（NEC）は、経済政策を検討・策定するホワイトハウス内の組織で、1993 年にクリントン政権下で創設された。1960 年代より国内政策を担当するスタッフは存在し、リンドン・ジョンソン大統領（1963 年〜 1969 年大統領。民主党）は国内政策を策定するためのシニアレベルの補佐官を指名していた。1970 年にリチャード・ニクソン大統領（1969 年〜 1974 年大統領。共和党）が内政評議会（Domestic Council）を創設、1977 年、カーター大統領（1977 年〜 1981 年大統領、民主党）が内政評議会（Domestic Council）を廃止して内政スタッフ（Domestic Policy Staff）に再編。1981 年にレーガン大統領（1981 年〜 1989 年大統領、共和党）が内政スタッフを政策開発局（Office of Policy Development）に改組した[149][150]。ジョージ H.W. ブッシュ大統領（1989 年〜 1993 年大統領、共和党）は、政策開発局（Office of Policy Development）の中の複数の会議を政策調整グループ（Policy Coordinating Group）として集約したが、実際の政策立案に際しては、行政管理予算局（OMB）の Dick Darman 長官に依拠することが多かった[151]。

---

[149] http://www.whitehouse.gov/administration/eop/dpc/
[150] 広瀬淳子「アメリカの大統領行政府と大統領補佐官」『レファレンス 2007.5』（国立国会図書館調査及び立法考査局　2007）https://www.ndl.go.jp/jp/diet/publication/refer/200705_676/067603.pdf
[151] Sarah Rosen Wartell, "National Economic Council" *White House* (CAP 2008) https://images2.americanprogress.org/CAPAF/2008/changeforamerica/WhiteHouse_03_Wartell.pdf

クリントン大統領（1993 年〜 2001 年大統領、民主党）は、大統領選挙中には米国の国際的な経済利益を強調し "National Economic Security Council"（国家経済安全保障会議）の創設を公約に掲げていた。ホワイトハウスに経済問題に関して強い調整機能を持つ組織が必要であるという考えは、当時一定の広がりを見せており、1992 年にカーネギー国際平和財団と国際経済研究所（Institute for International Economics）が共同した「政府再生委員会」（Commission on Government Renewal）のレポートにおいても国内外の全ての経済問題に関して調整を行うホワイトハウス内の機構の新設を提言していた[152]。クリントンは 1992 年 8 月にロサンゼルスで行った選挙演説で、「国家安全保障会議と同様の経済安全保障会議を作り、国務省の文化を変える。経済はもはや古びた外交の貧しい従妹ではない」と主張した[153]。"It's the economy, stupid." で当選したクリントンは、国内の雇用創出や財政赤字の削減を含め広範な経済政策を扱う場が望ましく、名称から security を落とし "National Economic Council" という形で新たな機構を創設した。具体的には、1993 年に大統領令により政策開発局（Office of Policy Development）の政策調整グループ（Policy Coordinating Group）を、国内政策会議（Domestic Policy Council：DPC）と国家経済会議（NEC）に改編し、NSC をモデルとしつつ NEC に経済政策全般に関する幅広い立案・調整機能を持たせた。（なお、国内政策会議 DPC は、経済政策以外の国内政策を扱うという位置づけ。）また、この NEC の創設により、クリントン大統領は、二人のキーメンバーであるロイド・ベンツェン（1993 年〜 1994 年財務長官）とロバート・ルービンを、それぞれ財務長官と NEC 委員長として処遇することができた[154]。初代の国家経済会議（NEC）委員長であるロバート・ルービン[155]は NEC による経済政策策定プロセスを重視し、1995 年に自分が財務長官に転じた後も財務省所管の経済政策に関しても NEC での議論を通して

---

152 Kenneth I. Juster and Simon Lazarus *Making Economic Policy - An Assessment of the National Economic Council* (Brookings Institution Press 1997)

153 "(form an) economic security council similar to the National Security Council and change the State Department's culture so that economics is no longer a poor cousin to old school diplomacy", Kenneth I. Juster and Simon Lazarus 前掲書

154 ロイド・ベンツェンは 1993 年〜 1994 年財務長官。ロバート・ルービンは 1993 年〜 1995 年と初代 NEC 委員長を務めた後に財務長官に転じ 1999 年まで財務長官の任にあり、クリントン政権の経済政策の中心にあった。

155 初代の NEC 委員長を含め、歴代の委員長については末尾を参照。

経済政策を策定する傾向を維持した。続くジョージ W. ブッシュ大統領（2001 年～2009 年大統領、共和党）は国家経済会議（NEC）の機構はそのままとしたものの、実際にはディック・チェイニー副大統領オフィスが経済政策を主導するケースが多かった[156]。

▌2. NEC の構成

上記のとおり、国会経済会議（NEC）は 1993 年 1 月 25 日にクリントン大統領が署名した大統領令 12835 号により創設された。同大統領令に基づき、NEC の構成、機能、運営等につき確認していく[157]。

まず、NEC の構成メンバーだが、大統領令の第 2 条は以下のとおり定める。大統領（議長）、副大統領、国務長官、財務長官、農務長官、商務長官、労働長官、住宅都市開発長官、運輸長官、エネルギー長官、環境保護庁長官、経済諮問委員会（CEA）委員長、行政管理予算局（OMB）長官、通商代表、経済政策担当大統領補佐官（NEC 委員長）、国内政策担当大統領補佐官、国家安全保障担当大統領補佐官（NSA）、科学技術政策担当大統領補佐官、その他大統領が指名する者。（下線は追加。）

NECの議長は大統領であり、経済政策に関係する多くの閣僚が構成メンバーとなっている。会議の招集は大統領か、その指示のもとで（NEC のメンバーでもある）経済政策担当大統領補佐官（Assistant to the President for Economic Policy）が行う。また、経済政策担当大統領補佐官は、National Economic Council Director（通常、「国家経済会議委員長」と訳されている）とも呼ばれ、自らのスタッフを有し NEC の運営を担当している。

国内政策担当大統領補佐官は、経済政策以外の国内政策を所管する国内政策会議（Domestic Policy Council：DPC）を担当しているが、DPC と NEC は相互に関連することから、NEC の構成メンバーとなっている。また、国家安全保障担当大統領補佐官（NSA）も、安全保障問題と経済政策が密接に関連することから、

NECの構成メンバーとなっている。さらに、ジョージW. ブッシュ大統領はNECの2人の副委員長（Deputy Director）のうち国際問題担当副委員長を国家安全保障担当大統領副補佐官（Deputy NSA）と兼務させることとした。これは、NECにおける経済政策立案に安全保障の観点を十分反映させると共に、安全保障政策立案に際しても経済的観点がより重要になってきていることから意識的に行われた措置である。なお、NECの国際問題担当副委員長（Deputy NEC Director）はG7、G20、APECのシェルパを務めることが慣例となっている。

▌3. NEC の主な機能及び運営

NECの主要な機能は大統領令12835号の第4条に規定されている。条文に沿って具体的に見ていくと以下のとおり。（下線は追加。）

(a)　NECの主要な機能は

(1)　国内・国際経済政策に関して経済政策策定過程を調整（coordinate）すること

(2)　大統領への経済政策の助言を調整（coordinate）すること

(3)　決定された経済政策とプログラムが大統領の目標と整合的であり、またそうした目標が効果的に追求されることを担保すること

(4)　大統領の経済政策課題の実行を監視すること。経済政策担当大統領補佐官は、そうした機能を果たすために必要または適切な行動を取ることができる。

以上がNECの機能だが、続いて第4条は、経済政策はNECを通じて調整されること、DPC、NSAと協力すべきこと等につき以下のとおり規定する。

(b)　全ての省庁は、NECに代表されているか否かにかかわらず、NECを通じて経済政策を調整する。

(c)　前掲の機能を実行するに際して、経済政策担当大統領補佐官（NEC委員長）は、適切な場合には、国内政策担当大統領補佐官、安全保障担当大統領補佐官と協力する。

(d)　財務長官は、引き続き行政府の中で上級経済閣僚であり、大統領の主たる経済広報官である。行政管理予算局（OMB）長官は、引き続き大統領の主たる予算広報官として、行政府の中で上級予算閣僚である。経済諮問委員会

（CEA）は、その伝統的な分析、予測、助言機能を継続する。

　この最後の大統領令第4条の（d）は、国家経済会議（NEC）の創設により権限の縮小が懸念されるそれぞれのポジションにつき配慮がなされたもので、当時の官僚組織の抵抗感が伺える。このうち経済諮問委員会（Council of Economic Advisors：CEA）は、ハリー・トルーマン大統領（1945年〜1953年大統領、民主党）時の1946年に創設された機関で一人の委員長と二人の委員により構成され、基本的には経済学者が任命される。大統領への助言を役割とするが、国家経済会議（NEC）のように各省庁が参加する会議体ではなく、CEA自体が政策形成を行うものではない。

　国家経済会議（NEC）の運営に関しては、大統領令第5条に以下のような規定がある。NECは下位の委員会等を設けることができ、また自らのスタッフを擁するとともに、全省庁はNECを支援する義務を負いNECが効果的に経済政策を形成できるよう配慮がなされている。

(a)　NECは、常設あるいはアドホックの委員会、タスクフォース、省庁間グループを通じて活動することができる。

(b)　NECは、経済政策担当大統領補佐官を長とするスタッフを有する。

(c)　全ての省庁はNECに協力し、法律が許容する範囲で、NECに対してNECが求める支援、情報、助言を提供する。

　上記の大統領令第5条（a）で触れられている下位の委員会等については、1993年3月24日の大統領決定により3つの種類が定められている。それぞれの概要は以下のとおり。

(ⅰ)　**The NEC Principals Committee (ECON1)**

● ECON1は、経済政策の策定・実施をレビューし、調整し、監視する。大統領は出席せず閣僚レベルが集まり問題を解決する場。

● メンバーは、財務長官、行政管理予算局（OMB）長官、経済諮問委員会（CEA）委員長、商務長官、労働長官。

● 安全保障担当大統領補佐官（NSA）は、国際経済・安全保障に関連する全てのECON1に招待される。

● 経済政策担当大統領補佐官（NEC委員長）が議長を務める。会議の招集、議題の設定も、財務長官とOMB長官と協議の上で（適切な場合にはNSAとも

協議の上で）経済政策担当大統領補佐官（NEC 委員長）が責任を持つ。

(ii)　The NEC Deputies Committee (ECON2)

●ECON2 は、NEC の省庁横断的プロセスをレビュー、監視し、特に政策実施に力点を置く。

●メンバーは、経済政策担当大統領副補佐官、および副長官・次官レベルで各省庁間が選んだ人物により構成される。

●経済政策担当大統領副補佐官が議長を務める。会議の招集、議題の設定も経済政策担当大統領副補佐官が責任を持つ。

(iii)　Interagency Working Groups (ECON3)

●ECON2 により設置されるもので、常設、アドホックの両方が可能。議長はECON2 が決定。

●設置されるグループの数は効率性も考慮して必要最低限とする。

▎ 4. 経済政策の策定と NEC の関与の事例

過去の経済政策策定に NEC が関与した事例について以下紹介する[158]。

〔メキシコペソ危機 1994-1995〕

●1994 年 12 月、クリントン大統領はローラ・タイソンを経済政策担当大統領補佐官（国家経済会議委員長／ NEC Director）に指名。同時期、メキシコペソが急速に減価。

●1995 年 1 月、クリントン大統領は議会に対してメキシコへの融資、保証、その他の支援のために 400 億ドルを要求。同時に、NEC、国務省、財務省に米国による危機対応をリードするよう指示。ルービン財務長官が、下院のニュート・ギングリッチ議長、上院のボブ・ドール院内総務と調整、支持を得る。

●ローレンス・サマーズ財務次官の説得により、1995 年 1 月 28 日に IMF は 70 億ドルのメキシコ向け資金支援を米国に約束。

158　Chris J. Dolan, Jeral A. Rosati, "U.S. Foreign Economic Policy and the Significance of the National Economic Council" *International Studies Perspectives Vol.7, No.2* (Oxford University Press 2006) https://people.cas.sc.edu/rosati/documents/dolanrosati.NEC.pdf

- 米国議会は、米国のメキシコへの支援はメキシコからの麻薬流入対策の努力と関連付けるべきとの議論が強まるなど、議会による支持機運が弱まる。クリントン政権は議会への 400 億ドルの要求を取り下げ、代わりに、200 億ドルを財務省の為替安定基金（Exchange Stabilization Fund）から移転し使用することに方針転換。
- サマーズ財務次官の説得で IMF の支援額が 178 億ドルに拡大。このうち 78 億ドルは即座に貸出、残り 100 億ドルは 1995 年 7 月以降に Conditionality 達成を見つつ貸出。また、サマーズ財務次官は国際決済銀行（BIS）からの 100 億ドルの短期支援も獲得。結局、対メキシコ支援額は合計 528 億ドルに達した。

〔アジア通貨危機 1997－1998〕

- 1996 年の再選後、クリントン大統領はローラ・タイソンの後任として、ジーン・スパーリング経済政策担当大統領副補佐官を経済政策担当大統領補佐官（国家経済会議委員長／ NEC Director）に指名。
- 1997 年にタイに端を発した通貨危機が香港、韓国、インドネシア、マレーシアと拡大。NEC Principals(ECON1) は、東アジアの不安定化が、経済および安全保障上の問題を生み米国の国際的なリーダーシップに悪影響を与えることを懸念。
- オルブライト国務長官は日本がリード役を担うよう圧力をかけることをクリントン大統領に助言。ルービン財務長官、サマーズ財務次官は IMF の財務基盤の強化に関して議会の了承を得るための戦略を策定。サマーズ財務次官は国際的支援の中心は IMF であるべきと主張。
- 韓国・インドネシアの状況が悪化する中で、スパーリング経済政策担当大統領補佐官（NEC 委員長）、ルービン財務長官、サマーズ財務次官、オルブライト国務長官、サミュエル・バーガー安全保障担当大統領補佐官、ウィリアム・コーエン国防長官のリードの下、NEC は韓国に対する 100 億ドルの支援を提案。また、1997 年 12 月 15 日から 25 日にかけ、スパーリング経済政策担当大統領補佐官（NEC 委員長）は、朝鮮半島における経済問題と安全保障問題の関係に関するホワイトハウスでの会議を主催、経済的安定が安全保障の観点からも重要というコンセンサスを醸成。
- インドネシア・ルピアも大幅に減価。国家経済会議（NEC）と国家安全保障会議（NSC）は、物価高へのデモに続く治安悪化の広がりを防ぐために米国の行動が

必要と分析。ただしスパーリング経済政策担当大統領補佐官（NEC委員長）と
サミュエル・バーガー安全保障担当大統領補佐官は、インドネシア向け支援30億
ドルに関してスハルト大統領退陣まで保留すべきと大統領に助言。

- 米国議会は、特にIMFの財務基盤強化のための1998年1月の180億ドルの要
求以降、クリントン政権の行動に批判的となる。スパーリング経済政策担当大統領
補佐官（NEC委員長）とNECスタッフは議会と米国民の理解を得るために、①
IMF下での構造改革、②東アジアの回復のため日本へのさらなる圧力、③世界
的な危機の伝播を避けるための米国のリーダーシップの重要性、の3点を強調。
モニカ・ルインスキー事件もあり遅れたが、1998年10月に議会はIMFへの180
億ドルを承認。スパーリング経済政策担当大統領補佐官（NEC委員長）は、安
全保障と経済の繋がりを重視しNECの成功に貢献した。

〔南アメリカ金融危機 2001−2002〕

- 2001年央にアルゼンチンが金融危機に見舞われたとき、ローレンス・リンゼー経済
政策担当大統領補佐官（NEC委員長）は、当初は危機であることを否定し、
市場が解決するのに任せるべきとブッシュ大統領に助言した。また、ポール・オニー
ル財務長官は、アルゼンチンの状況はアルゼンチンの責任であると発言し状況を悪
化させた。

- 危機がウルグアイ、ブラジルに広がると、ブッシュ政権は方針を変え、為替安定化
基金を活用しウルグアイ向けに15億ドルの短期支援を行うことを発表。

〔財政赤字削減 1993−1998〕

- クリントン政権の最初の経済政策担当大統領補佐官（NEC委員長）であるロバー
ト・ルービンは、財政赤字の削減が貿易赤字の減少にも繋がるとの信念のもと、財
政赤字削減に向けたNECの努力をリードした。ロイド・ベンツェン財務長官は上
院金融委員会の委員長を6年務めた人物で財政健全派であった。行政管理予
算局（OMB）長官のレオン・パネッタも協力した。

- 上記メンバーは財政健全化を志向したが、ローラ・タイソン経済諮問委員会（CEA）
委員長、ミッキー・カンター通商代表、ロバート・ライシュ労働長官は、財政赤字
削減よりも新たな公共支出が重要との立場。経済政策担当大統領副補佐官のジー

ン・スパーリングも、歳出増を含む "Putting People First" というプランを以前にまとめるなど、支出拡大派に属していた。

●ルービンは、国内と国際がリンクしていること、すなわち財政赤字が対外不均衡（貿易赤字）を生み出していることを認識しており、これに対応するために、NEC を強化し NEC を使って財政赤字削減に取り組み、あるときは中立的な仲介者（honest broker）として、あるときは政策の主唱者（policy advocate）として立ち回った。結果、クリントン大統領は 1998 年には財政黒字（!）を達成、NEC の影響力も大いに増大した。

〔減税 2001-2003〕

●ブッシュ政権の経済政策担当大統領補佐官（NEC 委員長）となったローレンス・リンゼーは、減税、環境と労働を切り離した自由貿易、歳出削減、といった方向性を大統領と共有。財務省や行政管理予算局（OMB）の反対を押し切り、ローレンス・リンゼーと NEC スタッフは大型減税法案を議会に提出、2001 年 5 月に規模を縮小しつつ 10 年間で 1 兆 3500 億ドルの減税法案が議会を通過した。NEC が主導した減税により米国の財政赤字、債務、貿易赤字は拡大した。

〔NAFTA〕

●NAFTA に関しては、クリントン政権のロバート・ルービン経済政策担当大統領補佐官（NEC 委員長）、ロイド・ベンツェン財務長官、ウォーレン・クリストファー国務長官が支持、他方、ミッキー・カンター通商代表、ロバート・ライシュ労働長官、キャロル・ブラウナー環境保護局長官は環境と労働基準が順守されるという明確な保証を前提とすべきと主張していた。

●1993 年 3 月、国家経済会議の NEC/Principals Committee（ECON1）に、態度未決の議員の説得と国民の支持を得るという役割が課された。ルービンは（環境と労働に関する）強いサイドレターという妥協もやむを得ないと考えていたが、民主党の基盤である労働組合との関係で、ホワイトハウス内や下院での反対が強くなっていた。

●内部で結束して NAFTA 批准に向かうため、ルービンは NEC/Deputies Committee（ECON2）に省庁間連携を担わせ、さらにその下にアドホック

Working Group（ECON3）を設置し経済政策担当大統領副補佐官のボウマン・カッター及び NEC/NSC の上級調整官であるロバート・カイルに議長をさせ、より良い省庁間連携の実現を目指した。ルービンは、NEC、通商代表部、財務省の連絡・協力に問題があると見ていた。

●また、ルービンは、行政府内での連携に加えて、NEC が議会や国民との間で関係を樹立できていないことが大きな問題と見ていた。ルービンの助言を入れてクリントン大統領はウィリアム・ダレイを NAFTA に関する特別顧問に任命[159]。その後、ルービンとダレイは本件に関する通商代表の役割を減らし、逆に、財務長官、国務長官、労働長官、農務長官、環境保護局長官の役割を増大させ議会の説得に当たらせた。1993 年 11 月 NAFTA 法案は両院で可決、1994 年 1 月に発効した。NAFTA の批准はルービン率いる NEC が自由貿易を巡る議会や世論の変化に巧みに対応した結果と見られている。

〔対日貿易交渉 1994–1995〕

●NAFTA の議論の後、ローラ・タイソン CEA 委員長、ミッキー・カンター通商代表等は日本に厳しく（"get tough with Japan"）のスタンスを取り、ホワイトハウス内の自由貿易支持と労働組合や民主党内環境重視派のバランスを取ることを重視する。彼らは数量割当や制裁を含めた手段で結果主義的貿易政策をとることを大統領に進言。国務省はこうした方向に反対だったが、ルービンは強いスタンスをとらず、1994 年末頃までには「日本に厳しく」が方針となる。

〔中国 WTO 加盟 1999–2000〕

●第 2 期クリントン政権の中心的対外経済政策は中国への関与と協力。中国のWTO 加盟は、WTO ルールが輸出補助金や輸入割当を禁じることから米国貿易収支の観点からもプラスと判断。クリントン大統領は、経済政策担当大統領補佐官（NEC 委員長）のジーン・スパーリングに中国の WTO 加盟に向けた戦略の策定

159　クリントン大統領は William Daley に "NAFTA Czar" として助けてほしいと依頼したとされる。役職はSpecial Counsel to President on issues relating to passage of NAFTA。William Daley はその後、1997年から 2000 年とクリントン政権で商務長官を務め、2011 年から 2012 年とオバマ政権で首席補佐官を務める。

を指示する。ジーン・スパーリングは、ホワイトハウスの首席補佐官のジョン・ポデスタと緊密に協力。ポデスタは、大統領が議会から見て中国にソフト過ぎないように、また産業界から見てハード過ぎないよう配慮。

- スパーリングとポデスタは、議会の反中派への配慮から1974通商法に基づく不公正取引国からの輸入制限措置も活用しつつ対応。この中国への厳しい措置は、NEC/Principals Committee(ECON1)の懸念を生む。ルービン財務長官は、厳しい措置への対抗として中国が為替を減価させ輸出ドライブをかけるリスク、ウィリアム・ダレイ商務長官とシャーリーン・バシェフスキー通商代表は中国国内での米国企業の活動を自由にするための交渉への悪影響などを懸念した。サミュエル・バーガー国家安全保障担当大統領補佐官と、マデレーン・オルブライト国務長官は、厳しい措置が台湾及び北朝鮮情勢に悪影響を及ぼしうることを懸念した。

- 1999年11月15日、米中の交渉団は中国のWTO加盟条件に合意。クリントン大統領は2000年1月10日に記者会見を行い、PNTR[160]の付与を含め合意内容への支持を広く訴えた。クリントン大統領は党内の反対を抑えるために、special NEC-coordinated Cabinet Committee on PNTR for Chinaを設け、理解に努めた。こうした措置は奏功し2000年5月にPNTRは議会で可決。

〔競争的自由化〕

- クリントン政権を引き継いだブッシュ政権の貿易政策で重要なのはWTOの下での多国間貿易システムの拡大を図ることであったが、貿易促進権限（Trade Promotion Authority：TPA）の欠如が大きなネックとなっていた。経済政策担当大統領補佐官（NEC委員長）のローレンス・リンゼーは、新ラウンドを含めて貿易問題のモメンタムを復活させるべくTPA問題につきロバート・ゼーリック通商代表に対応を依頼した。

- その上で、国家経済会議（NEC）は、「競争的自由化（competitive liberalization）」というキーワードの下で、9.11後の国家安全保障上の目標と貿易政策を結びつける戦略を策定した。「競争的自由化（competitive

[160] Permanent Normal Trade Relationの略。内容的には最恵国待遇（MFN）と同じだが、米国は1998年にMFNではなくPNTRと呼称を変更。

liberalization)」は、米国の巨大な市場を背景に、各国、あるいは複数国と自由貿易協定（FTA）を進めることが、競いあうように自由貿易に向けた流れを作り出すという考え。（WTO下のラウンド交渉の停滞という背景がある。）

● FTAの交渉相手国の選定等に際しては、通商代表部（USTR）の提案を、国家安全保障会議（NSC）と国家経済会議（NEC）が共同して関係省庁と調整する形をとった。ブッシュ政権の二代目の経済政策担当大統領補佐官（NEC委員長）のステファン・フリードマンは、各国の準備状況、商業的メリット、安全保障上の利益との整合性、議会および利益グループの支持、資源の制約といった項目からなるガイドラインを作成し、省庁間調整はこのガイドラインに基づき行うこととなった。

● もっとも、NECが重視した自由貿易の考えは、政治的判断で後退を余儀なくされることもあった。2000年の大統領選で大統領候補ブッシュは鉄鋼労働者にアピールすべく、EUの鉄鋼補助金に対抗することをコミット。当選後にNEC、リンゼー経済政策担当大統領補佐官（NEC委員長）の反対および、コンドリッサ・ライス安全保障担当大統領補佐官、コーリン・パウエル国務長官の懸念にも関わらず鉄鋼の輸入制限が時限措置で導入された。

▍5. 留意すべき点

以上、NECの経緯、構成、機能、運営、事例等につき見てきたが、いくつか留意すべき点を記す。

(i1)　**憲法構造**：大統領制を取る米国では、大統領の独任制が定められており、米国憲法第2条は第1節第1項は「行政権はアメリカ大統領に属する」と規定する。これに対して日本では、日本国憲法第65条において「行政権は内閣に属する」と定め、内閣は連帯責任を負う。従って、大統領補佐官であるNEC委員長[161]が実際には閣僚と同等以上の権限を行使するという体制は、憲法構造的には議院内閣制を取る我が国よりも大統領制を取る米国に

161　NEC委員長（経済政策担当大統領補佐官）はホワイトハウス・スタッフであり、就任にあたり上院の承認は不要。

144

なじむ。もっとも、変化の速い国際環境の中で迅速・果断な政府の判断が求められる中、議院内閣制の諸国においても政治の大統領化の流れがある。わが国においても官邸機能の強化の動きの中、国家安全保障会議[162]、経済財政諮問会議[163] なども設置・機能しており、結局は立て付けの問題と言える[164]。

(i2) **経済政策調整官の所属**：経済政策全般の調整を誰が行うべきかは、米国内でも議論があった[165]。従来より筆頭経済閣僚である財務長官が総合調整に相応しいとの意見もあるが、NEC を分析した Kenneth I. Juster 及び Simon Lazarus によれば、財務長官による調整は、財務省の利害を引き摺っていると見なされる、ホワイトハウスの外であり大統領との距離がある、という点が難点とのこと[166]。また行政予算管理局（OMB）長官が経済政策の調整を行うという案については、OMB の財政に関する資質、客観性を認めつつも、財政均衡への志向が中立的調整を阻害する可能性、ホワイトハウスの外の組織であるが故の調整力の制約、にかんがみベストではないとの意見。さらに大統領首席補佐官が自ら経済政策調整官となる案については、大統領との近さ、調整能力という点ではメリットがあるが、首席補佐官の広いマンデートや危機管理の必要性、さらに経済問題が複雑さを増していることも考慮するならば、首席補佐官自らが担当するよりも経済政策専門の調整官に任せる方が適切との意見。

(i3) **外交・安全保障政策と経済政策の連携**：外交・安全保障政策と経済政策を有機的に連携させる必要性についてはこれまでも多くの識者が指摘している。クリントン政権で 1993 年から 1995 年と商務次官を務めたイェール大学の

第3章　経済制裁・経済安保

---

162 安全保障会議設置法　http://www.cas.go.jp/jp/hourei/houritu/anpo_h.html

163 内閣府設置法第 19 条〜 25 条　http://elaws.e-gov.go.jp/search/elawsSearch/elaws_search/lsg0500/detail?lawId=411AC0000000089&openerCode=1#J

164 広瀬、前掲書

165 Kenneth I. Juster and Simon Lazarus、前掲書

166 なお、ニクソン政権時にジョージ・シュルツ財務長官が経済政策委員会（Council on Economic Policy）の調整官を務めた先例はある。ただし、ニクソン大統領はシュルツ長官に対して経済問題人統領補佐官（Assistant to the President for Economic Affairs）の任命も行い、シュルツ氏は後者の資格で経済政策の調整を行うと共に、毎日まずホワイトハウスで執務をし、省庁間調整会議も財務省ではなくホワイトハウスで行った。Ibid.

Jeffrey E. Garten 氏は、地政学と地経学がますます相互に連関する現在、外交・安全保障政策と経済政策の連携の強化が必要としたうえで、国家安全保障会議（NSC）と国家経済会議（NEC）の在り方について、①NSCが国際経済問題を担当するスタッフを吸収する、②NECに大統領に近い強力な委員長を配し NSC 委員長と同等の力を持たせる、という二つの解決策を提示する[167]。Kenneth I. Juster 及び Simon Lazarus の意見は②に近く、NSC の経済的な知見を強化しても最終的には NSC は外交・安全保障の観点を重視し経済的観点を軽視しがちなので、ホワイトハウスの中に NSC とは別に NEC を維持しつつ、大統領の支持のもと、両者の連携を強化することを提案している[168]。

(i4) **求められる役割／場の提供**：2007 年から 2009 年にかけ第 2 期ブッシュ政権で経済政策担当大統領補佐官（NEC 委員長）務めたキース・ヘネシーが 2010 年 8 月に書いたブログ[169]は、第 1 期オバマ政権でローレンス・サマーズが経済政策担当大統領補佐官（NEC 委員長）を務めていたが、経済諮問委員会（CEA）委員長のクリスティーナ・ローマーが丁度辞意を表明したタイミングで書かれたもの。キース・ヘネシーは、まず、NEC が経済政策と意思決定を担当するのに対して、CEA は経済学を行う、CEA 委員長は政権のチーフエコノミスト、NEC と CEA は機能が異なると説明。その上で、経済政策担当大統領補佐官（NEC 委員長）に求められる資質として、必ずしも経済学者である必要はなく、むしろ、特定の経済政策を強く主張するのではなく、関連省庁、補佐官に自由に意見を出させ、自らは正直な仲介者（honest broker）として「場」を提供し、最終的に大統領に適切な選択肢を提示することが役割と説明する。そして、NEC 委員長の力の源泉は、①大統領との近さと、②正直な仲介者として同僚から信頼されること、と解説する。（ちなみに同ブログにはラリー・サマーズへの*直接的*な非難の言葉はない。）

167 Jeffrey E. Garten"The Global Economic Challenge"Foreign Affairs January/February 2005 https://www.foreignaffairs.com/articles/2005-01-01/global-economic-challenge
168 Kenneth I. Juster and Simon Lazarus、前掲書。なお、Kenneth I. Juster and Simon Lazarus は、NSC の経済的能力を強化することも否定していない。
169 Keith Hennessey"Role of the President's White House Economic Advisors"August 2010　https://keithhennessey.com/2010/08/08/economic-roles/

(i5)　**人・課題による違い**：国家経済会議や NEC 委員長のあるべき役割について述べてきたが、前述の事例でもわかるとおり、実際にはそこに誰がいるのか、扱う課題が何かにより、役割や機能は変化する。Kenneth I. Juster 及び Simon Lazarus は、第 1 期クリントン政権における NEC の役割は3つのフェーズに分けられるとする[170]。

（第 1 フェーズ　1993 年）

● 多くの重要経済事項で NEC 委員長（ロバート・ルービン）や NEC が政策決定過程の中心にいた。1993 年予算策定、NAFTA、ウルグアイラウンド、対日貿易交渉、APEC サミット。

（第 2 フェーズ　1994 年）

● クリントン大統領は健康保険改革を優先課題に設定。NEC は周辺的な役割にとどまる。

（第 3 フェーズ　1994 年末〜 1995 年初）

● 中間選挙で共和党が勝利し、クリントン政権は防御モードに。ルービンは財務長官となり、後任の NEC 委員長にローラ・タイソン。大統領首席補佐官は OMB 長官から異動したレオン・ペネッタ。

● 議会共和党が財政均衡をアジェンダとしたことで、OMB 長官の経験のあるペネッタ首席補佐官の経済政策上の役割が高まった。ペネッタが非公式な予算戦略グループを主催し、そこに、NEC ローラ・タイソン委員長、ルービン財務長官、リブリン OMB 長官、スティグリッツ CEA 委員長等も参加。予算・財政の議論の場が NEC から予算戦略グループに移る。

● ただし貿易問題等では NEC が引き続き中心的役割を担った。

● 会議のために政策があるのではなく、会議は政策形成のための場であり手段であるという観点からは、人や課題に応じた柔軟な対応も肝要と考えられる。

第3章　経済制裁・経済安保

---

[170]　Kenneth I. Juster and Simon Lazarus、前掲書、pp7-9

▍(参考) 歴代の NEC 委員長

〔クリントン政権〕

  1993 – 1995　Robert Rubin

  1995 – 1996　Laura Tyson

  1996 – 2000　Gene Sperling

〔ブッシュ政権〕

  2001 – 2002　Lawrence B. Lindsey

  2002 – 2005　Stephen Friedman

  2005 – 2007　Allan Hubbard

  2007 – 2009　Keith Hennessey

〔オバマ政権〕

  2009 – 2010　Lawrence Summers

  2011 – 2014　Gene Sperling

  2014 – 2017　Jeffrey Zients

〔トランプ政権〕

  2017 – 2018　Gary Cohn

  2018 – 2021　Larry Kudlow

〔バイデン政権〕

  2021 –　Brian Deese

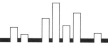

6 中国の経済的威圧への対応（1）

はじめに

2021年10月18日付の中国英字紙 Global Times に、華東師範大学の Chen Hong 教授が、豪州の対中外交を批判する寄稿をしている[171]。豪州モリソン政権の対中政策は、米国の政策のお先棒を担ぎ、冷戦思考に凝り固まり、中国の平和や繁栄への貢献を見ようとせず、中国に敵対している、といういつもの内容だ。しかし、この寄稿には一つ面白い点があった。それは「豪州の言ういわゆる同志国は、キャンベラが向こう見ずにも中国とのビジネス関係を破壊して豪州製品が退場した後の中国市場で、ためらうことなく巨大な市場シェアを奪っている」[172]という箇所だ。

中国の「経済的威圧」はこれまでも繰り返されているが、国際社会は、それに対して効果的な対応策を講じられていない。しかし、この問題が重要であるという意識は高まりを見せている。

背景

中国は、政治・外交的目的を達成するために、経済的な威圧（coercion）を積極的に活用している。ここ10年の主要なものだけでも以下のような事例が上げられる。

- 日本へのレアアース輸出の制限（2010年の海上保安庁巡視船に意図的に衝突した中国漁船船長の逮捕・拘留への抗議）
- ノルウェーからの鮭の輸入の制限（2010年の劉暁波のノーベル賞受賞への抗議）
- フィリピンからのバナナの輸入の制限（2012年、スカボロー礁を巡る紛争）

---

[171] https://www.globaltimes.cn/page/202110/1236642.shtml

[172] "Australia's so-called like-minded allies have wasted no time to take over the lion's share in the China market left with the exit of the Australian products after Canberra has recklessly ruined its business ties with China"

- 台湾への中国観光客の訪問の制限（2016年に当選した台湾の蔡英文総統が1992年コンセンサスを明示で受け入れないことへの反発）
- モンゴルからの輸入品への手数料の引き上げ（2016年にモンゴルがダライ・ラマの訪問を受け入れたことへの報復）
- 韓国への中国人観光局の制限や一部の韓国製品の輸入制限（2016年のTHAADミサイルシステム導入への報復）
- 豪州からの牛肉・大麦・ワイン等の輸入の制限（2020年のCOVID19の発生源の独立調査の主張への報復）
- リトアニアとの貿易の制限（2021年にリトアニアが台湾の代表機関に「台北」ではなく「台湾」の名称使用を認めたことへの報復）

こうした「経済的威圧」への対応が必要であるという声は、民間からも[173]、また日米、日豪、G7、クワッド等の共同声明等でも言及されることが増え、問題意識が高まっているが、政府の声明は経済的威圧を非難することに留まり、具体的な提案にまで至っていなかった。しかし、近時、欧州、米国でより具体的な提案が検討されている。

欧州

欧州外交評議会（ECFR）は、2021年6月に、"Measured Response : How to Design European Instrument against Economic Coercion" という報告書を発表した[174]。欧州委員会（EC）は、「経済的威圧」の問題を深刻に認識、現在、「威圧対抗手段」（Anti-Coercion Instrument：ACI）を検討しており、今後、具体的な提案を行うことを目指している。その一環として、ECFRが、独、仏、蘭、西、スウェーデン、チェコの政府関係者と民間人からなるタスクフォースを組成し、検討、まとめたのがこの報告書である。

ECFRは、中国の経済的威圧が、欧州の民間企業に圧力を加えることで、欧州

173　https://toyokeizai.net/articles/-/361249?page=4

174　Jonathan Hackenbroich and Pawel Zerka, "Measured response: How to design a European instrument against economic coercion", June 23, 2021
https://ecfr.eu/publication/measured-response-how-to-design-a-european-instrument-against-economic-coercion/

の政策の変更を狙っている点を強調する。2021 年 3 月、中国の人権問題を理由に
EU が中国に制裁を課した際に、中国はこれに対抗して、欧州の大使、議員、シン
クタンクなどに制裁を課したが、同時に、中国の E コマースのアプリから popular
boycott として H&M やアディダスが消えた。ECFR は、こうした中国の動きは一過
性ではないとし、中国の域外適用を可能とする輸出管理法制定や、反外国制裁法
も例に挙げつつ、民間企業への威圧のリスクを強調する。

　ECFR の現状分析の中で、下記の認識は重要であろう。
●中国の経済的威圧は、フォーマルではなくインフォーマルな形態を取ることが多い。
●米国との連携は重要。しかし、米国が常に助けてくれるかは分からず、自らの対
　処能力を用意することが重要。
●経済的威圧への対抗として、EU が強い経済を持つこと、また貿易を分散すること
　も重要であり、「威圧対抗手段」（ACI）はあくまで補完的措置。
●多国間主義へのコミットは継続すべきで ACI は最後の手段（last-resort
　option）。
　「経済的威圧」の特徴として、①貿易を武器として使う、②迅速（EU が行動す
る前に威圧が成功してしまう）、③グレーゾーン手段（EU や WTO の現在のルール
では効果的に威圧に対応できない）、④ EU の分裂を狙う（威圧は各国に非対称な
影響を与え、EU の結束を乱す）、を指摘する。

欧州の新手段・ACI：対象と措置

　以上の認識の下、ECFR は集団的防衛手段（collective defence instrument）
として新たに ACI 導入が必要と主張する。ACI は、EU の共通商業政策（common
commercial policy）の下で枠組み規則を制定することで導入される、とする。
　中国の経済的威圧がグレーゾーンで展開されることから、ACI を利用する際の法
的基礎が問題となる。すなわち、WTO の条項に直接違反しない外形を装いつつ「経
済的威圧」が用いられる中で、対抗手段としての ACI が、WTO ルールが許容す
る行動にきれいに当てはまらないことが想定される。これに対して ECFR は、特別法
（lex specialis）としての WTO 法とは別に一般法（lex generalis）としての国際法
があり、ACI は WTO 法を補完する国際法を法的基礎として行使すると説明する。

特別法は一般法に優越するという考えに基づけば、WTO 法が許容しない対抗措置（ACI）は WTO 法違反と解釈がされようが、ECFR は、WTO 法が排他的に貿易関係を律するわけではなく、WTO がカバーしていない「経済的威圧」という状況を一般国際法で拾うという発想である。ECFR の主張が国際的に「常に」認められるかは疑問ではあるが、具体的な経済的威圧の態様と、それに対抗する ACI の組み合わせによっては、ECFR のような解釈が認められる可能性はあろう。WTO 法のみで効果的に中国の経済的威圧に対応できないという現状、さらには、そもそも慣習国際法は「法的信念」に基づく「国家実行」により形成されていくというダイナミズムにも鑑みれば、ECFR のようなアプローチも必要かも知れない。もちろん、その場合でも節度を持った運用を行うことが法的正当性と国際社会の理解を得るためには不可欠であろう。

　実際、ECFR は以下の要素に基づき「経済的威圧」を評価することを提案する。
- 状況が対抗手段を許容するような深刻な事態（grave case）か
- 生じた被害
- 迅速な対応が必要か
- 他の解決手段の方がより実効的ではないか
- ACI が有効であるような脆弱性が相手側（中国）にあるか
- ACI は生じた被害に対して均衡（proportional）か
- 上記を全て満たした上で、なお、ACI を実行すると判断できるか
  どのような経済的威圧に対して ACI を使用するか、3つのオプションを提示する。
- オプション1:懲罰的関税、貿易制限、企業への直接的恐喝のみを対象。（ネットワークを通じた間接的な企業の恐喝などは対象とはしない。）
- オプション2：上記オプション1に加えて、ネットワークを通じた間接的な威圧や popular boycott を含めて対象とする。
- オプション1.5：上記オプション1を原則としつつ、特に重大な経済的威圧に対しては加盟国の合意を前提にそれも含める。

　ECFR は、結論としてはオプション1.5 をレコメンドする。土台となるオプション1の部分は、事前に定められた事象をカバーし、確実性を与える。同時に、事前に確定はしていないものの、重大な経済的威圧につき加盟国の合意で対応可能という「柔軟強靭性メカニズム」を設ける。中国の経済的威圧が、グレーゾーンを突くという性質

を持つことから、こうした一定の柔軟性は必要となる、というのがECFRの説明だ。

　ACIが具体的に行使する措置として、①関税および貿易制限、②投資制限、③EUの公的調達への参加制限、④セクター毎のダイベストメントと輸出制限、を挙げる。

　ECFRは、本来は米国財務省外国資産管理室（OFAC）のような機関をブリュッセルに設置することが望ましいとしつつ、そのためには条約改正により加盟国の権限をブリュッセルに移転する必要があるために当面は難しいとし、そうした中、インフォーマルであっても可能な範囲でOFAC的な機能を持たせられるようすべきと主張する。また、ACIの運用にあっては調査・情報収集能力が重要である点を指摘する。

第3章　経済制裁・経済安保

ACI：トリガー

　ACIは貿易法ではなく一般国際法に基づき行使されることが想定されるため、仮に相手国（中国）から国際法違反との訴訟が提起された場合に国際司法裁判所で争うのはECではなく各EU加盟国となる。従って、加盟国の関与が必要だが、他方で迅速かつ統一的な行動を担保するためにはECの役割も重要と主張する。その上で、ACI行使を決めるトリガーの在り様として以下のオプションを提示する。

- ●オプション1：ECがACIを提案し、加盟国が特別多数決で否決しない限り、提案どおり実行する。
- ●オプション2：EUの公的調達からの除外など軽いACIについては加盟国の関与は軽くし、一定額以下の貿易・投資関連措置などより重いACIを課す場合には加盟国の関与を深くする。さらに重大なACIを課す場合にはEU理事会の関与を求める。
- ●オプション3：ACIの判断をEU理事会が行う。
- ●オプション4：EUの実施規則（implementing act）の形でACIを決定する。実施規則を提案するのはECで、EU理事会が10日以内に反応しなければECは実施規則をそのまま実行できる。

　ECFRはACIの決定は重要な帰結を産み得るとして、加盟国の関与が重要であり、EU理事会が関与するオプション2か3をレコメンドする。なお、オプション3では全てのACIの決定に時間がかかることが欠点とし、事の軽重に応じて加盟国の関与を変えるオプション2がそうした欠点を緩和すると説明する。

ACI：留意点

ECFR は ACI 使用に際してのリスク・留意点として以下を挙げる。

● 多国間のルールに基づく国際秩序を毀損する：国際法上の根拠が不十分な中で ACI を用いればルールに基づく国際秩序に悪影響を与える。また、中国より、EU が法に基づかず行動していると批判の余地を与える。

● ACI の経済的コストが高くなり過ぎる：ACI の設計が不適切な場合や、相手国との間で管理不能なエスカレーションが生じる場合など、初期の効果をあげずにコストのみが大きくなる可能性がある。

● ACI がモラルハザードを生じる：ACI の存在の故に企業がより大きなリスクを取る場合などモラルハザードの問題が生ずる。また、EU 企業への補償メカニズムを導入する場合には、それに伴うモラルハザードの可能性も生じる。

● 保護主義を誘発する恐れ：ACI が保護主義に乗っ取られる、あるいは、開放的な体制からより防御的な貿易体制へとシフトを促してしまうリスクがある。

ECFR は結論として、EU は貿易を政治化したり、相互依存を武器化するのではなく、「自由貿易」と「ルールに基づく国際秩序」にコミットし続けるべきと主張。その上で、ACI の使用にリスクがあることを認めつつも、地経学的競争の新たな時代においては、ACI を準備しないことも、ルールに基づく国際秩序を傷つけることになると警鐘をならす。また、ACI の狙いは対話や交渉であり、相手国が経済的威圧を止めたら速やかに ACI を解除すると説明する。そして、ACI は効果的で信頼できる手段として、同時に、非政治的な手段として、EU にとっての力強い抑止力となり得ると強調する。

米国：下院、経済的威圧対抗法案

以上、欧州の提案を見たが、米国では 2021 年 10 月中旬に、超党派議員[175] が「中国の経済的威圧に対抗する法案」（Countering China Economic Coercion Act）を下院に提案した[176]。ポイントを見る。

---

[175] 　提案者は下院議員の Ami Bera (D-CA)、Ann Wagner (R-MO)、Joaquin Castro (D-TX),、Steve Chabot (R-OH)、Brian Fitzpatrick (R-PA)、Dina Titus (D-NV)、Juan Vargas (D-CA).

[176] 　法案は以下 https://legiscan.com/US/text/HB5580/id/2437581/US_Congress-2021-HB5580-

　法案成立後、180日以内に、大統領は省庁横断の「経済的威圧対抗タスクフォース」（Countering Economic Coercion Task Force：TF）を設立する。TFの主な役割は、中国の経済的威圧に対抗するための米国政府の統合的な戦略を策定し実行すること。

　当該戦略の中には、中国の経済的威圧による米国企業や米国経済へのコスト、中国の第三国への経済的威圧の結果として米国企業が利益を得た事例、なども含む。

　また、TFは、協働して中国の経済的威圧を同定し評価し対応し長期的な抑止を得る可能性につき、米国の同盟国・パートナー国と協議を行う。

　TFの構成は以下のとおり。

- 委員長はNSC（国家安全保障会議）のスタッフから指名
- 副委員長はNEC（国家経済会議）のスタッフから指名
- 以下の省庁より当該長官が次官補クラスをTFメンバーとして指名：国務省、商務省、財務省、司法省、USTR、農務省、国家情報長官室、SEC（証券取引委員会）、DFC（米国国際開発金融公社）

　法案成立後1年以内にTFは以下を含む報告書（初期報告書）を提出：中国の経済的威圧のレビュー、対応するために米国が有する経済・外交手段の包括的レビュー、米国の同盟国・パートナー国の脆弱性の分析、対応するためのリソース・能力のギャップ。

　初期報告書提出の後1年以内に中間報告書を提出。

　中間報告書提出の後1年以内に第2回中間報告書を提出。

　第2回中間報告書提出の後30日以内に最終報告書を提出。

　最終報告書提出の後60日でTFは解散。

▌ 総括

　中国の経済的威圧に対して何等かの対抗手段が必要との声は西側諸国ではよく聞くようになったが、まだ具体的な措置には至っていない。こうした中、欧州のECFR

第3章　経済制裁・経済安保

Introduced.pdf

は、相当具体的な提案をした点が注目される。ECRF の提案は機関決定されたものではなく、今後 EU としてどのような方向が取られるかは今後の EU 内での調整次第だが、経済的威圧に関する議論を深める点で本報告書の意義は高い。

EU の場合は、内部での意見を調整することがまず重要であり、国際的な協調に関して言及はあるものの、力点は EU として、どういう範囲でどういう性格の対抗手段（ACI）を設計するかという点に置かれている。まず EU でという順序は正しいが、EU を超えて広がりを持って「経済的威圧」と認定すれば、それ自身が name and shame の効果を持つ。議論の広がりを期待したい。

また、自由貿易や多国間主義を基礎とし、ACI の過剰な使用を戒めつつも、同時に中国の「経済的威圧」の実態に鑑みれば、行動しないことも自由貿易や多国間主義を傷つけるという問題意識は適切なものであろう。

米国で提案された法案は、同盟国等を中国の経済的威圧から守る必要があるという意識が高い。実際に中国が豪州からの輸入を「経済的威圧」で妨害する中で、生じた隙間を米国等からの輸出が埋めている状況もあり、また、それを（冒頭紹介したように）中国の新聞が西側にくさびを打ち込むために喧伝しており、西側による協調した対応が重要であろう。

日本は 2010 年にレアアースの輸出制限を受けた際には、代替技術の開発、レアアース調達先の分散、WTO への提訴・勝利（上級委員会の結審は 2014 年と時間はかかったが）と、効果的に対応した。これは韓国が THAAD 配備に伴い中国の経済的威圧を受けた結果「3 つの No」[177] を表明したこととは対照的である。引き続き、過剰な対中依存の低減を含め、強靱性の向上に向けた努力の継続が重要である。同時に、経済的威圧に関して、国際的に協調して中国を非難する枠組み、あるいは、欧州の ACI のような対抗措置の議論も深めていく必要がある。これは軍事における抑止の議論のアナロジーで考えることも可能だ。

ミサイルで攻撃するコストよりも、それをミサイル防衛で防ぐコストの方が高い。また、極超音速滑空弾や、多数のミサイルによる飽和攻撃に際しては、ミサイル防衛では防ぎきれない。従って、打撃力による「抑止力」により敵の攻撃を思いとどまらせること

---

177 「3 つの No」とは、中国の要請に応じて韓国政府が表明した、①韓国内で THAAD の追加配備を行わない、②米国のミサイル防衛システムに参加しない、③日米韓の 3 国軍事同盟を作らない、という立場。

が重要となる。経済的威圧に関しても、それを防ぐために、中国依存を低下させ、経済の相互依存を低減させることの経済的コストは大きい。効果的で信頼できる（credible）な対抗手段（＝打撃力）があれば、それがない場合と比較してより少ない「依存度低減」（コスト）で対応することが可能となる。そして、それは中国にとっても（中国との貿易・経済関係がより高いレベルで継続するという観点で）望ましいことだ。また、国際的に連携して対抗策を整備することで、中国と比べて国力が小さく、より脆弱な国を支援することにもなる。（豪州の経済規模は中国の10分の1以下だ。）

　もちろん、軍事と同様、相手国（中国）に対する対抗策の開示、コミュニケーション等を通じて、戦略意図を伝え、エスカレーション・コントロールを図る必要はある。当然、こうした対抗策の整備を中国は嫌い、「冷戦思考だ」、「自由貿易や多国間主義に反する」、「緊張が高まる」、などと批判をすることが想定されるが、対抗策が「経済的威圧」への対応である限り、そうした中国の批判を気にするべきではない。（緊張を高めないことは重要だが、緊張を図る尺度を「中国の怒り」に置くことは適切ではない。中国は国益のために計算の上で怒りを表現する。適切な尺度は「中国が怒ることが合理的な事象か否か」だ。中国の「経済的威圧」への対応としての対抗措置は、当該措置が均衡のとれたものである限り「中国が怒ることが合理的な事象」ではない。）

　ACIのような手段を用いた「経済的威圧」への対抗には、国際公共財の提供と同様の「正の外部性」がある。中国が経済的威圧を使わなくなれば、そのメリットは世界全体に及ぶ。しかし、中国が反発して貿易制限等の更なる措置を取る場合には、対抗策を講じた国が被害を受ける。こうした状況で一見合理的に見える行動は、とにかく目立たずに、他国（米、EU、豪州など）が対抗策を講じてくれることを期待する「フリーライダー」としての対応だ。しかし、そうした対応で得られる短期的な経済的利益は決して永続的なものではない。また、そうした対応は、自由・法の支配・ルールに基づく国際秩序を重視するというわが国の基本的価値と相容れず、国際社会の尊敬を得るものでもない。いじめから目を背ければ、いじめは繰り返される。いじめに対して立ち上がることは、国益であると共に国際的な責務であろう。

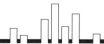

7 中国の経済的威圧への対応（2）

はじめに

　2021年12月18日の日経新聞夕刊によれば、ドイツの自動車部品大手のコンチネンタルは、リトアニアで生産する部品の使用をやめるよう中国から圧力を受けているという[178]。経済的威圧の事例が積み上がり、関心も高まる中で、様々な分析や提案が提示されつつある。EUも欧州外交評議会（ECFR）のインプットも得つつ、欧州委員会（EC）としての規則案を公表した。シンクタンクの分析や提案を見た上で、ECが発表した具体案を確認したい。

CNASによる分析

　米シンクタンクの「新アメリカ安全保障センター」(CNAS)が12月7日に発表した「危機を制御する：威圧的経済手段のための戦略概念」（Contain Crisis: Strategic Concepts for Coercive Economic Statecraft ）報告は、米国と中国が地政学的危機状況において「威圧的経済手段」（coercive economic statecraft）をどのように使うかを分析したものだ[179]。文献調査に加え、一定のシナリオの下でのシミュレーション演習を実施した結果も踏まえて分析を行っている。CNASは、これら分析の結果として、以下の洞察を導いている。

178　「中国、独車部品大手に圧力　リトアニアとの外交問題波及」日本経済新聞　2021年12月18日
　　　https://www.nikkei.com/article/DGXZQOGR17ETN0X11C21A2000000/

179　*Contain Crisis: Strategic Concepts for Coercive Economic Statecraft*, CNAS, December 7, 2021
　　　https://www.cnas.org/publications/reports/containing-crisis?utm_medium=email&utm_
　　　campaign=Weekend%20Reads%20December%2010%202021&utm_content=Weekend%20Reads%20
　　　December%2010%202021+CID_d80be02f31d78d2620a54cd7dc0c5999&utm_source=Campaign%20
　　　Monitor&utm_term=Containing%20Crisis%20Strategic%20Concepts%20for%20Coercive%20
　　　Economic%20Statecraft

①中国は地政学的紛争において、幅広い経済的手段を行使する用意がある。

②米中両国とも地政学的目的のために経済的なデメリットを受け入れる用意はあるが、両国とも相手国の市場へのアクセスを維持したいという希望を有している。このことが、最も極端な形での経済的威圧を用いることへの制約となり得る。

③米国以外の国々は、中国に対して経済的威圧を用いることに慎重である。これは、経済的、政治的なネガティブ帰結を恐れてのことである。

④米国は、その同盟関係により優位性を獲得している。同盟国と共に行動できるという米国の能力は、地政学的緊張に際して使える経済的手段が中国よりも少ないという米国の弱点を補っている。

⑤地政学的緊張に際して経済的手段を使うにあたり、威圧的戦術よりも説得的戦術の方が米国の交渉ポジションを向上させる。

　以上の洞察に基づき、CNAS は「共同圧力」（joint pressure）と「制約の中での行使」（bound engagement）という2つの戦略概念を提案する。「共同圧力」は、地政学的緊張に対して経済的手段を用いる際に、米国が単独で行動するのではなく同志国と協調して共同で中国に圧力をかけるという概念だ。もう一つの「制約の中での行使」は、米国が経済的エスカレーションを図る際に、国内的・国際的なルールや規範が体現する制約に服しつつ行使するという概念だ。ルール・規範には、国内法、国際的な貿易・投資規則、攻撃に対する比例的対応という規範、WTO 上の義務、今後米国がパートナー国と形成する威圧的経済手段に関する指針、などが含まれる。

　CNAS の分析は、中国と共に、米国も今後「威圧的経済手段」を使い続けるという現実的立場から出発する。統治システムの違いから、威圧的経済手段を用いる自由度は中国の方が米国よりも高いとしつつ、米国は、同志国と協調し「共同圧力」とすることで、その効果を増大させることができることを強調。さらに、無制限で予測困難な「威圧的経済手段」の頻繁な活用は、米国市場の魅力を低下させ、米国の経済的立場を弱くすると指摘。故に、ルールに基づき「威圧的経済手段」を用い、また米国の仕組みや意図を同志国や中国にも良く説明し、予測可能性を高めることの重要性を強調する。この「制約の中での行使」（bound engagement）という概念の提唱は、経済的地平における「エスカレーション・コントロール」を目指した提言として価値がある。

Asia Society の提案

　米国の Asia Society Policy Institute と豪州の Perth USAsia Centre が 2021 年 12 月 7 日に公表した「貿易における威圧への対応」（Responding to Trade Coercion）という報告[180] は、数量割当、アンチダンピング措置、衛生上の理由による規制、等の措置を相手国を経済的に害するために恣意的に用いる「貿易における威圧」（trade coercion）に焦点を絞る。「貿易における威圧」は、WTO の基本的原則に反すると共に、中小国に非対称的に大きな影響を与えるとしつつ、同時に「グレーゾーン」の性格を持つことから、それを同定し定量化することは困難と分析。さらに、「貿易における威圧」への対応に関して、WTO の紛争解決手続では時間がかかり過ぎるなど、既存の貿易関連措置では適切な対応が困難との認識を示した上で、以下の 10 の政策オプションを提案する。

〔国家レベルの対応〕

　①リスク評価に基づき貿易を分散させる。

　②情報収集を改善し政府と民間の協調を強化する。

　③威圧の影響を受けた企業と労働者に支援を提供する。

〔同志国連合による対応〕

　④政府間で情報を共有する。

　⑤認定された威圧に対して協調して外交的対応を行う。（最低限、連帯を示す共同声明の発出）

　⑥「貿易における威圧」を 2022 年の G20 など国際的な場で議題にする。

　⑦威圧的措置の実績のデータベースを作成するために OECD を活用する。

　⑧第三国による連帯を促進する。（第三国消費者による被害国商品の貿易の促進など。中国に輸出できなくなった豪州のワインを積極的に購入するといったイメージと思われる。）

〔WTO レベルの対応〕

　⑨懸念を WTO 閣僚理事会、委員会、貿易政策レビューなどで取り上げる。

180　*Responding to Trade Coercion*, Asia Society Policy Institute and Perth USAsia Centre, December 7, 2021
　　https://asiasociety.org/policy-institute/responding-trade-coercion-growing-threat-global-trading-system-0

⑩ WTO の紛争解決手続きを追求する。（威圧は多くの場合に非公式であり否定され易く、また、WTO 手続きには時間がかかるという問題もあり、限界はあるが、事案によっては WTO における公式の手続きが役に立つ。）

EU 案

欧州委員会（EC）は、2021 年 12 月 8 日、「第三国の経済的威圧から EU 及び加盟国を守るための欧州議会と欧州理事会の規則の提案」（Proposal for a REGULATION OF THE EUROPEAN PARLIAMENT AND OF THE COUNCIL on the protection of the Union and its Member States from economic coercion by third countries）（以下「規則案」という）を公表した[101]。

【経済的威圧の定義】規則案では経済的威圧を以下のように定義する。「経済的威圧とは、第三国が、EU または加盟国の貿易や投資に悪影響を与える措置を取る、または取ると脅すことで、EU または加盟国が特定の政策を採用するよう圧力をかけることを指す。」[182] その上で、現在 EU は経済的威圧に対抗する法的枠組みを有していないこと、経済的威圧が使用される頻度が上昇していること、欧州議会と欧州理事会の共同声明で 2021 年末までに経済的威圧の抑止と対応のための提案を EC が行うことが謳われていたこと、に言及する。また、2021 年 2 月の「貿易政策レビュー」において「威圧対抗手段」（anti-coercive instrument:ACI）の検討につき触れていたことにも言及する。

【欧州議会と欧州理事会の規則制定権限の根拠】規則案の法的根拠は、EU 機能条約（Treaty on the functioning of EU：TFEU）207（2）と説明。EU 機能条約 207（2）では、共通商業政策（common commercial policy）に関しては、欧州議会と欧州理事会が管轄権を有することが明記されている[183]。さらに、加盟国

181　https://ec.europa.eu/commission/presscorner/detail/en/IP_21_6642
182　Economic coercion refers to a situation where a third country is seeking to pressure the Union or a Member State Into making a particular policy choice by applying, or threatening to apply, measures affecting trade or investment against the Union or a Member State.
183　"207 (2). The European Parliament and the Council, acting by means of regulations in accordance with the ordinary legislative procedure, shall adopt the measures defining the framework for

との関係では、EU機能条約3（1）（e）により、EUに排他的管轄権があると し[184]、補足的に、加盟国は国際法に基づき自らの権利を守ることはできるが、EUレ ベルの行動のみがEU全体への懸念に対する統一的対応を保証すると説明する。

【比例性】まずは調査を行い話し合いでの解決を目指し「対抗措置」の発動は最 後の手段と位置付ける。また、「対抗措置」を発動する場合には第三国の経済的 威圧により生じた被害との比例性（proportionality）を確保する。

【目的】本規則の目的を、第三国の経済的威圧に関して、①<u>抑止</u>し、②<u>対処</u>し、 ③EUとして<u>統一的</u>に対応すること、とする。そして、本規則は「EUが経済的威 圧を受け入れないという国際社会へのシグナルである」[185]とその意義を説明する。

【国際的協力】本規則案は第6条で国際的協力を推進することも明記する。同一 のあるいは同様の経済的威圧を受けた国、あるいは協力に関心のある国と共に、威 圧の停止に向けて協議・協力を行うことが謳われている。

▌ 総括

CNASの分析、Asia Societyの提案、EUの規則案を眺めてきたが、いずれの 案も、国際的協調の重要性と、国際法等のルールに基づく行動の重要性が強調さ れている点は共通であり、評価できる。

EU規則案は、対抗措置については最後の手段としつつも、そうした手段を持つこ とによる抑止効果を強調している。CNASの分析は第三国の経済的威圧への対抗 に限定せず、より広く経済的威圧を用いる場合の留意点を整理したものだが、相手 国の経済的威圧に直面したとき対抗措置を講じることが当然の前提であろう。これに

implementing the common commercial policy."
https://eur-lex.europa.eu/LexUriServ/LexUriServ.do?uri=CELEX:12008E207:en:HTML

184 "Article 3
1. The Union shall have exclusive competence in the following areas:
(a) customs union;
(b) the establishing of the competition rules necessary for the functioning of the internal market;
(c) monetary policy for the Member States whose currency is the euro;
(d) the conservation of marine biological resources under the common fisheries policy;
(e) common commercial policy."
https://eur-lex.europa.eu/legal-content/EN/TXT/HTML/?uri=CELEX:12008E003&from=EN

185 "It is a signal to international partners that the Union is not willing to accept economic coercion."

対して、Asia Society の提案は、提案⑤に国際的に協調した外交的対応があり、最低限でも連帯を示す共同声明が謳われている。最低限を超えた対応の中に、対抗措置が入るの可能性もあり得るが、全体の構成としては、貿易制限や投資制限と言った措置で経済的に対抗するというよりは、共同で外交的に圧力をかけ、また、被害を受けた企業等を支援することで、相手の経済的威圧の効果を減殺することを狙っているように見受けられる。

　EU 規則案が公表されたのは 12 月 8 日だが、その前から EC は「威圧対抗手段」（ACI）の考えを示していた。これに対して、スウェーデンのシンクタンクである Swedish National China Centre（SNCC）が 2021 年 11 月 18 日に「経済的威圧の限界」（The Limits of Economic Coercion）という報告書を発表、批判的な立場を表明している[186]。

　SNCC の報告はリトアニアの状況などを丹念にフォローしており情報的価値は高いが、その立論には分かりにくい部分がある。SNCC は、中国の経済的威圧は国際社会の反発を招き成功していないとする。同時に SNCC は、中国はスタンスを変えないために対抗措置による抑止は効果がないと主張する。その上で、対抗措置ではなく、経済的威圧を受けた加盟国の被害を軽減する措置を考えるべきと主張する。（SNCC は absorb という用語を使っている。）

　EU 規則案は、検討過程で、被害を軽減するための保険的措置を検討したとしつつ、結局最終案では採用しなかった。他方、Asia Society は被害軽減を重視し、また、SNCC もそれを中心にすべきと主張し、この点に関して見解は分かれている。筆者自身は 1 年半前に被害を軽減し吸収する保険的機能を持つ基金の設立を提案しており、被害軽減のための保険的枠組みに反対ではない。また、国際社会の目を気にする中国に対しては、同志国が連名で経済的威圧を非難する声明を出すといった枠組みは、一定の効果が期待できると考える。しかし、こうした措置は、EU 規則案が考えるような、より明確な対抗措置と相互に排他的な手段ではなく、「非難」や「保険」のみで中国が行動を変えない時のために「対抗措置」発動の枠組みを事前に整備しておくことは意味あるものと考える。抑止は常に効く訳ではないが、ルールに基

---

186 *The Limits of Economic Coercion*, Swedish National China Centre (SNCC), November 18, 2021
　　https://www.ui.se/globalassets/ui.se-eng/publications/other-publications/the-limits-of-economic-coercion.pdf

づく国際秩序を守るためにも、不法な経済行為に対して軍事的措置ではなく経済的な対抗措置を（いわば懲罰的抑止として）行使できるよう用意しておくことの意義は大きい。

　なお、負担をシェアする保険的機能も、拒否的抑止の効果（経済的威圧の痛みを和らげる効果）と国際的連帯を世界に示す効果を考えれば重要であろう。その場合に、企業が経済的威圧リスクを計算に入れずに行動するというモラルハザードが起きないような工夫は重要となる。また、正式な基金の設立には時間がかかることも考えれば、当面は、経済的威圧を受けた国に対して、金融的手法で支援を行うといった方策も、「経済的な痛みの緩和」と「連帯の証」として意味があろう。

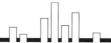

8 ダイナミックな経済安保を目指して（「動学的経済安保」試論）

高まる経済安保への関心

　経済安全保障に関する議論が盛んだ。深まる米中対立において技術が焦点となり、また、コロナ過でサプライチェーンの脆弱性を実感する中で、人々の間で、安全保障の確保には技術・経済への考慮も必要との認識が高まっている。政府は、現在、通常国会への提出に向け法案の準備を進めている。報道によれば、まずは、①特許の公開制限、②サプライチェーンの強化、③先端技術の研究開発支援、④重要インフラの安全確保、などが含まれる方向という。

　関心の高まる経済安保だが、我々はこれを一過性のブームで終わらせてはならない。ましてや、予算獲得や権限拡大のための便利なバズワードに矮小化してならない。そのためには経済安保の基本思想につき議論を深めることが重要だ。2020年末に自民党の新国際秩序創造戦略本部（当時）は「『経済安全保障戦略』の策定に向けて」という優れた提言（以下「自民党提言」）を取り纏めた。また、政府は2021年11月の経済安全保障推進会議で、自律性、不可欠性、国際ルールの形成を重視する方針を打ち出した。こうした議論を踏まえつつ、さらなる深堀を試み、経済安保で重要な基本思想は何かを考えてみたい。

ダイナミックな経済安保に向けた4つの思想

　経済、技術を巡る変化のスピードは速い。従って、経済安保政策を的確に実施するためにはチェックリスト方式では不十分だ。変化に応じて、具体的措置や対象をダイナミックに変化させていく必要がある。すなわち、個別の政策に加えて、長期的視点から経済安保政策をダイナミック（動学的）に展開するための基本思想が大切だ。「ダイナミックな経済安保」の遂行には、「選択」、「能力」、「協調」、「抑止」という4つの基本思想が重要となる。

選択（Focus）：

●かつて、軍事の天才と言われた第3代プロイセン王のフリードリッヒ大王は「全て
を守ろうとする者は何も守れない」と述べた。経済安保も同様だ。経済成長を通じ
て国力を増すためには、貿易や投資を含めて企業の自由な経済活動を認めること
が大原則だ。しかし、機微技術の輸出や戦略的に重要な企業への投資等につい
ては、この原則の例外として安全保障の観点から一定の管理が必要となる。それが、
「輸出管理」や「対内投資スクリーニング」だ。しかし、例外を過度に広げて自
由な経済活動を大きく阻害すれば、経済は縮み国力は落ちる。従って、「対象を絞っ
てしっかり守る」（Small yard、High fence）という「選択」の考え方が重要とな
る。「サプライチェーンの強靭化」も、海外への依存を完全に排除しようとすれば、
自給自足の鎖国体制に舞い戻り、経済は縮小し、防衛費も捻出できない。自民党
提言が強調する「戦略的自律性」で重要なのは「戦略的」であることであり、
そのためには適切な「選択」がカギとなる。ここで必要なのは、機微技術や戦略
的に重要な企業というものが、技術進歩や経済の進化により素早く変わっていくとい
う認識だ。従って、「選択」は一度切りではなく、継続的かつダイナミックな見直し
が必要となる。

能力（Capability）：

●「戦略的自律性」と並んで自民党提言が重視するのは「戦略的不可欠性」だ。
これは、国際社会の中でわが国が不可欠な分野を戦略的に拡大していくことを意
味している。本来企業は、生き残りと利益拡大のために、自社にしかできない技術・
製品を開発・生産する強い意欲を持っている。この意欲を活かしつつ、国家レベ
ルで「戦略的不可欠性」を追求するためには、まず、長期技術予測（Technology
forecasting）が必要だ。将来の不可欠な技術を完全に予測することは不可能だ
が、政府のみではなく、産業界、学界とも協力して、国全体で実施することで大き
な方向を掴むことは可能だ。ここで大事なのは、完璧な予測を期待せず、頻繁
に軌道修正を図るダイナミックなアプローチだ。

●「戦略的不可欠性」の追求に必要なもう一つの要素は、不可欠性を継続的に産
みだす基盤的「能力」を構築することだ。今日不可欠な技術・製品は、明日はも
はや不可欠ではないかも知れない。技術は陳腐化するし、日本のみが作れた製品
を海外もキャッチアップして作れるようにもなる。継続的に「不可欠性」を産み育む

ためには、優秀な人材、優れた研究開発環境、リスクテイクの風土といった「強い足腰」が必要だ。教育投資を大胆に増やし、特に科学・技術（STEM）教育を強化すべきだ。研究・開発環境の改善も重要だ。防衛関連の研究開発を含め、研究開発予算の大幅拡充も喫緊の課題だ。また、海外からの不正や技術情報の窃取を効果的に防止するためには、わが国のインテリジェンス能力の強化を図ることも必要だ。

協調（Coordination）：

● 輸出管理は一か国だけで実施しても効果は限定的だ。また、米国の一方的な輸出管理を突然日本が強制されるという状況も好ましくない。価値観を共有する同志国間での協調が重要となる。投資スクリーニングも同志国の協調により実効性が増す。さらには、技術研究、第三国インフラ投資、技術標準の設定等のルール形成でも、同志国が協調することで効果が高まり、効率も向上する。

● また、ある国の「戦略的不可欠性」は、他国にとっては「戦略的自律性」の欠如となる。この二つの概念は、コインの表裏の関係にある。全ての国が貿易黒字を計上できないのと同様、全ての国が「高い不可欠性」と「高い自律性」を持つことはできない。これは、一国のみで「不可欠性」と「自律性」を追求することは、容易ではないことを意味する。こうした中、同志国との協調により協働してアプローチすれば、より効果的に「不可欠性」と「自律性」を達成できる。例えば、日本は米国との関係では自律性も低いし不可欠性も高くないとしても、価値観を共有しない国との関係では、高い自律性と、高い不可欠性を目指すことは可能だ。こうした「協調」の重要性は、同盟国間でそれぞれが過剰に「自律性」を追求する場合に生ずる不都合を考えれば良く理解できる。例えば、米国が自律性の名の下に、日本から自動車を買わない、日本の半導体製造装置も買わない、炭素繊維も買わない、化学品も買わないという政策を採用すれば、それは日本とって（そして米国にとっても）極めて困難な状況を作り出す。従って、「不可欠性」と「自律性」は、同志国と協調しつつダイナミックに、かつ選択的に追求することが重要だ。

抑止 (Deterrence)：

● 中国は、2010年の日本へのレアアースの輸出制限や、最近の豪州からの牛肉・ワイン・石炭等の輸入制限など、これまで数多くの経済的威圧を使ってきた。これに効果的に対応するためには、まず、貿易・投資など、中国への過剰な依存を減

らす必要がある。しかし、依存低減のための政策はコストが高く、対中貿易や対中投資を「大幅に」減らすことは日本にとり痛みが大きい。こうした中、「抑止」の発想が重要となる。中国に対して「戦略的不可欠性」を持つ分野があれば、その活用で一定の抑止は可能だ。さらに、同志国で協調することにより、抑止の効果は大きくなる。協調した抑止のメカニズムは、①中国の行為を経済的威圧と認定し公に批判する（Name and Shame の評判機能）、②威圧を受けた国を経済的に支援する（保険機能）、③貿易・入国の制限や資産凍結等の制裁を課す（打撃機能）、といった措置を組み合わせた枠組みが考えられる。

●こうした枠組みは、その発動自体が目的ではなく、中国の経済的威圧を抑止することが目的だ。抑止が効果的であれば、中国との貿易・投資等の依存を大きく減らすというコストの高い政策の必要性も減る。逆説的だが、抑止メカニズムの整備は、それが機能すれば中国とのデカップリング政策の必要性を減じることから、中国のためにもなる。

▌創造的な経済安保を

　これまで、経済安保に関して、個別の施策を超えて共通して重要となる点を、「選択」「能力」「協調」「抑止」という4つの思想として検討してきた。この4つに通底するのは、技術・経済・国際環境が早いスピードで変化を続ける中で、ダイナミックなアプローチこそ重要という認識だ。経済安保は、しばしば、市場メカニズムに基づく自由な経済活動への介入という形を取る。「国防は富裕よりもはるかに重要である」（アダム・スミス『国富論』）ことを考えれば、安全保障の観点から経済へ介入すること（規制だけでなく課税や補助金等による介入も含む）は否定されるべきではない。しかし、過剰な経済安保には注意が必要であり、特に、経済安保の名の下に「保護主義」や「重商主義」が紛れ込むことには警戒が必要だ。経済安保は重要だが難しい政策領域だ。産官学で協力して知恵を出し、同志国とも協調し、ダイナミックで創造的な経済安保政策を展開していくことが今切実に求められている。

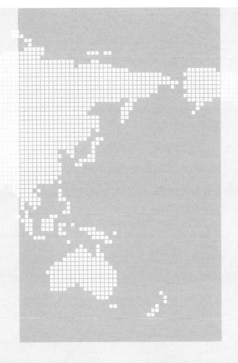

第4章

The Era of Geoeconomics

金融・通貨・インフラ

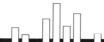

1 「ステークホルダー資本主義」は より良い世界を実現するか？

はじめに

　ミルトン・フリードマンは今から50年以上前の1970年9月13日、ニューヨークタイムズに、「企業の社会的責任は利益を増やすことだ」（The Social Responsibility Of Business Is to Increase Its Profits.）という論考を寄稿した[187]。この考えは当時も物議を醸したが、現在も大変に評判が悪い。フリードマンの間違った考えを修正し、株主至上主義の資本主義から脱却し、「ステークホルダー資本主義」、「公益資本主義」に転換すべきという議論が支配的である。しかし、本当にフリードマンは間違っていたのだろうか。「ステークホルダー資本主義」はよりよい世界を実現するのだろうか。

ステークホルダー資本主義

　フリードマンが主張した「株主価値の最大化」に対する批判は多いが、どういう点が批判されているのだろうか。**内閣府参与の原丈人氏**は、「株主資本主義」により「格差が広がり中産階級が大幅に減少」したとして、世界は「公益資本主義」に傾きつつあると主張する（日経ビジネス2020年10月5日号）[188]。日経ビジネス編集部は「ここ数十年、資本主義で重視されたのは、ノーベル賞経済学者ミルトン・フリードマンが説いた『企業の使命は株主のための利潤追求』という株主資本主義を支える考え方です。しかし、風向きは変わってきました。行き過ぎた株主第一主義は貧富の差を拡大し、世界を分断する懸念が強まっています。（中略）社員や社会への貢

187　Milton Freedman, "The Social Responsibility Of Business Is to Increase Its Profits", New York Times, September 13, 1970
　　　https://www.nytimes.com/1970/09/13/archives/a-friedman-doctrine-the-social-responsibility-of-business-is-to.html
188　原丈人「世界は『公益』に向かう」日経ビジネス　2020年10月5日
　　　https://www.nikkei.com/article/DGXMZO64463030R01C20A0000000/

献を重視する資本主義への転換の必要性が指摘されるようになってきました。」と解説する。

　経済学者の岩井克人教授は、2005 年の「会社は誰のものか」[189] において、深い哲学的思索の帰結として、会社という制度は二階建て構造であり、株主は会社を所有するが、資産は会社が所有する、会社は社会から独自の法人格を与えられており、利益追求という法的義務を超えた何かを追求するのは当然でそれが社会的責任である、と主張する。

　米国の経営者団体である**ビジネス・ラウンドテーブル**は、1997 年に公表していた株主重視の方針を転換し 2019 年 8 月に新たな「企業の目的」という声明を公表した[190]。同声明では、全てのステークホルダーの重要性を強調した上で、具体的には、顧客、従業員、サプライヤー、地域社会、長期的な株主価値、にコミットすると宣言し、181 人の企業経営者が署名した[191]。その後 2020 年 1 月に行われたダボス会議においてもステークホルダーを重視する資本主義がエンドースされた。

▌目標の変更か、単なる手段か

　ESG 投資という概念がある。この概念は「従来の財務情報だけではなく、環境、社会、ガバナンスの要素も考慮した投資」を指す、という点ではコンセンサスがある[192]。しかし、ESG 投資が金銭的リターンを最大化するための手段なのか、あるいは金銭的リターンとは別の環境や社会といった価値を目標とするものなのか、曖昧である。ESG 投資の重視を標榜する GPIF は、環境・社会・ガバナンスといった非財務情報は長期的な企業価値に影響する要素であると説明し、ESG 投資が「年金資金の長期安定的な収益のため」という目標と整合的であることを強調している[193]。そう

第4章　金融・通貨・インフラ

189　岩井克『会社は誰のものか』平凡社 2005 年
190　Business Round Table, "Statement on the Purpose of a Corporation" August, 2019
　　　プレスリリース　https://www.businessroundtable.org/business-roundtable-redefines-the-purpose-of-a-corporation-to-promote-an-economy-that-serves-all-americans
191　声明　https://opportunity.businessroundtable.org/ourcommitment/
192　経産省説明　https://www.meti.go.jp/policy/energy_environment/global_warming/esg_investment.html
193　GPIF 広報部門の説明　https://money-bu-jpx.com/news/article022887/

であれば、GPIF にとっての ESG 投資は、目標の変更ではなく、既存の金銭的目標を達成するための手段ということになる。

　ESG 投資と同様に、「ステークホルダー資本主義」に関しても、それがフリードマン的な「株主価値最大化」という目標そのものを変えるものなのか、それとも目標はそのまま維持して単に手段を変えるものなのか、論者によりニュアンスが異なる。原丈人氏は一面において新たな「公益資本主義」を主張しつつ、同時に「機関投資家も長期にわたって株主利益を最大化するには、社会全体に利益を還元する公益資本主義を進めなければならないことを理解し始めました」と述べ、手段としての側面を強調している。逆に、岩井克人教授は、会社は利益追求を超えた価値の追求が許されるとし、会社の目標は株主価値の最大化ではなく、会社は株主のものではない、と明確な立場を取る。ビジネス・ラウンドテーブルは、プレスリリースでは株主至上主義からの決別を強調しているが、声明本文はより抑制的で、識者の中にはこれは単なるレトリックの変更と評する人もいる。もっとも、声明においても、5つのステークホルダーの全てにコミットするとしつつ、株主もそのうちの一つに過ぎないという構成を取り、ステークホルダーの中での株主の至上性の相対化は明確であり、目標の変更を示唆している。

　ハーバード大学の Lucian Bebchuk は、手段の変更に留まる場合を "enlightened shareholder version" と呼び、これは本質的には株主至上主義と変わらないとする[194]。フリードマンはしばしば「儲かれば何をやってもよい」という過激で野蛮な主張を展開した人物と誤解されているが、50 年前の寄稿においても、あくまで「ゲームのルールを守った上での利益の増加」を強調している。ゲームのルールを守り、顧客に良質な商品を適正価格で販売し、従業員に適切な労働環境の下で適正な賃金を払い、サプライヤーを大切に扱い、地域社会と良好な関係を築き、環境基準を含めて法律・規制を遵守しなければ、株主価値を最大化できない。フリードマンは、地域社会への寄付に関して、それを行うことで、より良い従業員が採用できて欠勤が減り会社のプラスになるのであれば問題ないとも明記している。最終目的としての株主利益を維持しつつ、手段としての多様なステークホルダーへのコミットには何ら反対していない。

194　Lucian Bebchuk and Roberto Tallarita, *The Illusory Promise of Stakeholder Governance*, (Harvard Law School 2020)
https://corpgov.law.harvard.edu/2020/03/02/the-illusory-promise-of-stakeholder-governance/

以上に鑑みれば、フリードマンを、"enlightened shareholder version" のステークホルダー資本主義者とみなすことさえ可能であろう。フリードマンが嫌うのは、株主利益と切り離された形で経営者が恣意的に「社会的貢献」を行うことで、経営者が「他人のお金」で自由に「自分が思う良いこと」を行う状況である。

「ステークホルダー資本主義」の何が問題か

　以上のとおり、フリードマンは（株主価値最大化からはずれた）「ステークホルダー資本主義」を批判する。これを現代の状況に引き直し、日本の状況も踏まえれば、「ステークホルダー資本主義」の4つの問題点を指摘することが可能であろう。

①**具体的な行動指針とならない**：ステークホルダーの一つである顧客へのコミットを考えた場合に、同じ商品を今後（2割引きして）8割の価格で売れば顧客は喜ぶだろう。しかしなぜ半額でなく8割なのか。「ステークホルダー資本主義」はその解答を与えない。また、顧客への低価格での販売には内部リソースが必要だが、それは、サプライヤーからより高い仕入れ価格で購入することもできたリソースである。あるいは従業員により高い賃金を払うことができたリソースである。あるいは地域社会により多額の寄付をすることも可能だったリソースである。「ステークホルダー資本主義」は、複数存在するステークホルダー間のトレードオフを解決する具体的指針も与えない。

②**経営者の説明責任が不明確となる**：会社は株主のもので、株主価値最大化が経営者の目的という「株主資本主義」の枠組みにおいては、目的が明確であり、「本人・代理人」（principal agent）問題[195] は軽減し、経営者（代理人）は株主（本人）の利益のために比較的高い「説明責任」を保持しつつ行動する。これが、ビジネス・ラウンドテーブルが言うように、顧客、従業員、サプライヤー、地域社会、株主という全てのステークホルダーの利益のために行動するとなると、「説明責任」

---

[195] 「本人・代理人」問題とは、企業が大きくなり、株主が自ら経営を行うのではなく、経営者を雇って経営を任せるという「所有と経営の分離」が一般的になった近代において、経営者（代理人）が株主（本人）の利益の最大化を図らずに、経営者自らの個人的利益等のために行動を行う問題を指す。こうした状況を回避するために、経営者の行動を株主の利益に合致するようにどのように規律していくか、コーポレート・ガバナンスの在り方を含めて検討が行われてきた。

の圧力は弱まり、経営者が自らの利益のために行動するなどモラルハザードの問題が深刻となる。その結果、企業のパフォーマンスは悪化し、株主の利益が棄損するだけではなく、従業員やサプライヤーのメリットも低下する可能性がある。

③**日本の場合に企業パフォーマンスの更なる低下**：日本企業は、戦後、終身雇用制下の<u>従業員</u>と間接金融を主とする金融市場の中で<u>銀行</u>が企業ガバナンスで中心的役割を果たした。従業員も銀行も、（株主と異なり）企業が大きな利益を上げても利得の上限は決まっており、逆に企業が倒産した場合には利得は額面を割る[196]。こうしたガバナンス構造では、リスクを取った研究開発、製品開発や新規投資に踏み出す誘因は乏しくなる。スチュワードシップ・コード導入を含めた日本におけるコーポレート・ガバナンスの改善は、株主によるガバナンスを利かせることによる収益力向上（攻めの経営）も意識したものであった[197]。それがいまだに不十分な日本において、「株主資本主義」から「ステークホルダー資本主義」というベクトルが強まれば、これまでの改革に逆行し、自己資本利益率（ROE）を含めて日本企業のパフォーマンスの更なる悪化に繋がり、「リスクを取らない守りの経営」という風土が温存・強化される恐れがある。

④**政府に改革しない言い訳を与える**：大気汚染や水質汚濁といった公害問題は、当然政府において必要な規制や政策措置が取られるべきであろう。従業員の教育・訓練に関しては、一定程度は株主価値向上にもつながるので企業の負担で行われるが、それを超えた教育・訓練については税額控除や補助金といった政府の支援により内部化する必要がある。また基礎教育などは当然政府として支援すべきだろう。温暖化ガス排出に関しても、「ステークホルダー資本主義」の概念で各企業の「良心」に対応を委ねるのではなく、炭素税の導入等の明確な政策を導入す

196　オプションのペイオフ・ダイアグラムで考えれば、債権者や従業員はプット・オプション（株式を事前に決められた価格で売る権利）の売りポジションで、株主はコールオプション（株式を事前に決められた価格で買う権利）の買いポジションとなる。ボラティリティの上昇はオプション（の買いポジション）の価値を高める。債権者（銀行）や従業員が冒険を避けリスク回避的に振る舞うことは、オプション理論からも合理的行動である。

197　日本においても昔に比べれば、メインバンク制や終身雇用制は緩みを見せ、新卒・就職者も就職後2〜5年程度で転職するケースも増加はしている。しかし、他国と比較すれば、いまだに、終身雇用・年功序列賃金的な傾向を持つ企業は多く、また、銀行ガバナンスは強い。こうした制度が簡単に変わらない状況につき、故青木昌彦教授は比較制度分析の立場から、制度に経路依存性があること、複数の制度が相互に補強しあうこと（制度的補完性）などを挙げて説明している。

ることで、負の外部性の内部化を図るべきであろう。政府の措置は立法を伴うなど時間がかかることが多く、また、規制や課税といった措置は政府・与党の希少な政治資本（political capital）を費消するので、できれば避けたい。そうした背景から、政府の措置の代わりに「社会的責任」の名の下に企業に対応を委ねたがる傾向がある。この点は、まさにフリードマンが50年前に「ステークホルダー資本主義」を厳しく批判した理由の一つである。

また、大企業が巨大な市場支配力を有し、顧客やサプライヤーを不当に不利な立場に置く場合には、国は独占禁止法を強力に運用し、市場メカニズムの回復を図るべきであろう。さらに、格差拡大への対応についても「株主価値最大化」を非難することで企業に責任を負わせるのではなく、教育支援の拡充や、課税と給付により所得再分配機能を強化することで対応すべきだろう。特に低所得者には減税は効きにくいので、マイナンバーを使った給付付税額控除（あるいは負の所得税）の導入等による所得再分配機能の強化・効率化を進め、また教育支出の拡充など、国としての対応を強化すべきであろう。

長期と短期

フリードマンへの批判として、「株主価値最大化」を志向すれば、経営者が短期的な利益を過度に重視し長期的な投資を行わなくなるとの批判がある。しかし、株主価値は、将来キャッシュフローの割引現在価値（から負債を引いたもの）であり、本来的には（割り引きつつも）長期の概念である。もちろん実際には当期利益をかさ上げするために不適切（不正）な会計処理を行うことはあり、エンロン、ワールドコムなど、市場が騙された事例には事欠かない。けれども、これは「株主価値最大化」自体の問題ではなく、会計処理や開示の適切性をいかに担保するかという問題である。企業の目的を「株主価値最大化」ではなく、「従業員の幸福」や「地球環境への貢献」に変えたとしても、不適切（不正）な情報開示は生じ得る（例えばグリーンウォッシュの問題など）。もっとも、経営者に短期志向となる誘因を与えないように、グレン・ハバートが提案するように、経営者への報酬を退職して2年後に売却可能な株式で供与する（あるいは退職して2年後に行使可能なストックオプションで供与する）といっ

た報酬改革を検討することは意味のあることであろう[198]。

終わりに

　以上、「ステークホルダー資本主義」を批判的に眺めてきた。フリードマンの一番の批判は、説明責任から解放されて、経営者が他人のお金で自由気儘に「良いこと」をする点にある。従って、個人事業者（proprietorship）の場合に、当該事業者が100%自ら拠出する自分のお金を、自由に「良いこと」に使うことは何ら問題ないとする。また、（フリードマンは明記していないが）この点を敷衍すれば、株主の過半が（金銭的な）株主価値最大化以外の目的に合意すれば（例えば、地域に木を植える、学校や病院に寄付をする、儲かる石炭火力発電ビジネスを止める、従業員の給与や研修を企業利益の観点で正当化できないレベルまで大幅に増やす等）、その実行は何ら問題ないことになる。従って、経営者の判断ではなく株主全体の合意により、社会面を含めて企業行動が変容することはフリードマンも許容するところであろう[199]。

198　R. Glenn Hubbard, "For whom should corporations be run?" AEI, September 4, 2020
　　　https://www.aei.org/economics/for-whom-should-corporations-be-run/?mkt_tok=eyJpIjoiTkRjNE5
　　　qTmhZVEkyTWpVNCIsInQiOiI0NkFYU2paRTFKbmJHK0dYcFwvd2J5SDBIYWtaN3ZVNHZ5U2Z3d3hFTm
　　　wwZ2NxVnpaVkxOM0I3MHIwaG4reXY5UVpYS2VFSlRwQVNyY3BBGRm9mREZCZDBPNIJzckw0ZzFnSH
　　　huRTNaZGZ6Y05Md1FNUGJpd2JVXC9URUFtNk56cEdaIn0%3D

199　岩井克人教授の「会社二階建て構造論」を基礎とした思考には大変な深みがある。ただ、会社法の枠組みの中で、会社が独立した法人格を持つがゆえに、株主から自由な価値の追求が認められるという点のみを強調するのは、事柄の一面のみをとらえる形となる恐れがある。近代的会社は、株主が多数存在し、株主が様々な意見を持つ。こうした中、株主全員を企業活動に際しての契約主体とはできないので、会社に法人格を与えて契約主体として認めることが効率性の観点で不可欠である（もちろん株式会社などには「有限責任性」など他のメリットもある）。その上で、株主全員の意見は一致しないものの、多数の株主の意向に従って会社が運営されることが大切であり、株主のエージェント（代理人）としての経営者は重要である。その意味では「株主からの自由」を与えるために「二階建て構造」になっているというよりも、多数で多様な株主の意向を反映させるトランスミッション・メカニズムとして「二階建て構造」が求められたという側面も強いのではなかろうか。仮に、過半の株主により会社の目的を金銭的利益の最大化以外に置くという合意がなされた場合にも、そうした合意を的確に遂行する経営者が必要であり、株主の意向から完全に自由な経営者による独善的社会貢献はやはり困るのである。そうした経営者独善的社会貢献は、株主が求める社会貢献とは異なる社会貢献となってしまう。すなわち、今後の会社の進化を見据え、利益最大化を超えた会社の目標があり得ると想定する場合にも（あるいはそういう複雑な状況を想定する場合にこそ）、株主の集合的な意思を忠実に実行するエージェント（代理人）としての経営者が重要となる。50年前のフリードマンの寄稿は、こうした論点も射程に捕らえている。（なお、利益の最大化を目的としない会社は、そもそも会社ではなく財団ではないか、という点は、定義・用語法の問題であり、ここでは捨象する。）

　しかし、気候変動問題への対応については、炭素税導入等の「民主主義プロセス」による国の政策として実施する方が、「企業ガバナンス」による個別企業の「良心」に基づく判断で実施する気候変動対策よりも、安定性、明確性、企業間の公平性の観点で望ましいと思われる[200]。コロナの影響で財政余力がますますなくなる中、支出主導で低炭素化へ政策誘導することには限界がある。ESG投資をバブルやブームで終わらせないためにも、炭素排出といった外部不経済を炭素税（ピグー税）等の措置で政策的に内部化することが求められている。「ステークホルダー資本主義」には様々な問題があるが、それが「民主主義プロセス」を回避する「いい訳」として使われることは最悪であり、我々は目を凝らして状況を注視していく必要があろう。

---

[200] 個別企業が株主の合意を得て、気候変動に対応することを否定しているのではない。むしろ、ここで批判しているのは、個別企業がそうした「立派な」行動を取る可能性があることを言い訳にして、国レベルでのカーボン・プライシング導入等の外部性を内部化するための政策策定を「さぼる」ことである。

2 「オマハの賢人」と 総合商社

はじめに

2020 年 8 月 31 日、ウォーレン・バフェットが率いるバークシャー・ハサウェイは日本の総合商社商社の上位 5 社の株式を 5%保有したことを発表した[201]。5 社とは、伊藤忠商事、住友商事、丸紅、三井物産、三菱商事。60 億ドル程度の投資と言われている。この投資の理由・狙いを検討しつつ、米国株式市場の現状についても考えてみたい。

バークシャー・ハサウェイ

1888 年に設立されて綿紡績事業を行っていたハサウェイ製造会社が、1950 年代に綿織物事業を行うバークシャー・ファイン・スピニング・アソシエイティーズと合併し「バークシャー・ハサウェイ」が誕生した。ウォーレン・バフェットは 1962 年にバークシャー・ハサウェイの株価が割安と考えて、同株の購入を開始、同社の支配権を握る。その後事業内容を修正し、綿関係を縮小、投資事業を拡大し投資が中心的ビジネスとなる[202]。1970 年代には損害保険会社である GEICO を買収。GEICO の保険料収入を投資に回すというビジネスモデルを確立。現在は米国で最大規模の機関投資家[203]。同時に、子会社を通して、鉄道、電力などインフラ分野や資源分野の事業も行っている。

バークシャー・ハサウェイの本社はネブラスカ州オマハにある。ウォーレン・バフェットは、卓越した投資の実績と深い洞察から、「オマハの賢人」と呼ばれる。ウォーレン・

---

[201] 2020 年 8 月 31 日バークシャー・ハサウェイ社プレスリリース https://www.berkshirehathaway.com/news/aug3020.pdf
[202] 現在は綿紡績、綿織物は行っていない。
[203] https://www.berkshirehathaway.com/

バフェットの投資手法は、一般に、「長期のバリュー投資」と言われる。いわゆるテクニカルトレーダー（チャート屋）ではなく、本源的な企業価値を分析して株価が割安な場合に購入。短期売買による鞘取りではなく、長期保有を基本とする。また、自分の理解できない企業には投資しないことを原則としており、テック株への投資は限定的である。

日本の商社株購入の狙い

商社株購入に関する2020年8月31日のバークシャー・ハサウェイの発表文では、①長期保有を意図していること、②株価次第では9.9%まで買い増すこと[204]、③5商社は世界に多くの合弁事業を有しており将来相互の共通の利益の可能性があること、に言及している。この発表文も参考にしつつ、想像力も働かせ、ウォーレン・バフェットの商社株購入の理由を考える。

日本の商社と相性が合う：バークシャー・ハサウェイは、インフラや資源分野での子会社も保有。こうした分野の知見を有しており、商社の事業価値の評価に比較優位があると共に、商社の事業との協調や相乗効果が期待できる。また、資源分野は気候変動問題への懸念から市場の評価が厳しくなっているが、こうした市場の評価を行き過ぎと考えている可能性がある。例えば2020年7月には、Dominion Energy の天然ガス輸送・貯蔵事業を1兆円以上（97億ドル）で購入することを発表した。市場の逆張りで安くなった化石燃料資産を増やしている。総合商社5社への投資は、間接的な資源投資としての意味もあろう。

商社株が割安：商社大手5社の株価純資産比率（PBR）は、伊藤忠商事で1.5倍程度。それ以外は軒並み1倍を下回る。すなわち、株価が一株当たり純資産よりも低く、理論的には会社を清算して借金を銀行等に返済して残余財産を株主に返還した方が、株価よりも高い金額を得られる。株価収益率（PER）も三菱商事が21倍、三井物産が13倍だが、伊藤忠商事が12倍、住友商事が11倍、丸紅は7倍と、総じて低い数字に留まっている[205]。こうした中、ウォーレン・バフェットが商社株を割安

---

204 さらに10%以上を保有する場合には投資先の商社の取締役会の同意を前提にするとし、敵対的買収をしないことを発表文で明言している。
205 2021年10月の株価に基づく。

と考えた可能性がある[206]。

為替：バークシャー・ハサウェイは円建で6255億円の債券を発行しており、これら債券は今後2023年から2060年にかけて順次償還を迎える。円建債務に対応する円建資産を保有することは為替リスク低減の効果がある。また、2020年央の時点でバフェットが長期的なドル安傾向を予想していた可能性もある。実際にFRBは2020年8月のFOMCでインフレ目標の2%に「平均」の概念を導入[207]するなど、金融緩和を強化する姿勢を示していた。結果としてドル安が生じれば、それは円資産からのリターンをドルに換算した際のリターンを向上させるところ、こうした為替動向を意識している可能性もある。ただし、これらの為替要因は副次的な要素であろう。

割高な米国株：ウォーレン・バフェットは基本的にはアメリカという国を信じている。2020年5月2日の株主総会においても、冒頭一時間ほど過去を振り返りながら投資哲学を披露したが、「決してアメリカの負けに賭けるな」（Never bet against America）と強調していた。さらに、2004年から2006年にかけてバークシャー・ハサウェイは、米国株式のプット・オプションを50契約ほど売っている[208]。プット・オプションは株価が下落した時に事前に決めた行使価格で株を売ることができる権利である。そうした権利（オプション）を売るということは、株価が下落したときに市場価格よりも高い行使価格で株を買い取る義務を負う。つまり、米国株のプットを売るというのは、米国の株式が上昇する（あるいは大幅に下落しない）という確信があって始めてできる行為だ。期間が15〜20年のヨーロピアン型[209]で、契約の最終は2023年。これまでのところ問題ない（So far, so good.）と説明していた。

このように、米国の成長を信じるバフェットだが、最近の財務諸表では、株式をネッ

206　PERは株価を当期純利益で割るため、純利益の変動によりPERの数字も大きく振れる。伊藤忠商事は当期純利益が高かったために、（PBRは高いものの）PERは三菱商事や住友商事よりも低かったと考えられる。分母を当期純利益ではなく、より長期間の平均を用いた分析は後で触れる。

207　インフレ率2%未満の状況が続けば、その後一定期間は2%を超えるインフレ率を許容するというのが「平均」の考え。期間を決めて厳密に平均値2%を達成するという形ではないが、2%を超えてもすぐに引き締めに転じないという姿勢を明示することで金融緩和を強化している。日本銀行が2016年に導入したオーバーシュート型コミットと同じ思想である。

208　2020年5月2日の株主総会におけるウォーレン・バフェットの説明による。

209　ヨーロピアン型は行使日が特定日に限定されるオプション。逆にアメリカン型は、契約期限内にいつでも行使できるかわりにオプション料も高い。2008年の金融危機で株価は下落しており、アメリカン型を売っていれば、オプションが行使されバークシャー・ハサウェイは大きな損失を被っていた可能性がある。

トで売却[210]しており、キャッシュが増加。コロナ禍で資金繰が苦しい会社は投資妙味があるのではとの質問にも、FRB の積極的な資金供給で、そうした企業でもキャッシュを持っていると回答。米国内のバリュー投資先を見つけるのに苦労している印象を与えた。

　マクロで見ても、米国の GDP 比の上場株式時価総額（いわゆるバフェット指標）[211] を見た場合、現在は歴史的に極めて高く200％を超える水準になっており[212]、バブルを懸念する声もある。株価収益率（PER）も高い水準だ。ただ、PER は各年の当期純利益の増減により大きく変動するので、これを過去 10 年の平均利益に置き換えた CAPE レシオ[213] で見ても、米国は 38 倍前後と高水準だ[214]。これよりも高かったのは 2000 年のドットコム・バブル時で、同バブルはその後崩壊した。ちなみに日本の CAPE レシオは現在 23 倍程度である[215]。

総括

　ウォーレン・バフェットの総合商社株の購入の理由につき、4つの要因を検討した。どれか一つということではなく、これら複数の要因が重なって購入を判断した可能性が高い。さらに、例えば近時話題になっているサプライチェーン再構築における商社の経験・能力なども理由としてあるかも知れない[216]。また、我々が気づかない要素を考慮している可能性も当然ある。

　4 番目の理由として書いた「割高な米国株」という要因は、今回のバフェットによ

210　米国の大手エアライン 4 社に投資したが、航空業界は今後長期的に困難な状況が続くと考えを変え、4 月に 70 億ドル以上で持分を全て売却したことも影響している。このエアラインへの投資については自分の判断ミスと率直に認めている。自分のミスを率直に認める姿勢、また、わからないことを分からないと正直に答える姿勢も、「オマハの賢人」と言われる所以であろう。

211　株式時価総額を GDP で割った数値は「バフェット指標」呼ばれている。100％を超えると株価全体が割高と説明されることが多い。ただ、国により差異があり、また同じ国であっても時代とともに優良な企業が増加し企業価値が増加すればこの指標は上昇するので、当該国の株式がバブルか否かを「バフェット指標」のみで一律に判断することはできないだろう。

212　2021 年 11 月中旬の執筆時点

213　CAPE レシオは、2013 年のノーベル経済学賞受賞者であるロバート・シラー教授が考案した指標でありシラー PER とも呼ばれる。

214　S&P500 に基づく。2021 年 11 月中旬

215　日経平均に基づく。2021 年 11 月中旬

216　ただ、その場合中国向け投資が多い伊藤忠商事も他と一律に 5％投資していることは説明しにくい。

る商社株購入を離れても、それ自身大きなインプリケーションのある重要な論点である。これまで、米国株全体が上昇してきたが、特にテック関係企業の上場が多いナスダックは大きく上昇した。ナスダック総合指数は、2016年1月は5000に満たなかったが、2020年2月14日には9731に達した。その後、新型コロナの影響で下落し2020年3月27日に7502まで下がるが、これを底に反転。2021年11月時点でなんと、1万5000を超えている。新型コロナで生まれた「ニューノーマル」の世界で、バーチャル会議、遠隔医療、遠隔授業などIT技術が今まで以上に重要になるというストーリーと、FRBの大胆な金融緩和という実弾で、新型コロナによる株価下落を取り戻し、事前のピークを越えてナスダックは大きく上昇した。しかし、高水準となった株価が、今後、大きな調整を迎える可能性は相当程度ある。

　1996年に株式市場の急速な上昇を前にアラン・グリーンスパンFRB議長はこれを「根拠なき熱狂」（Irrational Exuberance）と評した[217]。しかし、その後、ニュー・エコノミー論が強くなる中で、グリーンスパン議長は、断定は避けつつも、新たな情報通信技術の発達により経済の生産性が大幅に上昇し株価はそれを反映している可能性もある、というスタンスを取った[218]。その後バブルは崩壊、グリーンスパン議長は2002年に「バブルは崩壊して始めてバブルと分かる」との名言を残した。

　ウォーレン・バフェットは、2020年5月2日の株主総会で、株主からバークシャー・ハサウェイの最近の投資リターンはS&P500を下回っているとの批判を受けた[219]。「分からないものには投資しない」をモットーにテック株に慎重なバフェットは、バスに乗り遅れた90歳過ぎの老人なのか、あるいは「オマハの賢人」なのか。それが分かるには、もう少し時間がかかるだろう。「決してアメリカの負けに賭けるな」（Never bet against America.）と強調したバフェットだが、その直後にこうも付け加えている。「ただし、どのようにアメリカに賭けるかについては注意が必要だ」（But you have to be careful how to bet.）[220]。グリーンスパンが言う通り、バブルは崩壊して始めて分かるものであろうが、3年後、いや1年後に「あの時やはりバブルだった」と振り返ること

217　http://www.esri.go.jp/jp/prj/sbubble/history/history_02/analysis_02_04_07.pdf
218　https://www.jsie.jp/Annual_Meeting/2003f_Kyoto_University/pdf/idas.pdf
219　バークシャー・ハサウェイをバフェットが支配して以降の長期でみれば、同社のリターンはS&P500を含むあらゆる指標を上回っている。
220　2020年5月2日株主総会での説明より。

となっても全く驚きはない。

第4章　金融・通貨・インフラ

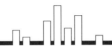

3 「今までにない移動体験」 （中国企業の米国IPO）

相思相愛

滴滴出行（ディディ）が2021年6月末にニューヨーク証券取引所に上場したが、その後、中国当局の調査が入り、同社の株価は急落した。しかし、問題は滴滴出行のみではない。

中国企業にとり米国金融市場への上場は魅力がある。中国国内での上場に比べて米国は上場に必要な条件が柔軟であり、また、比較的高いバリュエーションが得られることなどが理由として挙げられる[221]。

米国の投資銀行にとっても、中国企業の米国市場でのIPOは魅力的なビジネスだ。2021年前半だけで34の中国企業がニューヨークでIPOを実施、124億ドルを調達した。IPOの手数料収入は4.6億ドルに及ぶ。

中国企業の米国上場への批判

中国企業の米国上場に関しては批判の声もあった。一つは、上場する中国企業の監査が不十分との指摘だ。中国企業の監査は4大監査法人の中国現法を含めて中国の監査法人が実施する。米国公開会社会計監督委員会（PCAOB）は、米国上場企業を監査した法人に検査を行う権利を持つが、中国の監査法人は中国国内法を盾にこれを拒否し、米当局はそれを受け入れてきた。この例外措置に批判はあり、ウォールストリート・ジャーナルは2015年2月に「中国に腰砕けのSEC」（The SEC Caves on China）という記事を書き痛烈に批判している[222]。しかし、その後も

---

221 もっとも、近時は香港でのバリュエーションもニューヨークに引けを取らないとの見方もある。
222 "The SEC Caves on China", Wall Street Journal, February 26, 2015 https://www.wsj.com/articles/the-sec-caves-on-china-1424967173

中国企業の米国上場を重要なビジネス機会と捉える金融界に押され、この例外は継続してきた。

　しかし、2020 年年初にナスダックに上場していた中国企業ラッキン・コーヒーの不正会計問題が明らかとなる。これに、深まる米中対立も後押しし、2020 年 12 月 18 日に「外国企業説明責任法」が成立。米国で上場する企業は、外国政府の支配下にないことを証明すると共に、米国公開会社会計監督委員会（PCAOB）が 3 年間検査をできなければ、その企業の証券の取引を禁ずることが決まった。3 年は長すぎるとの批判もあるが、10 年以上、認識されながらも解決できなかった問題に終止符を打ったのは大きな変化だ。

　また、トランプ大統領は、2020 年 11 月 12 日には、人民解放軍と関係の深い中国企業への投資を禁ずる大統領令に署名、その後、バイデン政権もその立場を引き継いだ。対象企業には、華為技術のほか、中国移動（チャイナ・モバイル）、中国電信（チャイナ・テレコム）、中国聯通（チャイナ・ユニコム）などの大企業が含まれる。

　このように、中国企業も米国に上場するなら米国のルールに従うべきである、また、中国人民解放軍の増強など米国の国家安全保障を害する資金提供を米国金融市場が助けるべきでない、という考え方が米国の制度として具体化してきている。

中国当局の警戒

　しかし、興味深いことに、中国当局も中国企業の米国上場に神経質となっている。配車アプリの滴滴出行は、2021 年 6 月 30 日にニューヨーク証券取引所に上場。その 2 日後に中国インターネット情報弁公室（CAC）は、滴滴出行の調査を行うことを発表し、7 月 4 日には顧客情報等の管理に不備があることを理由に、アプリストアから滴滴出行のアプリを削除するよう命じた。これを受け株価は大きく下落、損失を被った投資家は滴滴出行のリスク情報開示が不十分であったとして米国で訴訟を提起した。

　また、中国当局はトラック配車アプリの満帮集団（フルトラック・アライアンス）など滴滴出行以外も調査対象とした。さらに 2021 年 7 月 30 日、共産党中央政治局会議で、米国等へのデータ流出を防ぐために企業の海外上場の監督制度を整備することが打ち出された。

滴滴出行は、米国上場に関して中国当局の完全な承認を得ていなかったが、十分に対処できると自信を持っていたようだ。これまでも、中国国内での配車サービスにおける運転手の不適切な登録など中国当局との間で様々な問題が生じたが、滴滴出行の当局対応チームは大変強力で、米国上場の問題もうまく解決できると高を括っていたと言われる。加えて、（後述する）特異なスキームを使う米国上場が形式的に中国当局の承認が必要な事項か否か不明確な部分もあったのであろう。しかし、米中対立も背景に、多くの利用者の情報、さらには中国国内の位置情報も扱う滴滴出行の米国上場に関して、中国当局は滴滴出行の想像以上に厳しいスタンスで臨んだ。

特異なスキーム：VIE

中国企業が米国に上場する際には、変動持分事業体（VIE）という特異なスキームを使うことが多い。これは、ケイマン諸島などタックスヘイブンにペーパー・カンパニー（shell company）を作り、この持ち株会社の証券（ADR 米国預託証券など）を米国に上場するものだ。ペーパー・カンパニーは中国事業会社の株式は持たず、契約関係により中国事業会社を支配・管理することで、会計上の損益を取り込む（consolidation）。これにより中国の外為規制等を回避できる。中国当局は、こうしたVIE の利用を問題視しており、7月30日の「海外上場の監督制度の整備」は、VIE 制度の在り方もスコープに含んでいる模様だ。中国企業による米国上場の多くでVIE が使われており、中国当局により VIE が否定された場合には、その影響は甚大だ。

ゲンスラー委員長の警告

米国当局も、このような中国企業の米国上場に伴う制度的リスクを強く警戒、7月30日に SEC ゲンスラー委員長は声明を出し、米国市場に上場する企業に、経営に中国当局が介入するリスクの開示を義務付けることを公表した[223]。また、滴滴出行の

223　2021 年 7 月 30 日 SEC ゲンスラー委員長のレター　https://www.sec.gov/news/public-statement/gensler-2021-07-30

ケースを意識し、中国当局から海外上場に関して承認を得たことを明確にすることも求めている。

加えて、中国企業の米国上場に関しては VIE の制度リスクが存在するが、一般の投資家はそれを十分に認識していないとし[224]、この点に関して十分な情報開示が必要であると警鐘を鳴らした。

さらに、2020 年 12 月に成立した「外国企業説明責任法」にもわざわざ言及し、米国公開会社会計監督委員会（PCAOB）が発行体の会計監査を行った監査法人を 3 年間検査できなければ、上場廃止になるリスクがあると念押しして、米国投資家に注意喚起を行った。

▌ 総括

「相思相愛」だった「中国企業」と「ウォール街」だが、状況は変わりつつある。中国企業は様々な問題があっても中国当局を説得でき、VIE のような特異なスキームも続けることができる思っていた。米国投資銀行も、中国企業の監査人へのアクセス不能という米国ルールに合致しない状況も、その強い政治力で米国当局に飲ませてきた。今、双方でこの前提が崩れつつある。

ゲーリー・ゲンスラー SEC 委員長は、バイデン政権では珍しいゴールドマン・サックス出身者だが、オバマ政権時代に、米商品先物取引委員会（CFTC）の委員長としてウォール街への厳しい姿勢で注目された人物だ。かつての「中国に腰砕けの SEC」（The SEC Caves on China）から状況は変わりつつある。

VIE については、2014 年のアリババ集団のニューヨーク上場が最初と言われるが、これにはソフトバンク・グループが絡んでいる。滴滴出行についても同様だ。中国株の軟化傾向を含めて、こうした状況は日本にも影響する。

米中の金融での結びつきは、中国企業の米国上場だけではなく、中国本土・香港での米国金融機関の活動、米国から中国への資金フロー、逆に、米国債購入を含めた中国から米国への資金フローなど多面的であり、今回の一事を持って、「米

---

[224] "I worry that average investors may not realize that they hold stock in a shell company rather than a China-based operating company"

中金融デカップリング到来」と断定するのは拙速だ。しかし、貿易赤字から始まった米中の対立が、技術、価値に加えて金融という側面でも色濃くなっている状況は認識しておく必要があろう。

　滴滴出行は、自らのサービスの快適さを「今までにない移動体験を」というキャッチコピーで宣伝していた。今、米国投資家は間違いなく「今までにない移動体験」を味わっている。滴滴出行を含む中国企業も同様であろう。

4 「一帯一路」と インフラ金融

はじめに

　中国の「一帯一路」は、米国等から「債務外交」として厳しく批判されながらも、継続している。しかし、その狙い・要件・地理的範囲などは曖昧で分かりにくい点も多い。本稿では、まず中国の政策ペーパーに沿って一帯一路の内容を見た上で、習近平主席の「一帯一路」へのコミットを確認する。次いで、米国の批判内容を確認し、一帯一路の情報開示や特殊な契約条項を分析する。さらに、スリランカのハンバントータ港の事例を振り返って「一帯一路」が抱える問題を明らかにし、続いて、中国自身による「一帯一路」改善の動きを見る。最後に、「質の高いインフラ」に関する議論を確認し、「経済性、地政学、ガバナンス」につき検討した上で、「今後のインフラ金融」について考える。

一帯一路：2013 年の習近平演説

　一帯一路は、中国の習近平主席が 2013 年に打ち出したイニシアティブだ。2013年 9 月 7 日、習近平主席はカザフスタンのナザルバエフ大学で演説、「シルクロード経済ベルト」（The Silk Road Economic Belt）構想を発表した。陸の「帯」だ。同主席は次に、2013 年 10 月 3 日にインドネシア国会で演説、「21 世紀海上シルクロード」（The 21st-century Maritime Silk Road）構想を発表した。海の「路」だ。中国は、この二つを総称して「一帯一路」（One Belt, One Road）と呼んだが、その地理的範囲、対象プロジェクト、中国の狙いなどを明確に捉えることは難しい。中国の公表資料にプロジェクトリストや融資額などに関する明確な情報はない。

一帯一路：2015年の「ビジョンと行動」

　こうした中、2015年3月28日に中国政府が公表した「一帯一路のビジョンと行動」は、中国の考える「一帯一路」を理解するための参考となる。この文書は、正式名称は「シルクロード経済ベルトと21世紀海上シルクロードの共同建設推進のビジョンと行動」で、発展改革委員会、外交部、商務部が共同で作成、国務院の承認を得た文書だ。

　まず地理的範囲だが、重点が置かれているのはユーラシア大陸だ。「ビジョンと行動」では「『一帯一路』の共同建設は、アジア・欧州・アフリカ大陸と付近の海洋の相互連結を実現し、沿線各国の相互連結パートナーシップを構築・強化し、全方向・マルチレベル・統合型の相互連結ネットワークを打ち立てて、沿線各国の多元的・自主的・均衡的・持続可能な発展を実現するものである。」と解説する。また、陸と海に分けた説明もあり、「シルクロード経済ベルトは、▽中国から中央アジア、ロシアを経て欧州（バルト海）まで、▽中国から中央アジア、西アジアを経てペルシャ湾、地中海まで、▽中国から東南アジア、南アジア、インド洋まで──のルートを重点として発展させる。」「21世紀海上シルクロードは、▽中国沿岸港から南シナ海を経てインド洋、さらには欧州まで、▽中国沿岸港から南シナ海を経て南太平洋まで──のルートを重点方向とする。」という説明がある。

　同時に、「ビジョンと行動」は、別の箇所で、「『一帯一路』の関連国は、古代シルクロードの範囲に基づきながら、これに限定するものではなく、各国と国際・地域組織はいずれも参加でき、共同建設の成果をより広い地域に行き渡らせるものとする。」とも記載し、地域的な広がりを許容する姿勢も明確にしている。実際に参加国は大きく広がり現時点で100カ国以上に及び、地理的範囲はラテンアメリカを含めて全世界に及ぶ。

　基本的な「原則」に関しては、国連憲章を守ることを強調の上で、「領土・主権の相互尊重」「相互不可侵」「相互内政不干渉」「平和共存」「平等互恵」の『平和五原則』を遵守することを謳う。また、「各国の発展の道とモデルの選択を尊重」すると説明。さらに「相互利益とウィンウィン」が繰り返し強調されている。

　協力の重点としては、「政策疎通」「施設の連結」「貿易円滑化」「資金融通」「人々の相互理解」の5つが上げられている。「政策疎通」は地域協力を展開するにあたり政策協調を進め、政治的な相互信頼の中で共通認識に基づきプロジェクトを推進

することだ。「施設の連結」は、インフラの相互連結を行うことであり、そのために、インフラ建設計画はもちろん、技術標準のすり合わせなども視野に入れている。交通インフラ、石油・ガスパイプライン、国境を越えた送電網、光ケーブル網などへの言及がある。「貿易円滑化」は、投資と貿易の障壁をなくし、地域の自由貿易区の建設に向けた協力を進めると共に、税関協力、検疫や標準での協力、投資保護協定の推進、二重課税防止協定の協議、サービス業の相互開放、工業団地の協力など盛りだくさんだ。生物多様性や気候変動対応での協力を強化しグリーンシルクロードを共同建設することも謳われていてる。「資金融通」については、一帯一路の重要な支えとの認識を示した上で、自国通貨のスワップ、アジア債券市場の開放と発展の推進、アジアインフラ投資銀行（AIIB）や BRICS 銀行（現在の New Development Bank）の準備の推進などが記載されている。また、沿線国の政府や企業による中国本土での人民元債券発行の支援にも言及がある。「人々の相互理解」は、人材交流を促進し、毎年沿線国から1万人を中国に留学してもらうための政府奨学金枠を提供すること、観光協力の強化、伝染病の発生状況の情報交換、政党・議会の交流、シンクタンク間の共同研究などが謳われている。

　中国の各地方が一帯一路に積極的に協力し、それによってメリットを受けるという点も重要だ。「ビジョンと行動」は、中国の各地方が、周辺地域とどのような連結・協力が可能かを紹介している。その中でも、中国国内で発展の遅れた西部開発と効果的に結びつけるという視点が重視されている。この点は、北野の「一帯一路構想が具体化する過程で、2015年に国務院副首相が長を務める『一帯一路建設工作推進指導小組（グループ）』が国務院に設立された。中国の国内開発に強い権限を持つ国家発展改革委員会の西部開発司に事務局を置き、同委員会主任が事務局長を兼任し、中国国内の開発とも連動させながら、ツールとしての対外援助を含めて『一帯一路』構想を推進していく体制となっている。」という指摘と符合する[225]。

第4章　金融・通貨・インフラ

225　北野尚宏、「中国の対外援助の捉え方」、川島真、遠藤貢、高原明生、松田康博、編『中国の外交戦略と世界秩序—理念・政策・現地の視線』（昭和堂　2020）

習近平の、習近平による、習近平のための「一帯一路」

　「一帯一路」のビジョンは公式文書では以上のとおりだが、実際に、中国当局、習近平主席が「一帯一路」を打ち出し推進する狙いはどこにあるのだろうか。大きくは、①経済的メリット、②地政学的メリット、③威信、の3つが考えられる。

　まず、一つ目の「経済的メリット」だが、これは、「過剰生産力の活用と中国企業の海外展開支援」と言い換えることができる。過去、中国経済は高い成長を続けたが、これには、企業の投資に加えてインフラ投資などの国内の公的資本形成が重要な役割を果たした。2008年の米国発の世界金融危機に際しては、4兆元（60兆円弱）の景気対策を打ち、国内インフラ整備を含む投資を拡大することで景気悪化を防いだ。これは、世界経済の底割れを防ぐ役割も果たした。しかし、景気対策終了後には、もはや国内には十分なインフラ需要は存在せず、建設業者を含めた国内のインフラ関連事業者は、その過剰生産力を持て余した。そこで目を付けたのが海外のインフラ需要であり、一帯一路の資金を使って国内インフラ事業者の海外ビジネス機会を確保し、中国企業および中国経済へのメリットを確保するという狙いだ。加えて、生産年齢人口の減少が始まり賃金も上昇する中で、中国企業が生き残るためには、生産性の向上と並び、海外市場に展開していくことが企業戦略としても重要となった。中国の製造業等の海外展開を側面支援する狙いも一帯一路は包含しているだろう。

　二つ目は、「地政学的メリット」だ。これは、「対外的な影響力の強化」と言い換えることができる。2010年に日本を抜き世界2位の経済規模となった中国は、現在は1位米国の7割を超える経済規模となり、2030年までには米国を抜くという予想も出てきている。購買力平価では既に世界最大の経済大国だ。覇権は求めず、同盟国も作らないと表明する中国だが、この巨大な経済力も生かしながら、対外的な影響力を強化し、中国にとって好ましい国際環境を形成しようと考えることは自然なことである。それは、広い意味で中国に好意を抱く国を増やすということと共に、台湾、香港、新疆ウイグル、東シナ海、南シナ海など国際社会から批判を受けるテーマに関して中国の考えに理解示す国を増やすための手段としても意識されているであろう。

　三つ目は、「威信」だ。これは「習近平主席の求心力の強化」と言い換えることができる。「一帯一路」は地理的にも時間的にもあいまいであり、2013年より前から始まっているプロジェクトの多くを「一帯一路」プロジェクトとして取り込んでいる。また、「一帯一路」的な、金融力を用いて海外のインフラを支援し連結性を強化するという

動きは、2013 年より前にも存在した。しかし、現在の中国は、そうした曖昧で広範な「一帯一路」が習近平主席のアイデアで構想され推進されたものである点を強調し、「一帯一路」は「習近平主席の威信」と分かちがたく結びついた。2017 年には中国共産党の党規約に一帯一路の推進が盛り込まれた。「一帯一路」を改善するという議論は許容されるが、「一帯一路」の意義そのものを否定することは、習近平主席を批判することとなり、許されない。逆に、「一帯一路」の成功は「習近平主席」の威信を高めることとなる。国営企業など海外プロジェクトを推進したいプレイヤーは、自らのプロジェクトが「一帯一路」を具現化するものであることをアピールし、それにより融資その他様々な国家の支援を引き出すことを狙う。

　習近平主席が「一帯一路」のアイデアを思いつき、推進しているというナレーティブの中で、習近平を「漢の武帝」のイメージと重ねる動きが中国国内にある。漢の武帝は、紀元前 156 年に生まれた前漢の第 7 代皇帝で、中央集権を強化し、その治世に前漢は最盛期を迎える。武帝は、西域の宿敵である匈奴を挟み撃ちにして倒すために大月氏国に張騫（ちょうけん）を派遣。張騫は匈奴に捕らえられるなど苦労するが逃げ出して大月氏国に到達。前漢と協力して匈奴を倒すよう説いたが説得に失敗した。しかし、張騫が持ち帰った情報により西域の状況が良くわかり、後に匈奴を破るのに大きく役立った。このように、武帝がシルクロードを作った、そして、偉大な習近平主席が、武帝の後を継ぎ、一帯一路により新たなシルクロードを作り出すという広報が展開されているという[226][227]。2015 年 3 月の「一帯一路のビジョンと行動」においても、冒頭で「2000 年余り前、ユーラシア大陸の勤勉で勇敢な人々は、アジア・欧州・アフリカの各地の大文明を結ぶ貿易と人文交流の道を切り開いた。この道は後に、『シルクロード』と呼ばれるようになった。」というくだりがある。

　なお、漢の武帝の下で版図を大きく広げたが外征が続き国庫は空となり、また、治世の後半は各地で反乱や盗賊の横行がひどくなったが、武帝はこれを力で押さえつけようとした。また、武帝は、自分に直言するものを遠ざけ、周りを自分に従順な家臣で固めるようになった。歳をとった後の武帝は迷信的でか･つ感情的に不安定となり、自分を呪い殺そうとしたという疑いで多くの無実の者を処刑したという。絶対権力が長

226　Eyck Freymann, *One Belt, One Road*（Harvard University Press 2021）
227　もっとも、そもそもシルクロードは一本の道ではなく複数の道であり、また、武帝が張騫を西域に送る前からシルクロードは存在していたとの批判がある。Eyck Freymann 前掲書

期間続くことに伴う危険には、時代を超えて普遍的なものがあるのかもしれない[228]。

一帯一路と BRI

中国は、2015 年に、「一帯一路」の英訳を "One Belt, One Road" から "Belt and Road Initiative" に変更した。米国議会調査局は、この動きを、中国が中心にありハブ＆スポークのように世界をコントロールするというイメージを和らげるためと推測する[229]。Eyck Freymann は、そうであればこそ、英語では中国語に即して "One Belt, One Road" という用語を使うべきと指摘。中国において「一帯一路」と数字が強調されており、例えば、香港に関する「一国二制度」を "Country and System Initiative" と英訳すべきではないとの同様、"Belt and Road Initiative" という英語表現では中国語と意味合いが異なってしまうと主張する[230]。中国は国内では用語を変えることなく「一帯一路」を使い続けている。英語の表現のみを変更したという事実は、中国当局にとって、外に見せたい顔と中国国内に見せたい顔が異なっていること示しており、Freymann の指摘は本質を突いている。

米国の批判

中国の「一帯一路」構想に関して、オバマ政権は強い反応を示さなかったが、トランプ政権が誕生し米中対立が深まる中で、米国からの批判は強まっていく。2018 年 10 月にハドソン研究所でペンス副大統領が行った対中政策に関する演説は、その内容の厳しさで内外に衝撃を与えたが、その中で、中国の「債務外交」（debt diplomacy）を痛烈に批判した[231]。ペンス演説での「債務外交」批判は、①中国

228　英国の思想家、ジョン・アクトン卿は 1887 年 4 月 5 日の手紙で「権力は腐敗する。絶対権力は絶対に腐敗する。偉人はほとんど常に悪人である。」(Power tends to corrupt and absolute power corrupts absolutely. Great men are almost always bad men.) と記している。

229　Congressional Research Service, *China's "One Belt, One Road" Initiative: Economic Issues* (CRS 2021)
https://crsreports.congress.gov/product/pdf/IF/IF11735

230　Eyck Freymann, 前掲書

231　ペンス演説の関連個所抜粋 "China uses so-called "debt diplomacy" to expand its influence. Today, that country is offering hundreds of billions of dollars in infrastructure loans to governments from

は何千億ドルというインフラ金融を世界中に供与しているが条件が不透明である、②
利益は北京のみが享受し受入国にメリットがない、という点を指摘。さらに、スリランカ
のハンバントータ港の事例に触れ、商業的価値の怪しい港湾を中国企業に建設させ
るためにスリランカに債務を負わせ、スリランカが債務返済に窮すると、港湾を中国に
手渡すよう圧力をかけた、港湾はまもなく中国海軍の前線基地になるだろう、と批判し
ている。米国ではその後、「債務の罠」（debt trap）という言葉も頻繁に使われるよ
うになる。インフラ資産を手に入れるために、意図的に返済できない債務を負わせると
いうニュアンスだ。

不十分な情報開示・報告と特異な契約条項

中国の対外融資の情報開示が不十分であること、そしてそれが様々な問題を惹起
することは研究者からも指摘されている。2020年6月から世界銀行のチーフエコノミス
トを務めるCarmen Reinhartと、Sebastian Horn、Christoph Trebeschは、
2019年6月にドイツのKiel Institute for the World Economyからペーパーを発表。
「中国の対外融資」（China's Overseas Lending）と題されたこのペーパー[232]では、
中国の対外融資が情報開示や国際機関等への報告を十分に行っていないために、
中国の途上国向け融資の半分がカウントされていないこと、格付機関もこうした情報を
持たないために正しいソブリンリスクの分析に支障を来していること、情報開示や報告
が不十分であることが国際的な債務再編の協調にも障害となっていることなどが指摘

Asia to Africa to Europe to even Latin America. Yet the terms of those loans are opaque at best, and the benefits flow overwhelmingly to Beijing.
Just ask Sri Lanka, which took on massive debt to let Chinese state companies build a port with questionable commercial value. Two years ago, that country could no longer afford its payments – so Beijing pressured Sri Lanka to deliver the new port directly into Chinese hands. It may soon become a forward military base for China's growing blue-water navy." https://www.hudson.org/events/1610-vice-president-mike-pence-s-remarks-on-the-administration-s-policy-towards-china102018
232 Sebastian Horn, Carmen Reinhart, Christoph Trebesch *China's Overseas Lending* (Kiel Institute for World Economy 2019)
https://www.ifw-kiel.de/fileadmin/Dateiverwaltung/IfW-Publications/Christoph_Trebesch/KWP_2132.pdf

されている[233]。

　さらに、2021 年 3 月には、AIDDATA、Kiel Institute、Center for Global Development、Peterson Institute for International Economics という4つのシンクタンクが共同して「中国の融資のやり方」(How China Lends)というペーパーを発表[234]。中国は融資に関する情報公開が不十分であるとしつつ、中国の公的融資の契約 100 本を入手してその契約内容を分析している。(融資契約の 100 本の融資者は中国輸出入銀行と中国国家開発銀行。契約条項は案件毎に違いはあるものの、(i)中国輸出入銀行の譲許的融資（援助）、(ii)中国輸出入銀行の非譲許的融資（商業条件融資）、(iii)中国開発銀行の融資の 3 タイプの雛形がある模様。)これらを分析した結果、同ペーパーは以下の3つの問題点を指摘している。①中国の融資契約には特異な守秘義務条項が存在し融資条件はもとより融資の事実そのものも開示することを禁じている、②中国の融資者は「借入人が収入を融資者の管理する口座に入れる」ことを義務付けたり、集団的な債務再編に参加することを禁ずる条項（非パリクラブ条項）を課している、③「融資枠の取り消し」（＝コミット済だがまだ貸出が実行されていない余枠があったとしてもキャンセルされる）や「期限の利益の喪失」（＝契約で設定された返済期限にかかわらず借り手は即座に全額の返済を求められる)など、借入人の義務違反に対して融資者が発動できる権利（remedies)を債務者の外交方針に適用し影響を与えている。

　上記の②についてより詳細に見れば、「借入人が収入を融資者の管理する口座に入れる」ことを義務付けることは、いわゆるプロジェクトファイナンス（融資の返済を基本的に融資対象のプロジェクトが産みだすキャッシュフローと対象プロジェクトの価値に限定する融資方法。リミテッド・リコースとも言う）ではキャッシュフローを担保化する手段として一般的だが、今回、入手した 100 本の融資契約は国の信用力で返済するフル・リコース型であり、こうした条項は珍しい。(ただし、1995 年の米国によるメキシコ向け緊急融資が石油販売収入をニューヨーク連銀に入れさせたように、フル・リコー

233　Sebastian Horn, Carmen Reinhart, Christoph Trebesch、前掲書
234　Anna Gelpern, Sebastian Horn, Scott Morris, Brad Parks, Christoph Trebesch, *How China Lends* (Center for Global Development 2021)
　　　https://www.cgdev.org/sites/default/files/how-china-lends-rare-look-100-debt-contracts-foreign-governments.pdf

ス型であっても担保確保の例外がない訳ではない。ただ、フル・リコース型で政府向けに融資をしている貸し手は、自分が担保を取らずに融資をしている中で、他の貸し手のみが担保を確保することを嫌う。そのため、他の貸し手に対しても担保を提供しないという「ネガティブ・プレッジ」という約束をさせる。中国が融資・契約条件に守秘義務をかけつつキャッシュフロー担保を取って途上国に融資をしている場合、それは他の貸し手との契約に「ネガティブ・プレッジ」条項が存在すればその違反となる可能性もある。貸し手の中国と共に借り手も契約条項を隠し続ける必要が生ずることで、中国と借り手の共犯関係が作り出される構図だ。）

　また、同じく②にある「非パリクラブ条項」については、そもそもパリクラブとは、借り手も貸し手も政府である（または政府が保証等の関与を行う）「公的債権」に関して、当初期日通りの債務返済が困難になった場合に債権者の公平を保ちつつ債務繰り延べ等の調整を行う場で、1965年に発足し、フランス財務省が事務局を担うものだ。今回の調査によれば、100本の融資契約のうち4分の3の融資契約において「借入人は債務を公的債権者のパリクラブの場での債務再編、あるいはそれと同等の債務再編に含めない」と明示で約束させている。中国は、現パリクラブメンバーの働きかけにも拘らずパリクラブの正式メンバーとなることを避け続けているが、融資契約を通じて借り手の国に対しても債権をパリクラブ対象としないように約束させていることは非常に大きな問題である。

　上記③について詳細を見ると、融資者が「期限の利益の喪失」（＝即時全額返済）といった権利行使ができる事象に、融資契約とは直接関係のない中国企業の資産が借入国で収用された場合や、中国と当該借入国の外交関係がなくなった場合が、多くの契約で含まれているということである。外交関係については、借入国が台湾を外交的に承認することへの抑止効果を狙ったものであろう。

■ ハンバントータ──スリランカの内戦とラジャパクサ

　これまで見たように、不十分な情報開示を背景に中国が展開する融資活動は、国際金融の標準とは異なるものだ。2018年10月に中国の「債務外交」を批判したペンス副大統領は、その翌月、2018年11月16日にパプア・ニューギニアのポートモレ

スビーで行われた APEC サミットで講演し、中国批判のボルテージをさらに高める[235]。「皆さんの主権を害するような外国債務を決して受け入れないで下さい。皆さんの利益を守って下さい。皆さんの独立を守って下さい。（中略）米国はより良い選択肢を皆さんに提供します。我々はパートナーを債務の海に溺れさせたりはしません。我々は皆さんの独立を脅かしたり害したりしません。米国はオープンに、公平に対応します。我々は皆さんを縛り付ける『帯』や、一方通行の『路』は提供しません。」こうした米国による「債務外交」さらには「債務の罠」という中国批判は妥当なものであろうか。ペンス副大統領も援用したスリランカのハンバントータ港の事例を振り返りつつ考えたい。

スリランカでは、1983 年から 2009 年まで内戦状態にあった。スリランカの人口の 7 割は仏教主体のシンハラ人、2 割弱がイスラム教主体のタミル人だが、1948 年の独立以前の植民地時代は、宗主国の英国の分割統治政策の下で少数派のタミル人優遇策が取られていた。独立後はその反動で、多数派のシンハラ人がシンハラ語公用語化を含むシンハラ人優遇策を展開、タミル人の反発は高まった。1975 年には、タミル人の多いスリランカ北部の独立を目指す「タミル・イーラム解放のトラ」（LTTE）結成。1983 年に LTTE が北部で政府軍を襲撃したことをきっかけに、LTTE と政府の暴力の応酬が始まった。その後、何度か停戦合意があったが平和は長続きせず、内戦状態が継続した。

2005 年 11 月にマヒンダ・ラジャパクサが大統領に就任、LTTE 殲滅を目指し海軍、空軍も動員、中国から軍事面での支援も受けて攻撃を強化した。LTTE は多数のタミル人を人間の盾として抵抗を試みるが、政府軍は民間人救出を図りつつも攻撃を続

---

235 2018 年 11 月のペンス演説の抜粋。"Not long after our War of Independence, my nation's first President, George Washington, warned of the dangers that could undermine all that we had achieved: debt and foreign interference. And so today, let me say to all the nations across this wider region, and the world: Do not accept foreign debt that could compromise your sovereignty. Protect your interests. Preserve your independence. And, just like America, always put your country first. (Applause.)
Know that the United States offers a better option. We don't drown our partners in a sea of debt. We don't coerce or compromise your independence. The United States deals openly, fairly. We do not offer a constricting belt or a one-way road. When you partner with us, we partner with you, and we all prosper."
https://kr.usembassy.gov/111618-remarks-by-vice-president-pence-at-the-2018-apec-ceo-summit/

行、2009 年 5 月に LTTE の完全な制圧に成功し、内戦の終結を宣言した。この過程で多くのタミル人の犠牲が出た。中国はマヒンダ・ラジャパクサ大統領率いるスリランカ政府に、武器弾薬や資金を提供すると共に、内戦終結後は、マヒンダ・ラジャパクサ大統領の人権侵害を問う米国提案の国連安保理決議に拒否権を発動し、大統領を助けた。内戦への対応という重要な局面において、中国は、スリランカ政府軍およびマヒンダ・ラジャパクサ大統領を助け、強固な関係を築いていたことは認識しておく必要がある。

ハンバントータ──案件形成

ハンバントータ港の開発のアイデアは、マヒンダ・ラジャパクサが大統領となる前から存在した。スリランカ政府は、2002 年に 4 億ドルでハンバントータ港を開発する計画をカナダの二つの企業と協議したが計画は実現しなかった[236]。2005 年 11 月に就任したマヒンダ・ラジャパクサ大統領は、ハンバントータ港開発を「スリランカ開発計画2006」に入れ込み、日本等からの援助を期待したが、日本はこれを断った[237]。フィージビリティスタディ（F/S）が何度か行われたが、経済性に関して厳しい評価が続く。2002 年にカナダの SNC Lavalin が雇用されて F/S を実施した際には、既存のコロンボ港との競争に勝つためにはコンテナ業務を確立する必要があるとの提言がなされた。コロンボ港がコンテナ業務を既に確立している中で、これは容易ではない条件だ。

スリランカ政府はこの F/S を黙殺した。黙殺された F/S はこれが最後ではなく、2 年後にはデンマークの Ramboll が F/S を実施、国際的な一流の業者によりハンバントータに燃料供給基地を 3300 万ドルで建設するというコンパクトな計画であったが、2005 年 3 月に港湾大臣の Mangala Samaraweera が閣議に提案したのは燃料基地を 1 億ドルの融資を得て実施するという計画であった。スリランカ南端のハンバントータはラジャパクサ家の地元であり政治的基盤だ。F/S で 3300 万ドルだったものが、政府の計画では 1 億ドルと 3 倍に膨れ上がる。Freymann は、これでは汚職は「副

236 Eyck Freymann, 前掲書
237 Eyck Freymann, 前掲書

作用」ではなく、事業の「主目的」だ、と批判する[238]。大統領の弟、バジル・ラジャパクサはいつも10%のキックバックを受けるという評判があり「10%の男」と呼ばれていたが、経済開発大臣としてハンバントータ港プロジェクトの形成に中心的役割を果たした。

　スリランカ政府は、融資を受けるべく、世界銀行、アジア開発銀行などにも相談をするが前向きな回答をもらえなかった。インド政府も事業性の問題等から2006年に融資を断った。こうした中、中国が提案を提出するが、それは、中国政府ではなく国営企業の招商局集団（China Marchant Group）からの提案であり、彼らの提案を飲めば中国輸出入銀行が融資を行うというものだった。中国提案の後すぐ、2006年7月にスリランカ外務大臣、Mangala Samaraweeraが北京に飛び、石炭火力プロジェクト、コロンボ高速道路プロジェクトとハンバントータ港湾＆燃料基地プロジェクトの3件を進めることを共同声明に書き込んだ。

　結局、ハンバントータ港湾プロジェクトは、2007年に関連諸契約に調印。プロジェクト総所用資金3億6100万ドル、このうち15％はスリランカ港湾局（SLPA）が拠出、85％相当の3億700万ドルが中国輸出入銀行からの融資で賄われることとなった。中国輸銀の融資条件は、金利6.3％、償還期間が15年で、うち据置期間（元本返済は無しで金利のみ支払う期間）が4年という条件であった。この融資条件は、スリランカ政府が市場で調達できるよりも良い条件ではあったが、譲許的な援助条件ではなく商業融資の条件であった[239]。

┃ ハンバントータ──更なる融資

　2007年に融資契約を含めて関連契約が調印されたハンバントータ港第一フェーズは、2010年に完工し、運営を開始するが、赤字が継続した。建設中の2008年に世界金融危機が発生、スリランカ南端に大型港湾施設を開発するというプロジェクトの経済性はさらに低下したが、プロジェクトにストップは掛からなかった。中国が融資する資金は、建設・役務の対価として中国企業の招商局集団と中国港湾（China

---

238　Eyck Freymann, 前掲書
239　Eyck Freymann, 前掲書

00

Harbour）が受け取る資金であり、世界金融危機後の中国国内対策としても中国側に融資を止めて工事を中断する理由はなかった。

　本件に限らずドル建て債務の多かったスリランカは、為替の減価に伴い対外債務の負担が増すが、スリランカ当局は更なる借り入れによる景気刺激で困難な経済状況を乗り切ろうとする。ハンバントータ地域での中国融資はその後も追加され、2009年に中国輸銀から7700万ドル（金利不明、期間15年、対象は燃料供給基地）、同年に中国輸銀から2億1000万ドル（金利6.3%、20年、ラジャパクサ国際空港）、2012年に中国輸銀から2億5300万ドル（金利2%、15年、ハンバントータ・ハブ開発プロジェクト）、同年に中国輸銀から8億900万ドル（金利は当初2トランシェは2%、最終トランシェ5100万ドルはLIBOR、ハンバントータ港第2フェーズ）、2013年に中国輸銀から1億4700万ドル（金利は6.3%、20年、ハンバントータ港第2フェーズ追加）、2014年に中国国家開発銀行から1億ドル（金利はLIBOR、期間15年、道路建設）、同年に中国輸銀より4億1200万ドル（金利不明、期間15年、港湾と空港をつなぐ道路建設）と続く[240]。ハンバントータ港第一フェーズを含めて、これらハンバントータ地域への中国の融資のコミット額を合計すると、23億1500万ドルに及ぶ。スリランカの2014年のGDPは800億ドル程度に留まる中、産業の中心でもない南部のハンバントータに8年間で23億ドルをコミットというのは、異例の貸し込みだ。Jonathan Hillmanによれば、2015年にはスリランカ政府の収入の95%を債務の元利払いに充てなければならない状況になったという[241]。

ハンバントータ——債務のリストラ

　2014年9月、習近平主席がスリランカを訪問する。この訪問の事前準備として、多くの新規案件がスリランカと中国の間で協議されたが、ハンバントータ・プロジェクトについても協議が行われた。中国側の要求に応じ、ハンバントータ港第2フェーズに関して、中国の招商局集団と中国港湾の合弁企業が、第2フェーズの7つの埠頭（バース）のうち、4つの埠頭に関して35年のリースを受けること、利益配分に関し

240　Eyck Freymann, 前掲書
241　Jonathan E. Hillman, *The Emperor's New Road* (Yale University Press 2020)

右側余白（縦書き）：第4章　金融・通貨・インフラ

てはスリランカ港湾局への配分は 35％に留まり、利益の過半を中国側が得る形となった。第一フェーズの赤字が続く中で、スリランカ側の交渉力は限られていた。基本的に同じメンバーでコロンボ港プロジェクトも実施されていて、こちらは利益を上げていたが[242]、コロンボ港プロジェクトでも中国が有利な形で条件が定められた[243]。

　2015 年の大統領選で、大方の予想に反して現役のマヒンダ・ラジャパクサ大統領を破り、マイトリーパーラー・シリセナが大統領に当選する。（なお、中国港湾はマヒンダ・ラジャパクサを応援、ラジャパクサ陣営に 760 万ドルの資金を裏で流していたとニューヨークタイムズが報じている[244]。）シリセナ大統領は過度の中国依存の見直しを志向していたと言われ、就任後にハンバントータ港やコロンボ港など中国資金で進められているプロジェクトを停止するが、中国はこれに激怒。2016 年 2 月までに、コロンボ港プロジェクトに関して中国側合弁企業が被った損害の賠償として 1 億 4300 万ドルを請求するなど揺さぶりをかける[245]。インドや米国はシリセナ政権の誕生を歓迎し、スリランカもインド等からの支援を期待するが、それら支援は実現しない。スリランカは結局中国との間でプロジェクトのリストラを交渉する必要があることを認識する。ハンバントータ港の債務負担を軽減するためには、スリランカ側の持ち分を中国側に譲渡して、債務と資本をスワップ（debt equity swap）することが不可避だが、野党となったマヒンダ・ラジャパクサ勢力は、自分たちのこれまでの行動は棚に上げ、シリセナ政権の動きは国家の重要インフラを外国に譲渡するものだと批判する。港湾大臣 Arjuna Ranatunga も中国側に支配権を与えることに反対したが、他に代替案を見出しがたい中でシリセナ大統領は港湾大臣を解任して、債務リストラを進める。2017 年に債務リストラは合意されるが、中国側合弁会社が 11.2 億ドルを支払い、この資金でスリランカ政府はコロンボ港第 1 フェーズ、第 2 フェーズの中国からの債務を解消、代わりに中国合弁企業の出資持分が過半となり、コンセッション期間を 99 年とすることなどが合意された。（なお、債務リストラの詳細は公表されていない。）

242　スリランカ港湾局は、コロンボ港の黒字でハンバントータ港の赤字を補填していた。
243　Eyck Freymann, 前掲書
244　Maria Abi-Habib"How China Got Sri Lanka to Gough Up a Port"New York Times　June 25, 2018
　　　https://www.nytimes.com/2018/06/25/world/asia/china-sri-lanka-port.html
245　Eyck Freymann,　前掲書

ハンバントータ——小括

　以上から分かるのは、ハンバントータ・プロジェクトは、必ずしも、戦略的要衝であるスリランカの港湾を乗っ取るために中国政府が「債務の罠」を計画的に仕掛けた訳ではないということだ。イニシアティブは常にスリランカ側にあった。経済性のないプロジェクトだがラジャパクサ大統領は本件を実施したかった。都合の悪いF/Sは黙殺され隠蔽された。ラジャパクサ・ファミリーにとって重要なのは「虚栄」とファミリー・取り巻きへの「利益（汚職）の機会」であった。

　国際機関や日本、インドに断られた融資を中国が供与することとなったが、中国は能動的・計画的に動いたというよりは受動的な立場にあった。また、中国政府が動く前に、企業（招商局集団）がまず動き、中国輸銀や中国政府は後からこれを認めた。従って、中国共産党や発展改革委員会、中国商務省、中国外務省が事前に詳細な計画を立てて、港湾の乗っ取りを実行したという説明は事実を正確に反映したものではないだろう。

　しかし、中国は、経済性に欠けるプロジェクトであることを認識しつつも、融資を実行したと思われる。もし経済性が不十分であるという認識できていなかったとすれば、中国側のプロジェクト分析能力は相当低いということになる（「間抜けな貸し手」が「過失」で融資をしてしまったという説明）。そうした要素も皆無ではなかろうが、それだけとは思えない。むしろ、経済性の低さを認識した上で融資をした、そこには、プロジェクトの成否にかかわらず、潜在的に緊張関係にあるインドの近傍に位置するスリランカとの戦略的な関係強化という狙いがあった。個別プロジェクトの経済性を超えた地政学的な考慮が働いた。その意味では、少なくとも第一フェーズの2007年時点の状況を「債務の『罠』」と指摘するのは言い過ぎだが、しかし、それは融資という地経学的手段を活用した「債務外交」とは言えるだろう。スリランカ国民はこの「地経学的融資」の被害者だが、スリランカの権力者は被害者ではなく加害者であろう。期待に応えた中国は共犯者だ。

　筆者は、2019年6月にシンガポールで開催されたシャングリラ対話に参加した。その中でのパネルディスカッションで、中国の相藍欣（Lanxin Xiang）教授（Director, Center of One Belt and One Road Studies, China National Institute for SCO International Exchange and Judicial Cooperation）は、「債務の罠」という批判に関して、「米国が言う『債務の罠』との批判は不適切だ、むかし西側諸国がパナ

マ運河やスエズ運河で行った行為こそ植民地主義的な債務の罠だ。中国は植民地主義的な考えは一切持たない。昔ケインズが『1000ポンド貸すと借り手が眠れないが100万ポンド貸すと貸し手が眠れない』と言ったが、中国が罠に掛かっている可能性さえある。「債務の罠」批判はいずれにしても誇張だ、ただし、海外進出する中国国営企業が国際的なビジネス慣行に不慣れな点は見受けられ、この点は改善が必要と考える」と説明していたのが印象に残っている。確かに「債務の罠」は誇張かもしれない。しかし、100万ポンドを貸した中国が眠れないのは覚悟の上であろう。それは「間抜けな貸し手」が心配で眠れないのではない。相手の求めに応じつつも、「経済」を超えた地政学的観点で貸し込んだ融資者として、債権管理、リストラ交渉、それらを通じた影響力拡大といった対応・交渉で忙しくて「眠れない」状況であろう。

■ 一帯一路・中国融資のメッキは剥げたか?

　政権交代に伴い、前政権が進めた中国融資・一帯一路への見直しが叫ばれた事例は、スリランカに留まらない。ギリシャのピレウス港、パキスタンの中国パキスタン経済回廊(CPEC)、マレーシアなど多数ある。基本的には、前政権が中国に過度に入れ込み、経済性を十分に考えずに過大な借り入れを行い、水膨れしたプロジェクトコストに汚職が絡み、選挙プロセスの中で対立候補がその点を指摘・攻撃し、国民はそうした「指摘・攻撃」を支持するというパターンだ。

　しかし、興味深いのは、政権交代で誕生した新政権も、中国と見直し交渉を行いプロジェクト規模縮小や、借入予定額の縮減といった見直しはするが、全てのプロジェクトをキャンセルしたり中国との協力関係を断ち切ったりはしない点だ。

　米国は、ペンス副大統領のみではなく、ポンペオ国務長官、トランプ大統領も一帯一路、中国融資を批判した。政権が変わった後も、バイデン大統領、ブリンケン国務長官、サリバン大統領補佐官(安全保障担当)などが中国融資への批判を続けている。「一帯一路」への批判は、2018年2月に策定された「インド太平洋に関する米国の戦略枠組み」(The United States Strategic Framework for Indo-pacific)(2021年1月に機密指定解除)において明確に方針化されており、この方針に基づく一貫した対応(「一帯一路」批判のキャンペーン)は効果を持ち、中国の「一帯一路」に対する一定の警戒感を各国が持ちつつある。しかし、前述のように、

中国融資を批判して選挙に勝った途上国等の新政権の多くが、融資を含めて中国との協力関係を維持している点は、米国そして日本も冷静に認識しておく必要がある。つまり、一帯一路・中国融資のメッキは相当剥げたが、そこにはメッキではない途上国が求めるものも存在していた可能性がある。

「一帯一路」の改善

　中国は、2019年4月に第2回「一帯一路」国際協力フォーラムを北京で開催した。これは2017年5月に開催された第1回「一帯一路」国際協力フォーラムに続くものだ。第2回フォーラムには、38カ国からの首脳級を含む約150カ国から参加があった。第1回の29カ国の首脳級を含む約130カ国よりも参加者が増加した。第1回にマット・ポッティンジャーNSC上級部長を送った米国は、第2回には代表を送らなかった。日本は二階俊博自民党幹事長が参加した。

　第2回フォーラムでは、金額のコミットメント等はなされず、質の向上、環境配慮、汚職防止、国際機関との連携、債務持続性への配慮など、これまで「一帯一路」が批判されていた様々な事項について、それらを重視して改善していく方向性が打ち出された[246]。共同コミュニケでは「質の高い一帯一路協力」（high-quality Belt and Road cooperation）が謳われ、「オープン、グリーン[247]、クリーン」も強調された。さらに、「我々は、高潔性を守り腐敗と闘う文化を確立するために更なる努力を慫慂する」[248]とも記し、一帯一路（および中国融資）が抱えてきた「腐敗」についても触れている点は特筆されよう。同時に「質の高い」インフラが途上国の手の届かないものであってはいけないという問題意識も持ち、コミュニケにおいて「我々は、質の

---

[246] 2019年4月27日付け共同コミュニケ　http://www.beltandroadforum.org/english/n100/2019/0427/c36-1311.html

[247] これまで中国の「一帯一路」が炭素排出の多いプロジェクトを支援することを通じて地球環境に負担をかけた点についてはCFRが今年3月に出した報告書においても重大な問題点として指摘している。「一帯一路」の改善として「グリーン」の要素が上げられている点は評価しうるが、実際のオペレーションを注視する必要がある。CFRのレポートは以下。
Council for Foreign Relations *"China's Belt and Road: Implications for the United States"* (CFR 2021)
https://www.cfr.org/report/chinas-belt-and-road-implications-for-the-united-states/

[248] "We encourage more efforts in building a culture of integrity and combating corruption."

高いインフラが実行可能で適切な価格で入手可能で包摂的でそのライフサイクル全体を通じて広く利益を及ぼし、参加国の持続的な開発と途上国の工業化に貢献するものであるべきことを強調する」[249] と明記する。

こうした動きは、中国自身も「一帯一路」の問題点を認識していることを示す。それは、米国の批判や、いくつかの参加国の選挙に際して噴き出した批判が影響していると同時、中国自身も客観的に改善の必要を実感しているのだろう。2020年前半に中国の研究者と話した際にも、「マレーシアで一帯一路のプロジェクトが腐敗と批判され政権交代の一因ともなったことは、マレーシアにも中国にも不幸なことだった。先進国の援助もこれまで多くの失敗をしながら改善してきた。中国の一帯一路も多くの改善すべき点がある。」と率直に述べていた。今後、中国は「質の高い」一帯一路を目指していく。そのことを我々は前向きに受け止めるべきだが、実際には、中国の統治システムの中で改善し易い分野と困難な分野があろう。実際の行動を注視していく必要がある。

▍「質の高いインフラ」に向けたこれまでの国際社会の努力

これまで見てきたように、「一帯一路」は地理的範囲も対象プロジェクトも曖昧で、必要な要件も明確には定められていない。こういう状況を指して、高原明生教授は、一帯一路を「星座のような概念」と形容する。「誰も見たことがなく実態のない概念だが、魅力的で、政治的そして外交的なソフトパワーに満ちている。」[250] という説明だ。「一帯一路」の本質を突いた巧みな説明だ。

「一帯一路」に対しては米国等から「債務の罠」「債務外交」との強い批判があり、また、参加国自体にも、国民の声を反映しない汚職にまみれたオペレーションに批判の声もある。他方、それも理由に政権交代がなされても、新政権も一定の見直しの後に「一帯一路」を継続することが多い。中国自身、批判も念頭に「一帯一路」

---

249 "We emphasize that high-quality infrastructure should be viable, affordable, accessible, inclusive and broadly beneficial over its entire life-cycle, contributing to sustainable development of participating countries and the industrialization of developing countries."

250 高原明生、「中国の対外援助の捉え方」、川島真、遠藤貢、高原明生、松田康博、編『中国の外交戦略と世界秩序―理念・政策・現地の視線』(昭和堂　2020)

の改善に向けた動きがあるが、習近平主席の威信と一体化した「一帯一路」構想を放棄することはなさそうだ。海外よりも中国国内での支援を重視せよとの中国国民の声や、経常収支の黒字の縮小といったマクロ経済要因などから、規模の縮小が見込まれる（実際に融資額は減少している）ものの、重要な外交手段としての「一帯一路」は継続するだろう。

こうした中で、日本を含む西側は、どのように対応していくことが必要だろうか。日本のインフラ分野での金融支援は長い歴史を持っている。基本的には、準商業条件での融資は国際協力銀行（JBIC）が、譲許的な（金利が安く期間が長いこと）融資は国際協力機構（JICA）が円借款で、役割を担ってきた。2015年には安倍政権が「質の高いインフラ・パートナーシップ」を発表。アジアのインフラ分野に5年間で1100億ドルの協力を行うことを表明した。2016年には、5月23日に開催された政府の「経協インフラ戦略会議」で「質の高いインフラ輸出拡大イニシアティブ」を決定[251]。インフラ分野で5年間に2000億ドルの資金供給を行うことが目標とされ、対象地域もアジアから世界に拡大された。4日後の5月27日に行われたG7伊勢志摩サミット[252]では、「質の高いインフラ投資の推進のためのG7伊勢志摩原則」[253]に合意した。同原則は、①効果的なガバナンス、ライフサイクルコストから見た経済性、②現地での雇用創出、技術移転、③社会・環境面での影響への配慮、④気候変動を含む経済・開発戦略との整合性、⑤PPP等を通じた効果的な資金動員、の5つの原則からなる。

2019年6月28日、29日にはG20大阪サミットが開催され、そこでもインフラが重要なテーマとなり、「質の高いインフラ投資に関するG20原則」[254]が合意された。内容的には、①持続可能な成長や開発の達成のための、インフラによる正のインパクトの最大化、②ライフサイクルコストを考慮した経済性向上、③インフラ投資への環境配慮の統合、④自然災害及び、その他のリスクに対する強靭性の構築、⑤インフラ投資への社会的配慮の統合、⑥インフラ・ガバナンスの強化、の6原則より構成される。この原則はG20での合意であり、中国も参加したものだ。

第4章　金融・通貨・インフラ

251　https://www.kantei.go.jp/jp/singi/keikyou/dai24/siryou2.pdf
252　https://www.mofa.go.jp/mofaj/ecm/ec/page4_001562.html
253　https://www.mofa.go.jp/mofaj/files/000160310.pdf
254　https://www.mofa.go.jp/mofaj/gaiko/g20/osaka19/pdf/documents/jp/annex_01.pdf

さらに、2021年6月に英国のコーンウェルで行われたG7でもインフラは扱われた。共同声明では、インフラに関して、①透明性や持続可能性といった価値、②共同の提案を含む協働、③民間資本の動員といった市場主導、④高い基準、⑤多国間金融機関の強化、⑥イノベーションのための戦略的パートナーシップ、の重要性を強調し、秋にG7首脳に報告するための作業部会を設置することを謳っている[255]。いわゆるBuild Back Better World (B3W) の取り組みだが、重点として、気候変動（に対処する強靭なインフラ）、保健、デジタル、ジェンダーの4つが上げられている[256][257]。

日本に比べ、米国はインフラ支援の体制が必ずしも十分とは言えなかったが、中国の「一帯一路」に対抗するため、体制強化に動く。2018年10月に超党派でBUILD (Better Utilization of Investment Leading to Development)Act が成立。同法に基づき、米国海外民間投資公社（OPIC）を発展的に改組し、USAIDの融資機能も取り込んで、2019年12月に米国国際開発金融公社（USDFC）が発足した。投融資上限はOPIC時代の2倍の600億ドルに設定された。また、日本の国際協力銀行（JBIC）、米国DFC、豪州輸出信用機関の間で覚書を締結、同覚書に基づきインフラ協力を進めており、NECが設備を供給するパラオの海底ケーブル・プロジェクトを共同で支援している[258]。また、日米豪は、大阪G20サミットで合意された「質の高いインフラ投資に関するG20原則」等に照らして、具体的なプロジェクトが「質の高いインフラ投資」か否かを認証するブルードット・ネットワークの枠組みを共同で進めている[259]、[260]。

なぜインフラ支援を行うのか──経済性、地政学、ガバナンス

そもそも、なぜインフラ支援が重要なのであろうか。インフラは多くの場合に大きな波及効果がある。民間事業者がインフラを提供する場合、民間事業者が得る利益より

255　共同声明パラ67参照　https://www.mofa.go.jp/mofaj/files/100200083.pdf
256　https://www.whitehouse.gov/briefing-room/statements-releases/2021/06/12/fact-sheet-president-biden-and-g7-leaders-launch-build-back-better-world-b3w-partnership/
257　https://www.newsweekjapan.jp/stories/business/2021/06/g7b3w_1.php
258　https://www.jbic.go.jp/ja/information/press/press-2020/0114-014143.html
259　https://www.state.gov/blue-dot-network/
260　https://www.state.gov/blue-dot-network-frequently-asked-questions/

も大きな社会的な利益がある。つまり、私的便益よりも社会的便益が大きい状況であり、正の外部性があるということだ。この場合、政府がインフラを供給し、あるいは民間事業者がインフラを供給する場合でも補助金や公的融資など支援を行い、インフラ供給を増やすことで、社会全体の便益は増大する。さらに、インフラの所在地が途上国の場合には、カントリーリスク等のリスク評価が困難である場合など資金供給が過少となる可能性もある。これらは外部性の議論に基づくインフラ支援の「経済的理由」だ。

また、インフラ支援に「地政学的理由」が存在する場合もある。インフラは途上国の発展に重要だが、資金的制約のために十分なインフラ整備が行えない。公的金融機関が資金を供給することは、当該途上国政府にとってはありがたいことであり、資金協力を行うことで、重要な国や地域との関係を強化し信頼を得ることができる。これらの「経済的理由」と「地政学的理由」は相互に排他的ではなく、両者が併存する場合も多い。

「地政学的理由」で融資を行うということは、地政学的目的を経済的手段で達成するということで、いわゆる「地経学」の一形態だ。「地経学」には、金融制裁や貿易制限などネガティブ（coercive）な手法と、補助金や貿易優遇などポジティブ（inducive）な手法の二つがあるが、融資は後者の一つだ。地経学という場合には、前者のネガティブな手法が通常は頭に浮かぶが、ネガティブな手法は、WTO違反と認定される恐れや、対象国の反発も予想される。それでも必要な場合には実施すべきだが、メリットとデメリットを慎重に検討の上で実施する必要がある[261]。これに対してポジティブな地経学的な手段は、（財政負担等に留意しつつ）より積極的な活用の

第4章　金融・通貨・インフラ

---

[261] Michael Mastanduno は、ネガティブな手法と比べて、ポジティブな手法に関する分析・研究が不十分であると指摘している。Mastanduno もネガティブな手法を否定していないが、対象国の反発を招きやすい、しかも「旗の下に結集する効果」（rally round the flag effect）が働き対象国の政権の求心力を高めるリスクがある点を指摘している。他方、ポジティブな手法についても、中国に関して 2005 年のロバート・ゼーリック国務副長官の "responsible stakeholder" 戦略が機能したか疑わしいこと、北朝鮮に関して 1994 年に行った経済譲歩は機能せず 10 年後にもまた危機を作って経済メリットを得ようとするなど繰り返しが生じたことを指摘する。また、「敵と取引する」というポジティブ手法に内在する政治的な難しさも指摘する。もっとも、これらは敵（あるいは行動変容を引き出したい相手）に対して経済的な恩恵を与える場合の話であり、「一帯一路」への対抗を念頭に同志国あるいは第三国にインフラ金融支援を行う場合はこうした副作用は妥当しないだろう。

Michael Mastanduno, "Economic Statecraft" in Steve Smith, Amelia Hadfield, Tim Dunne *Foreign Policy (Third Edition)*（Oxford University Press 2016）

検討が必要であろう[262]。

　もっとも、融資といったポジティブな地経学的手段も、使用にあたっては注意すべき点がある。それは、地政学的理由と経済的理由とのバランスだ。中国が支援したハンバントータ港の事例を思い起こそう。インドに近接するスリランカは中国にとり地政学的に重要であり、ハンバントータはマヒンダ・ラジャパクサ大統領の地元だ。地政学的観点から、融資を行う理由はある。しかし、ハンバントータ港は経済性を全く欠くプロジェクトであった。港湾というインフラにも正の外部性があるので、民間事業者の収益（金融的内部収益率：FIRR）が若干低くても、社会全体の便益（経済的内部収益率：EIRR）が高ければ経済的には正当化できる場合はある。だが、ハンバントータ港はその水準にも達していなかった。G7やG20でプロジェクトの経済性の重要性が繰り返し指摘される理由もここにある。

　経済性が低いプロジェクトが実施されるとき、そこには「過失」か「故意」がある。「過失」はプロジェクトの経済性を審査（デューデリジェンス）する能力が低い場合だ。これは出資者にも融資者にも生じ得る。ハンバントータの事例を議論した際に「間抜けな貸し手」と言ったのは、この「過失」に該当する場合の話だ。だが、より深刻なのは「故意」の場合だ。「故意」で最悪の組み合わせは、「ガバナンスが弱い国」が「ソブリン融資」でプロジェクトを実施する場合だ。ガバナンスが弱い国では、意思決定する権力者はプロジェクトの経済性を気にせずに、むしろプロジェクトコストを水膨れさせ、キックバックをもらい、役に立たないプロジェクトを遂行する。ソブリン融資の場合には、融資者は個別プロジェクトが失敗しても借入国がフル・リコースで返済義務を負うので、プロジェクトの経済性を厳しく審査するインセンティブが弱まる。ハンバントータ港はこの組み合わせだ。G7、G20がガバナンスと経済性を強調するのはこのためだ。

262　Mastandunoは、ポジティブな手法を、①「戦術的リンケージ」（Tactical linkage）と②「長期的関与」（long-term engagement）に分ける。①の「戦術的リンケージ」は、対象国に短期的に特定の行動を取らせることを目的に報酬を与えるものである。②の「長期的関与」は、長期間にわたり経済的メリットを供与することで信頼と良好な関係を作ることで長期的な見返りが生じることを目指す。後者の例としては、西ドイツがポーランドやソ連と長期的経済的関係を強化することで、東ドイツ統一の機会が到来した際にこれらの国が反対しなかった事例を紹介している（同書）。日本について考える場合、ポジティブな手段を用いる際に地政学的考慮を行うことは全く問題ないが、それは「長期的関与」を基本とすべきであろう。特に「金融」の場合には、短期的視点に立つ「戦術的リンケージ」を用いて露骨に「札束で頬を張る」行為は、長期的な信頼という観点ではマイナスとなる点を十分に注意する必要がある。

なお、念のため「過失」に関して補足すれば、融資したプロジェクトが失敗する可能性をゼロにすべきと主張しているわけではない。金融業の付加価値は、リスクを分析して、それに基づき適切なプライシングをして融資を行うことにある。リスクがある中で融資をする以上、たまに対象プロジェクトが失敗するのは当然だ。ここで問題なのは、恒常的に予想以上の失敗が生じるという状況だ。(リスクテイク機能を果たすという観点からは、恒常的に予想以下の失敗しか生じないという「硬すぎる」状況もまた問題かも知れない。) 融資者や出資者がそうした状況にあるならば、それは審査(デューデリジェンス)能力の向上が必要であることを意味している。

一帯一路とインフラ金融

「一帯一路」は今、曲がり角にある。第2回「一帯一路」国際協力フォーラムにおいては、「腐敗と闘う」[263] ことを含めて「質の高いインフラ」を進めることが合意された。ガバナンスの弱さに漬け込み、説明責任を果たさない権力者に恩を売るような融資は、一帯一路においても今後は減るのかも知れない。また、今後中国の経常黒字の減少が見込まれる中で、一帯一路の規模も縮減していく可能性はある。しかし、実際にそうなるかは、現実の行動や状況を確認する必要がある。また、共産党規約に書き込まれ、習近平主席の威信と一体となった「一帯一路」イニシアティブが完全に消えることはないだろう。

日米を含む同志国は、金額規模で一帯一路に対抗する必要はない。しかし、ガバナンス、環境や社会的影響への配慮、現地での雇用などの点で、質の高いインフラ支援という選択肢を国際社会に提供していくことは重要であろう。こうした資金の出し手の間での「競争」は、インフラ需要のある途上国の選択肢を増やすもので、望ましいことだ。

---

[263] 「腐敗」の問題は、ガバナンス、ひいては「説明責任」の概念を通じて「民主主義」と関連する。米国ホワイトハウスは民主主義サミット(Leaders' Summit for Democracy)をオンラインで12月9日、10日に開催したが、3つのテーマの一つとして「腐敗との闘い」が位置付けられている。(他の二つは、「権威主義からの防御」、「人権尊重の推進」。)
https://www.whitehouse.gov/briefing-room/statements-releases/2021/08/11/president-biden-to-convene-leaders-summit-for-democracy/
https://www.state.gov/summit-for-democracy/

同時に、選挙で「一帯一路」を批判していた勢力が政権を取った後に、規模縮小はしつつも「一帯一路」を継続する例が多い点には留意しておく必要がある。マレーシアのマハティール政権、スリランカのシリセナ政権、ギリシャのチプラス政権、パキスタンのカーン政権などが該当する。もちろん重要な貿易相手であり、軍事的にも強国である中国を無碍にできないということはあろう。だが、中国融資に一定の魅力を感じている可能性もある。一つは中国のスピードだ。中国の融資の意思決定は迅速である。西側諸国も、必要な審査（デューデリジェンス）を行いつつも、不断にスピードアップを心掛ける必要がある。

　また、内政干渉しない中国のスタイルに魅力を感じているかも知れない。この点は、中国自身がガバナンス軽視で権力者と癒着したことでしっぺ返しを受け、今後、改善が必要と認識している事項ではある。Race to the bottom は避ける必要がある。西側諸国としても、過剰な介入は慎みつつも、プロジェクトが不正なく適切に実施できるようなガバナンス（説明責任の体制）が受入国にあることの確認は必要であろう。

　さらに、無償や技術協力など融資以外の協力手段も用いて、長期的視点で受入国のガバナンス向上に協力していくことや、受入国のプロジェクト選定能力、案件組成能力、審査能力の向上を支援し、重要インフラ・セクターの法制を透明でビジネスフレンドリーなものとすることを手伝うなど、様々な協力を行うことも重要であろう。すなわち、必要なプロセスは省かずに「高い質」を維持し、同時に、借入国からみたCost of doing business を極力減らしてスピードアップを図り、加えて受入国の能力向上を支援していくことが大切となる。

　これまで「一帯一路」を確認しつつ、インフラ金融のあるべき姿を考えてきた。インフラ資金の需要は莫大であり、中国がインフラ分野に資金を供給すること自体は歓迎すべきだ。しかし、現在の形で「一帯一路」が継続することは、経済性、債務問題、環境、政治的な拘束等の観点で望ましくない。それは、日米等の西側諸国にとって望ましくないだけではなく、何よりも受入国の国民を幸せにしない。

　これを防ぐために我々ができることは、適切な批判を通じて警告を発することと、有効な代替案を提示することだ。インフラ金融の長い歴史を持つ日本はこれまでも、インフラ金融の選択肢を途上国に提供してきた。今後もその努力を続けると共に、受入国にとっての負担（Cost of doing business）をさらに引き下げて利便性を向上させ、さらには、同志国と連携しながら「質の高い」インフラ金融を広げていくことが重要だ。

結果的に「一帯一路」が改善すれば、それは我々にとっても受入国の国民にとっても喜ぶべきことであろう[264]。

---

[264] 安倍総理は 2019 年 3 月 25 日の参議院予算委員会で、日本の中国「一帯一路」との協力は無条件の協力ではなく、あくまで、開放性、透明性、経済性、財政健全性（債務負担能力）の4つの条件を満たすことが必要であると答弁をした。中国の「一帯一路」を否定はしないが、その問題点を指摘し、基準を示しつつ改善を促すというアプローチは現在も有効なものであろう。

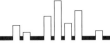

5

中銀デジタル通貨 (CBDC) と地経学

FRB 理事の CBDC への懐疑

2021 年 8 月 5 日、米連邦準備理事会（FRB）のクリストファー・ウォーラー理事が中央銀行デジタル通貨（CBDC）に関してオンラインで講演を行った[265]。CBDCに関しては FRB 内でも様々な意見があるが、ウォーラー理事は CBDC 懐疑派。講演の標題は「CBDC：問題を探している解決策?」（CBDC：A Solution in Search of Problem ?）というもので、通常の「『解決策』を探している『問題』」をひっくり返して表現したところにウォーラー理事の皮肉を感じる。CBDC を推進する立場の人々は、解決策として CBDC ありきで、それが対応する「問題」を後から探していると批判しているのだ。筆者は CBDC には意義がある（あり得る）と考えるが、ウォーラー理事の講演は懐疑派の立場を明快に説明しており参考となる。

まず、ウォーラー理事は、CBDC を「デジタルでの支払いに使われる中央銀行の負債」とし、その中でも、通常の人々が使う「一般 CBDC」にフォーカスして議論している。FRB、日本銀行、欧州中央銀行（ECB）など、主要な中央銀行は、現在2つの通貨を供給している。一つは現金だ。これは物理的な通貨であり、一般の人々も保有する。もう一つは準備預金だ。これは電子的な通貨で民間銀行が中央銀行に対して持つ債権だ。「現金」も「準備預金」も中央銀行から見れば負債だ（両者の合計が M0）。一般の人々や企業にとってもう一つ大事なのは、民間銀行への預金だ。これも広義の通貨だが、中央銀行の負債ではない（M0 に民間銀行への要求払預金を足したものが M1）。ウォーラー理事が議論しているのは、基本的には、一般の人々が持つ、デジタルでの支払いに使われる中央銀行の負債である「一般CBDC」（リテイル CBDC ともいう）である。本稿も、特段断らない限りは、議論の

---

265 "CBDC：A Solution in Search of Problem ? "Speech by Christopher Waller, August 5, 2021
https://www.federalreserve.gov/newsevents/speech/waller20210805a.htm

焦点を「一般CBDC」に置く。

　ウォーラー理事は、中央銀行がデジタル通貨を供給するという公的介入を行うに当たっては、解決すべき問題、市場の失敗の存在が前提となるべきだが、それが見当たらないと批判する。異なる民間銀行間の決済は、民間銀行が中央銀行に保有する準備預金口座でリスク無しで処理される。家計や企業の決済は、家計や企業が民間銀行に保有する銀行預金口座で処理される。銀行預金は民間銀行に対する債権だが、中央銀行や規制当局による規制や、預金保険制度を通じて、リスクは極小化されている。家計や企業は、民間銀行への預金を、中央銀行通貨と同一視し、リスクを考慮せずに完全代替物と見なしているので、効率的で安定的な決済システムが実現している。CBDC無しでも決済システムは良好に機能しているというのがウォーラー理事の主張だ。

　もし現金の流通が極端に減るのであれば、それはCBDC発行の一つの理由となる。スウェーデンでは、現金の需要が大きく減少、民間銀行が現金を流通させ続けることが事務費用の観点で困難となることを見越してCBDCの発行を準備している。しかし、ウォーラー理事は、現金の供給を継続するか否かは究極的には政策問題であり、連邦準備理事会は現金の供給を続ける政策方針を掲げているため、米国においては現金の減少はCBDCを導入する理由になり得ないと主張する。ちなみに日本の場合には先進国では異例の多額の現金が流通しており、人々の現金需要は強く、スウェーデンの事例は日本にも当てはまらない。（また日銀も現金の供給を継続することを表明している。）

　現在の支払システムの効率が低いという可能性はないか。ウォーラー理事は、現在の支払システムは、米国全土、さらには海外とのリンクしており、また、スピードに関しても民間銀行は即時支払いサービス（Real-Time Payment Service）を開発し、FEDもFed NowSMを開発中であるなど問題はないとする。さらにクロスボーダーの支払いは国内支払いに比べて効率は落ちるが、改善に向けた努力が続いているとし、現在の支払システムの効率が低いという議論を否定する。

　CBDCにより金融包摂が進むという議論についてもウォーラー理事は反駁する。連邦預金保険公社（FDIC）の調査では米国で預金口座を持たない家計は2019年で5.4%。同じくFDICの調査では、預金口座を持たない家計の75%は、そもそも銀行口座を持つことに関心がないという結果が出ている。ウォーラー理事は、これら二

つの数字を掛け合わせ、CBDCを導入しても、それによって新たに口座を持つのは米国の全家計のわずか1%強（5.4%×25%＝1.35%）にとどまり、金融包摂の解決策としてCBDCを進めるのは費用効果的な対応ではないと否定する。

　既存の支払サービスが高すぎるためにCBDCが必要という議論も、ウォーラー理事は否定する。サービスの価格は通常、「限界費用」と「マークアップ」の合計で決まる。前者の「限界費用」は、基本的には「技術」により決まってくるものであり、民間銀行に比べて中央銀行がより安価に「技術」を提供できると考える理由はないとする。「マークアップ」に関しては、CBDCの導入が、支払サービス提供者の追加による競争増加につながれば、「マークアップ」が縮小する可能性はあるとする。しかし、そもそも現状で競争が不十分で既存の民間銀行に「レント」が生じているのであれば、新たなプレイヤーの参入余地があり、特に技術革新によりステーブルコインなど支払サービスを開始する民間事業者が現に出てきており、こうした動きの方がCBDC導入よりも競争促進および「マークアップ」縮小効果は大きいのではないかと説明する。（なお、ウォーラー理事は注意深く、この議論は特定のステーブルコインに太鼓判を押すものではないと補足している。）

　CBDCがイノベーションを促進するとの意見に対しても、ウォーラー理事は、支払サービスに関しては既に民間で多くのイノベーションが生じており、むしろ、イノベーションに規制が追い付かないくらいだとして、この議論を否定する。また、民間で生じるイノベーションが暗号資産（crypt-asset）のように間違った方向のイノベーションである可能性はあるとしつつも、それをCBDCの導入で防ぐことはできないとし、結論としてイノベーション促進をCBDC導入の論拠とすることを否定する。

　米国民の金融取引の情報をより広範に政府が収集するためにCBDCは有効ではないかとの議論に関しては、CBDCの制度設計により政府が入手する情報を増やすことは可能で、中国におけるデジタル人民元の導入はそうした狙いもあるようだが、米国において中国と同じ理由でCBDCを導入すべきとは思わないと否定する。

　中国のデジタル人民元導入が米ドルの基軸通貨としての役割を脅すという議論に関しては、ウォーラー理事は、デジタル人民元を導入したとしてもそれで非中国企業が取引建値をドルから人民元に変えようとする理由が不明、また、米国の家計が電気代を民間銀行の口座ではなくFRBのCBDC口座から支払うことが何故ドルの基軸通貨を守ることになるのか不明と、否定する。もちろん、米国外の人がFRBの

CBDC 口座を保有し、それでドルの支払いを行えばドルの基軸通貨の話と関係するが、そのように非居住者に FRB の CBDC 口座の保有を認めることはマネーロンダリングなど様々な別の問題を惹起すると注意する。

　ステーブルコインなど新たな民間通貨が FRB の金融政策の効力を減殺するのでそれを防ぐために CBDC を導入すべきとの議論に関しては、ウォーラー理事は、「自国通貨をドル化した外国は米国の金融政策をそのまま受け入れる形になる」という国際経済学で確立した原理がアナロジーとして当てはまり、ドルと一対一で交換されるステーブルコインの流通は、FRB の金融政策を減殺するのではなく、逆に FRB の金融政策の射程を拡大するとし、この議論も否定する。

　本分野に造詣の深いウォーラー理事の議論は強力であり説得的だが、現在の支払サービスが効率的という部分や、価格も高すぎないという部分は、特に国際送金をも含めて考えれば、十分説得的とは言い難い。また、基軸通貨の議論については、中国の CBDC（デジタル人民元）導入のみで米ドルが基軸通貨から転がり落ちるという議論は正しくないものの、デジタル人民元導入により国際送金を含めて人民元の利便性が高まったときに、中国が関係する取引において建値がドルから人民元に変更する流れを後押しする可能性およびその地経学的な意義を過小評価している恐れがある。通貨・金融は経済・商業的な手段であるが、時として、地政学的・地経学的な含意が生じる。次にそうした、地政学的・地経学的な事例を確認したい。

情報収集の武器としての SWIFT

　スイフト（SWIFT）は、Society for Worldwide Interbank Financial Tele-communication の略称であり、参加金融機関間の国際金融取引に関するメッセージを伝送するネットワークシステムだ[266]、[267]。あくまでネットワークシステムであり、しばしば誤解されているが、それ自体は支払システムではない[268]。国際的な金融サービスがスムーズに行われるためには、国境を越えた銀行間での情報伝達が迅速かつ確実

266　https://www.zenginkyo.or.jp/abstract/efforts/system/swift/
267　https://www.swift.com/ja/about-us/discover-swift/metsuseshinkutobiaozhunhua
268　Susan V. Scott and Markos Zachariadis, *The Society for Worldwide Interbank Financial Telecommunication (SWIFT)* (Routledge 2014)

第4章　金融・通貨・インフラ

に行われることが必要となる。銀行間の国際的な電子通信の歴史は、1840年代の
テレグラフ導入に遡る。1866年には最初の大西洋間の海底ケーブルが敷設され、
ニューヨークとロンドンの証券取引の統合に大きく貢献した[269]。1957年には、利用者
数でテレックスがテレグラフを凌駕した。当時としては最新のテレックスによる通信であっ
たが、テストキーの計算を手動で行う必要があることから多大な人的労働が介在し、
また、テレックスの記載がフォーマット化されておらず自由記載であったこともあり効率が
悪く、さらに一般ネットワークを使うことからセキュリティ上の懸念もあった。

　専用ネットワークを用い、フォーマットも統一し、より効率的なメッセージ伝送システム
を共同して作り上げる動きが1960年代に欧米の銀行により進められ、1973年5月に
ベルギーを本部としてSWIFTが設立された。設立のメンバーは、15カ国からの239
の銀行である。SWIFTはベルギー法上の協同組合（cooperative society）の形
式を取り、メンバーが共同して意思決定を行うことを原則とする。これに対して、米国
のFNCB（First National City Bank、現在のシティ・バンク）は、SWIFTを設
立する準備作業に参加はしていたが、独自に開発したメッセージ・スタンダードである
MARTI（Machine Readable Telegraphic Input）を世界標準にすることを試みる。
FNCBは、自社標準のMARTI以外のメッセージは受け付けないとし、他の銀行に
対してもMATRIを受け入れるか否かの選択を1975年3月末と期限を切って迫った。
結局FNCBのこの強気の戦略は失敗、SWIFTがサービスを開始した1977年に
MATRIネットワークは閉鎖された[270]。なお、77年に始まったSWIFTサービスだが、
80年には日本の銀行も参加、85年には中国の銀行も参加した。通信容量の増大と
技術進歩に対応し、1991年にSWIFT IIを導入、2002年にはインターネットプロトコー
ルを基盤とするSWIFTNetの運用を開始した。

　こうして国際金融のためのメッセージ・ネットワーク・システムとして実績と信用を確立
したSWIFTだが、2001年9月11日に発生した米国同時多発テロは、そのオペレー
ションに大きな影響を与える。インテリジェンスの世界では、人を介した情報収集であ
るHUMINTと、通信傍受等による情報収集であるSIGINTが二本柱だ。9.11で
大きな被害を受けた米国は、テロとの戦いに勝つために金融を通じた情報収集も検

269　同書
270　同書

討、それを FINMINT と名付ける。その中核となるのが、国際送金等の情報が集まる SWIFT からの情報入手だ。

　9.11 の数日後に米国財務省で行われた会議で、オニール財務長官は SWIFT からの情報入手を検討するよう指示する。その後、財務副長官のケネス・ダム（Kenneth Dam）は SWIFT の CEO であるレオナルド・シュランク（Leonard Schrank）を財務省に招待する。シュランクは、1981 年以来欧州に住む米国人で、SWIFT の役割、政治的に中立であることが求められることなどを説明し、法的に明快であることが必要であると主張。これに対して米財務省の法律顧問デイビッド・アウファウザー（David Aufhauser）は「米国の召喚状（subpoena）に対して（SWIFT が）法廷で争えることは分かっている。しかし法廷に行くことは双方にとって壊滅的な結果を招くだろう。これはあなたが勝てる戦いではない。より重要なのは、これはあなたが勝ちたい戦いではない。」と説得した[271]。SWIFT は、米国に協力することを決定、米国は 2001 年 10 月から SWIFT の情報を入手し始める。この動きは後に「財務省テロ金融捕捉プログラム」（Treasury Terrorist Financing Tracking Program）と呼ばれるようになる。財務省内では、SWIFT（素早い）をもじって Turtle（亀）というコードネームをつけていた[272]。

　米国側は本オペレーションが適法で限定的で十分モニターされていることが重要である点を認識し、留意していた。SWIFT の理事会も、時間の経過とともに米国に情報提供していることに対する不安が高まり、米国に様々な要求を出した。例えば、独立した監査人を米国に置き、SWIFT から提供された情報が適切に管理され、情報へのアクセスがテロ対策のためだけに行われていることを監査し、監査人が SWIFT 理事会に報告書を送付する仕組みも導入された。また、立会人が米国の調査にリアルタイムで立ち会い、調査がテロ関連であることを認証し、もし問題があれば立会人の判断で米国の情報アクセスを即座に停止する「レッドボタン」制度も導入された[273]。

　2006 年 6 月 23 日、ニュー・ヨーク・タイムズが米財務省による SWIFT からの情報

271　Juan C. Zarate, *Treasury's War* (PublicAffairs 2013)
272　同書
273　同書

入手を一面で記事にする。記者からの事前のコンタクトに対して、本活動が合法的でかつ繊細であるとして記事化を思いとどまるよう説得していた財務省側は、記事掲載に対して大いに怒った。それは法律に基づき慎重に運用してきたという自負があること、そして何より、この記事によりプログラムの存在が世間に明らかとなったためにテロリストがSWIFT送金を避けて情報が取れなくなることを危惧したからだ。また、SWIFTが欧州において困難な立場に立たされることも怒りの理由であった。予想通り、米財務省に情報を提供していたSWIFTは欧州で厳しく批判される[274]。

　SWIFTが所在するベルギーのデータ・プライバシー委員会とEUのデータ・プライバシー勧告委員会は、SWIFTが米国召喚状に従って行動したことをレビュー。ベルギーのデータ・プライバシー委員会は2006年9月に、SWIFTによる米国召喚状の順守により、EUとベルギーのデータ保護法制への完全な遵守が妨げられたとの見解を示す。SWIFTは、①米国の有効で拘束力のある召喚状に従わないという選択肢はSWIFTにはなかったこと、②SWIFTはデータの加工者（processor）ではなくデータ保有者（carrier）でありEUデータ保護法制の違反を構成しないこと、③SWIFTは米側と厳しく交渉し米国財務省に供与されるデータの厳格な保護を米国側に求めたこと、を主張。さらに、今後の対応として、データをEU域内のやり取りと、それ以外を分け、前者のデータはいずれにしても米国等に供与されない形を取った。さらに、米国側は著名な欧州人を監視のために受け入れることとし、2008年3月にフランスの裁判官がその役割を任命された[275]。

　欧州側の求めで、米国と欧州は本プログラムに関する協定を結ぶ方向で調整が行われ、情報の限定、データ・マイニングの禁止、5年後のデータ消去、EUによるレビューの枠組みなどを定めた協定案に当局間で合意した。しかし同協定案は2009年の欧州議会は通らず、情報の要求を可能な限り限定的とする点を強化するなどの修正を施した協定案が2010年6月にやっと欧州議会を通過した[276]。

　同時多発テロを起点とする米国によるSWIFTからの情報収集（FINMINT）の顛末は以上のとおりだが、これは一過性の事象ではない。例えば、その後、イラン

274　同書

275　Susan V. Scott and Markos Zachariadis, *The Society for Worldwide Interbank Financial Telecommunication (SWIFT)* (Routledge 2014)

276　Juan C. Zarate、前掲書

の銀行のSWIFTからの除名も行われた。きっかけはニューヨークの「イランの核に反対する連合」（United Against Nuclear Iran: UANI）が2012年1月に、SWIFTシステムが金融取引を通じてイランの核開発を支援している、これはEUの制裁法や、米国の制裁法（US Comprehensive Iran Sanctions, Accountability and Divestment Act of 2010:CISADA）への違反であるとのキャンペーンを展開したことだ。2012年2月には米国上院銀行委員会がSWIFTへの制裁を許可する法案を可決した。2010年にSWIFTのメッセージ・サービスを利用したイランの銀行には、米国財務省によってイラン革命防衛隊（IRGC）の関連団体と指定されているBank Mellat、Sepah、Saderat、Post、イラン中銀が含まれていた。SWIFTには、利用者が制裁対象者等であり、取引を行うことがSWIFTの評判を傷つける場合には、そうしたメンバーを除名できるとの内部規定が存在する。2012年2月17日にSWIFTは、米国とEUで議論されている制裁の結果に従う用意があると表明した。2012年3月15日にEUがイラン制裁を修正し制裁対象へのメッセージ・サービスを禁止する。これを受けてSWIFTは、イランの制裁対象銀行との関係を断った。

　このように、イランの件では、米欧間での調整が行われ、両者のスタンスの違いによりSWIFTが板挟みとなるという状況は当面避けられた。しかし、より一般的な懸念として、SWIFT関係者からは、SWIFTが繰り返し「経済的武器」として利用されるリスク、SWIFTのDNAともいうべき政治的中立性が侵されていくリスクにつき言及がある。"SWIFT"の著者であるSusan V. ScottとMarkos Zachariadisは、米国さらにはEUにもみられる制裁法の域外適用の傾向の中で、「グローバルな組織がグローバルであり続けることが困難になりつつある状況」に関して警鐘を鳴らす[277]。"SWIFT"は2014年に書かれた本だが、こうした問題は深まる米中対立の中で、現在より深刻になっていると言えよう。

米国愛国者法311条の破壊力：バンコ・デルタ・アジア

2020年5月26日、香港のサナトリウム病院で一人の男が98歳の生涯を閉じた。

277　Susan V. Scott and Markos Zachariadis、前掲書

男の名はスタンレー・ホー（Stanley Ho）、マカオのカジノ王だ[278]。彼はバンコ・デルタ・アジア（Banco Delta Asia: BDA）というマカオ拠点の銀行も支配していた。マカオにおける銀行監督は不十分で、BDA では多くの資金洗浄（マネーロンダリング）が行われていた。北朝鮮も、手数料を支払い BDA のネットワークを利用することができ、北朝鮮の希少な金属の輸出収入の受け取り、預金の預け入れ、引き出し、送金などを担っていた。北朝鮮は、麻薬の販売、偽煙草の販売、スーパーノートとも呼ばれる精巧な偽 100 ドル札の製造・流通を行い、ミサイル技術をシリアなどに売って外貨を稼いでいた[279]。

米財務省は、こうした北朝鮮の違法で有害な活動を止めるためには、銀行へのアクセスを断ち切ることが効果的だと考えた。北朝鮮との活動が最も大きいのは BDA だ。BDA を対象として、有害な銀行であると指定することで、北朝鮮と取引をしている中国を含めた他の銀行もリスクを認識して北朝鮮との取引を控えるようになる。当時財務省で本件を進めていた、Juan C. Zarate の言葉を使えば、「鶏を殺して猿を震え上がらせる」（Killing the Chicken to Scare the Monkeys）作戦だ[280]。2001年 10 月に成立した米国愛国者法は、その 311 条で、マネーロンダリングやテロ金融を行う銀行を指定する権限を財務長官に与えている。

国務省やホワイトハウスとの調整を終えた財務省は、2005 年 9 月 15 日、愛国者法 311 条に基づき、BDA をマネーロンダリングの懸念のある銀行と指定した。BDA と取引する銀行はなくなり、また他の銀行も、北朝鮮との取引が米国の愛国者法 311 条の指定を招くことを恐れて、北朝鮮との取引に慎重になった。マカオ当局は、BDA に北朝鮮が保有していた 25 の預金口座の 2500 万ドルを凍結した。米財務省は中国との関係に配慮、米国が北朝鮮の違法な活動を懸念していることをスノー財務長官から周小川中国人民銀行行長に十分伝え、9 月 15 日の発表の前日にも中国人民銀行に電話をして今後何が起きるか説明したという[281]。マカオの中国銀行（Bank of China）は全ての北朝鮮口座を凍結した。中国の外交部や政治家の中には米国を批判する声はあったが、中国の銀行は、市場の力にさらされており、米国市場への

278 https://globe.asahi.com/article/13502406
279 Juan C. 前掲書
280 同書
281 同書

アクセスを切られるリスクを取るわけにはいかなかった[282]。

　この措置の特徴は、米国が北朝鮮資産を凍結したわけではない点だ。愛国者法311条に基づく資金洗浄（マネーロンダリング）の疑いのある銀行という指定の結果、各銀行が自らの判断で北朝鮮口座を凍結し、また、北朝鮮との取引を控えるという行動を産みだす点に特徴がある。CIAのマイケル・ハイデン長官は「これは21世紀の新たな精密誘導兵器だ」とコメントした[283]。船橋洋一氏によれば、2005年11月に行われた第5回六者協議では、BDAの問題が最大のテーマとなり、北朝鮮の金桂寛は「金融は血液のようなものだ。それを止められると心臓が止まる」と形容。北朝鮮側は米朝二者協議でも凍結された資金の返還を求め、それが返還されないのであれば今後六者協議には参加できないと言ったという[284]。

　愛国者法311条の指定は想像以上の効果があり、これは米国に北朝鮮に対するレバレッジを与えた。しかし、これは伝統的な制裁ではなく、簡単にスイッチオン、スイッチオフできるものではない。北朝鮮が違法な活動をやめ資金洗浄を行わなくなったときに指定が解除されるというのが筋であり、六者会議への参加状況などを考慮して311条の指定を解除する性格のものでは本来なかった。財務省側で本件を構想したザラテ（Zarate）は、311条の性質を正確に理解しない国務省との間で、財務省が激しく衝突したことを赤裸々に語る。コンドリサ・ライス国務長官より、北朝鮮との合意形成を任務として与えられて着任したクリストファー・ヒル（Christopher Hill）（東アジア・太平洋担当国務次官補）は、311条の指定の結果、六者協議が進まない状況にフラストレーションを高める。北朝鮮側はこうした米国内の割れ目に気づき、米国に圧力をかける[285]。北朝鮮は2006年7月4日には弾道ミサイルを発射、同10月6日には最初の核実験を行う。

　結局、凍結された2500万ドルは北朝鮮に返還されるが、「市場の力」で中国の銀行を含めて北朝鮮向けの送金を行ってもよいという銀行を見つけることは困難を極める。最終的には、2007年6月に、BDA → マカオ中央銀行 → ニューヨーク連銀 → ロシア中央銀行 → ソァーイースタン銀行（ウラジオストックに本店のロシアの銀行）

第4章　金融・通貨・インフラ

282　同書
283　同書
284　船橋洋一『ザ・ペニンシュラ・クエスチョン―朝鮮半島第二次核危機―』（朝日新聞社 2006）
285　Juan C. Zarate、前掲書

→ 北朝鮮外国貿易銀行というルートで送金が行われ、六者協議復活のための「代金」が支払われた。ザラテは、311条に基づく指定の目的である北朝鮮の資金洗浄等の違法な金融活動が改善されない状況において、指定を撤回して送金をしたことは、米国の対応への信頼を損ね、今後の311条の効果を傷つけたと厳しい評価を下している[286]。

▌相互依存の武器化の理論：3つの非対称

　これまで、事例を通じて通貨・金融が強力な武器となることを見てきた。しかし、こうした状況を作り出す理論的なフレームワークをどう考えるべきか。米ソ冷戦と比べ、米中対立がより「地経学」的な観点で語られるのは、中国が米国を含む西側諸国・さらには世界各国と強い経済的なつながりを持つからである。「相互依存」があるがゆえに、それが武器化される。「相互依存」は文字通り「相互」に生じるのであるから、A国がB国に依存することで脆弱性を抱えていたとしても、B国もA国に依存することで脆弱性を抱えていれば、脆弱性が打ち消し合うことも考えられる。この場合、「相互依存」があっても、双方向に働く「脆弱性」の故に、相互依存の一方的な武器化が抑止される可能性がある。いわば「対称的」な「相互依存」による「安定的」な関係だ。

　しかし、「相互依存」が「非対称的」であり、安定性を欠く、すなわち一方側からより積極的に武器化され使用されやすい状況があり得る。こうした状況は3つに類型化することが可能だろう。一つは、二国間での経済規模が異なるためにA国にとってB国との貿易の割合は小さくても、B国にとってA国との貿易割合は高く、そこに非対称性が生ずる場合だ。この点は、アルバート・ハーシュマンが1945年に著した『国力と外国貿易の構造』の中で、戦前のドイツとブルガリアの間での貿易を例にとり、ドイツにとってブルガリアとの貿易が全体に占める割合はわずかだが、ブルガリアにとってはドイツとの貿易の全体に占める割合は極めて高いとし、この非対称の中で、ドイツがブルガリアに対して影響力を一方的に行使できる可能性を指摘している[287]。二つ目は

286　同書
287　https://toyokeizai.net/articles/-/398224?page=2

二国間で政治体制の違い等から「相互依存」を武器化した場合に生ずるコストへの耐性が異なる場合だ。非民主的で人々の自由な意見表明の機会が封じられている全体主義国家においては、貿易や金融などの経済の流れを政治的な意図で止める際に人々に痛みが生じたとしても、そうした痛みを無視して政策を継続しやすい状況が考え得る。この場合、双方に痛みは生ずるが痛みへの耐性が非対称的であるために、一方による相互依存の武器化が誘発される[288]。三つ目は、相互依存がありながらもネットワーク型の相互依存の中で、各国のおかれた立場にトポグラフィー上の相違があり、相互依存の武器化の可能性が非対称な場合だ。

▍相互依存の武器化の理論：トポグラフィー

　この３つ目のトポグラフィー上の相違が作る非対称性という考えは、ヘンリー・ファレル（Henry Farrell）とアブラム・ニューマン（Abraham L. Newman）が提示している[289]。彼らは、国際的な経済ネットワークの構造に着目。一般にネットワークはハブとノードより構成されるが、ハブによってノード数の多寡は異なる。ノードの多いハブへのアクセス・コントロールを持つ国と、そうしたハブへのアクセス・コントロールを持たない国では（トポグラフィーが異なり）、ネットワークが作り出す相互依存に関して非対称が生じる。そして、こうした非対称が生じるネットワークの例として、金融メッセージ・サービス（SWIFT）、インターネット、サプライチェーンなどを挙げる。

　多数のノードを持つハブ、つまり中枢へのアクセス・コントロールを持つ国は、これを武器化する。ファレルとニューマンは、この武器化の方法には「パノプティコン効果」と「チョークポイント効果」の2つがあるとする。パノプティコンとは元々は英国の功利主義者ジェレミ・ベンサムが考えた刑務所の設計で、看守からは全ての囚人が見え

第4章　金融・通貨・インフラ

288　もっとも、全体主義国家・独裁国家においても、複数政党制による選挙を通じた統治の正統性付与のメカニズムを欠くが故に、高い経済成長や国民の生活の向上が「権力維持」のためにより重要となり、相互依存の武器化に伴う人々の痛みへの許容度が民主主義国よりも低くなる可能性も否定はできない。また、民主主義国においても、ナショナリズムが高揚し、経済的な痛みがあっても敵国に対して厳しい政策を取るべきとの世論が高まれば、相互依存の武器化を率先して選択する状況もあり得る。すなわち、現実はより複雑かも知れないということである。

289　Henry Farrell and Abraham L. Newman, "Weaponized Interdependence" *The Uses and Abuses of Weaponized Interdependence* (The Brooking Institution 2021)

225

るが、囚人同志や囚人から看守は見れないという設計だ。ここでは、「監視」や「情報入手」の意味で使われている。「チョークポイント」は「隘路」や「絞める点」という意味だが、ここではネットワークから遮断することを意味している。金融メッセージ・サービス（SWIFT）を例に考えれば、中枢へのアクセスも持つ米国は、このネットワークを武器化して、テロリストの情報を入手したり（＝パノプティコン効果）、イランの銀行をSWIFTから除名したり（＝チョークポイント効果）できる。しかし、常にこの二つの効果を得られる訳ではなく、インターネットの場合には、PRISMプログラムを通じて米国は情報を入手し「パノプティコン効果」の便益を享受していたが、特定国をインターネット網から排除するという「チョークポイント効果」は用いていない。ファレルとニューマンは、これは米国として「自由なインターネット」が重要との考えが強く、それを否定するような武器化に慎重なためと説明する。以上のとおりネットワークの武器化のためには、トポグラフィー上の位置が重要だが、加えて、有利な位置にある時にそれを効果的に活用できるような組織の存在も重要と指摘、米国の場合の財務省外国資産管理局（OFAC）の存在や法的基盤があることも大きいと説明する[290]。

デジタル人民元

　FRBウォーラー理事が主張するように、米国が（そして日本も）CBDCを急いで導入すべき理由は無いとの立場は明快だが、同時に、これまで過去の事例を見てきたように、通貨・金融の分野は、経済・商業的な観点のみならず、地政学的・地経学的な観点での考慮も重要であることは間違いない。特に、デジタル通貨が経済ネットワークを構成するとき、ファレルとニューマンが指摘するような多数のノードを持つハブへのアクセスを巡るトポグラフィー競争の可能性にも留意しておく必要がある。そうした問題意識を持ちつつ、中国が進めるデジタル人民元の導入に向けた動きを確認したい。

　中国は、中央銀行デジタル通貨（CBDC）、「デジタル人民元」の導入に向けて準備を進めている。中国にとって有利なのは、アリペイ、ウィーチャットペイなどの民間が提供するデジタル通貨が広く浸透し、人々の間でデジタル通貨への抵抗感がないこ

290　同書

とだ。中国のモバイル・ペイメントの 2018 年実績は 42 兆ドル相当で、これは米国の 1200 億ドルを大幅に上回る[291]。米国の場合にはクレジットカード、デビットカードが発達しており、それがモバイル・ペイメントの増加を抑えているという要素もあるが、いずれにしても中国はリープ・フロッグで米国の先を行く。これには、2014 年に中国当局がウィーチャット（テンセント）とアリババにデジタル銀行の運営を行うことを許可したことも大きい。中国における民間デジタル通貨の広がりは、人々がデジタル人民元を受け入れる素地を形成していると言える。

　中国人民銀行デジタル通貨研究所の前所長である姚前（Yao Qian）氏は、中国のデジタル人民元の基本設計を「一幣、両庫、三中心」と説明する。「一幣」とはデジタル人民元が法貨であり紙の人民元と同等という意味だ。紙幣と同じ価値を持ち、M0 を構成する。また、ネットワークと繋がっていなくても使用できるということで、いわゆるトークン型の要素も持つ CBDC が検討されている。また、一定の匿名性を付与。付利はしない方向。デジタル人民元の保有高に一定の上限を付すことで、銀行預金が全てデジタル人民元に転換され、銀行の信用創造機能に支障が来すことを避ける方向だ[292]。

「両庫」とは、2 段階のいわゆる間接方式を採用する方向だ[293]。間接方式というのは、中国人民銀行が直接、人々にデジタル人民銀行を発行するのではなく、まず、銀行に対して発行し、人々は銀行からデジタル人民元を受け取るという方式だ。人々とのインターフェースは商業銀行に比較優位があることから、間接方式の方が全体の効率が高いと思われ、主要国においても CBDC 検討においては間接方式が主流である。前述のとおり、アカウントベースではなくトークン型が検討されているが、分散型台帳を使うのではなく、中央集権的な発行が考えられている[294]。つまり、ブロックチェーン技術は使わない。ブロックチェーン技術による発行・管理には、中央の管理人が不在でも、個々の参加者の相互承認により取引の安全性が担保されるということで魅力を感じる向きもあるが、技術的に一度に可能な処理能力の制約が厳しく、中国に限らず経済規模のある国における CBDC の仕組みとしてはハードルが高いものと思われ

291　Richard Turrin, *Cashless: China's Digital Currency Revolution* (Authority Publishing 2021)
292　同書
293　同書
294　同書

227

る。匿名性に関しては、「管理された匿名性」（Controlled Anonymity）を付与するというのが中国の説明だ。これは、商品の売り手に対しては買い手の情報を共有しないという意味で現金と同様の匿名性を確保するが、デジタル人民元のトークンには、オウナーシップ情報等が記録され続け、それは人民銀行のデータセンターに送られ続ける。従って、国家に対する匿名性はない、というが現在の理解だ[295]。ただし、ピーターソン国際経済研究所（PIIE）のシニア・フェローであるマーティン・チョルゼンパ氏によれば、一定の金額未満の場合には中国人民銀行にも個人情報が共有されない仕組みも検討されている可能性があるようだ。チョルゼンパ氏は、党幹部や政府高官も全てを人民銀行に知られる状況は望んでおらず、「管理された匿名性」については中国当局も真剣に検討している可能性があると話す。

「三中心」とは、デジタル人民元を機能させるために、3つの主要センターが設けられることを示すが、詳細は明らかになっていない。「認証センター」（Verification Center）はアカウントを開設した際に、ID カード、電話番号、個人が結び付けられる。「登録センター」(Registration Center) は、デジタル人民元の取引に関して、確認し記録する。ネットワークにつながっていなくても使える CBDC が想定されているため、個別の取引と「登録センター」での記録にタイムラグが生じることを許容する "loosely coupled" な制度設計が考えられている。 また、リバーシブルなシステムが検討されており、トークンの入ったモバイルを紛失しても人民銀行システムで復旧できる[296]。「ビッグデータ分析センター」(Big Data Analysis Center) は登録センターで作成された情報の分析を行う。データ・マイニングなども行われ、資金洗浄の防止、経済動向の予測、マクロ経済政策への応用などが考えられている[297]。個人のすべての取引が中国人民銀行に筒抜けであるが故にこうした分析が可能となるのであり、その意味では、「怖さ」を感じるが、機動的な経済政策の策定や、ターゲットを絞った迅速・正確な個人への給付なども可能になると思われ、その潜在的な価値は極めて大きい可能性もある。

デジタル人民元は 2020 年 10 月に深圳でトライアルを実施、2022 年の北京冬季オ

295　同書
296　同書
297　同書

リンピックの際にも大規模なトライアルが行われた。しかし、中国人民銀行の金融政策局は、明確なタイムリミットは設けていないとも言及している[298]。導入したが機能しなかったという失態は避ける必要があり、トライアルの結果も踏まえて、準備の進捗に応じて実際の本格運用の開始日を決めていくものと思われる。

　日米を含めて西側諸国の関心は、デジタル人民元が国際取引に使われる可能性だ。中国のデジタル金融に詳しい Richard Turrin 氏は、中国の狙いは、ドルに代わって基軸通貨の地位を獲得することにあるとは言えないと述べる。しかし同時に、中国人民銀行が発行する雑誌「中国金融」が「中国は、米ドルの独占を打ち破るために、新たな支払いシステムのネットワークを作る必要があるし、またその能力がある。正統性のあるデジタル通貨は人民元の国際化にとって重要な手段となる」と表明していることを指摘。ドル支配体制からのデカップルへの志向があることを認めている。その上で、現実的には、まず、中国との貿易に関して、現在のドルが支配的な状況から人民元取引の比率を高めていくことを目標とし、デジタル人民元はそのための重要な手段となるのでないかと指摘する[299]。一帯一路（BRI）参加国との貿易建値は、2016年時点で人民元建は 14%に留まりドル建てが圧倒しているが、その後、人民元建てを増やす努力が続けられ、人民元建てが急速に増加しているという。中国人民銀行のデータでは、2014 年から 2019 年にかけてモノの貿易における人民元の使用は 3倍になったという[300]。低利の人民元建て融資なども活用した場合に、こうした動きがさらに促進される可能性がある。

CBDC：主要国の基本的な考えと日本の状況

　このように、中国はデジタル人民元の検討を精力的に進めているが、他の主要国も、中国の動きにも触発されつつ、研究を進めている。2020 年 10 月には BIS と、日本、米国、カナダ、英国、スイス、スウェーデンの中央銀行および ECB が共同で、「中央銀行デジタル通貨：基本原則と中核的特徴」という報告書を発表した[301]。3つの

298　同書
299　同書
300　同書
301　BIS, *Central bank digital currencies: foundational principles and core features*（BIS 2020）

第4章　金融・通貨・インフラ

基本原則として、①既存の通貨・金融の安定を害さないこと、②現金・準備預金・銀行預金といった既存の通貨と共存すること、③イノベーションと効率向上を促進すること、を掲げている。

　日本銀行も 2020 年 10 月に「中央銀行デジタル通貨に関する日本銀行の取り組み方針」を公表している[302]。日銀は、「一般利用型 CBDC」を発行する場合に期待される役割として、①現金と並ぶ決済手段の導入、②民間決済サービスのサポート、③デジタル社会にふさわしい決済システムの構築、を挙げる。また二層構造の「間接型」が適当した上で、基本的特性として、①ユニバーサルアクセス、②セキュリティ、③強靭性（停電時にもオフラインで使用できるようにする）、④即時決済性、⑤相互運用性（民間決済システムなどとの相互運用性を確保し、民間決済サービスの高度化などに適応する柔軟な構造）を挙げている。さらに、考慮すべき点として、保有額制限や、付利の有無、イノベーション促進の観点から民間事業者との協調、プライバシー確保、クロスボーダー決済への活用可能性の確保、などが上げられている。その上で、(i) 2021 年度の早期に概念実証フェーズ 1、(ii) 概念実証フェーズ 2、(iii) パイロット実験という流れが示されている。(i) の概念実証フェーズ 1 は既に開始されている。

▌彗星と火星：終わりに

　これまで、デジタル人民元を含む CBDC の動向につき、地経学的な要素を重視しつつ、考えてきた。基軸通貨であるためには、強い経済力、軍事力に加えて、当該通貨の取引への規制が少なく、使い勝手が良く、従って他国や企業が保有したいと感じることも重要だ。日本もそうだが、通常は資本規制を撤廃しながら通貨の国際化をはかる。しかし、中国の場合には清水順子教授が指摘するように[303]、「資本規制を残したままオフショア市場を活用することで、独自の人民元の国際化を進めてきてい

　https://www.bis.org/publ/othp33.htm

302　日本銀行「中央銀行デジタル通貨に関する日本銀行の取り組み方針」（日本銀行 2020 年）
　https://www.boj.or.jp/announcements/release_2020/rel201009e.htm/

303　清水順子「貿易建値通貨としての人民元の国際化―東アジア諸国の通貨体制に与える影響―」、小川英治編『グローバリゼーションと基軸通貨』（東京大学出版会 2019）

る。」基軸通貨には強いネットワーク効果（とそれに伴う慣性）が働くことを考えれば、仮に2030年前後に中国の経済規模が米国を凌駕したとしても、人民元がすぐに米ドルの基軸通貨としての地位を脅かすことにはならないだろう。

しかし、中国は、ドルへの過度な依存を修正し、人民元の利用を拡大するように努めるだろう。それは、基軸通貨としてのドルが持つ通貨発行益や、巨額の貿易赤字を為替リスクを気にせずファイナンスできるという「法外な特権」に挑戦するという経済的理由に基づくものではなかろう。むしろ、貿易、金融でドルに依存する状況が産みだす、米国によるドルの武器化に対する脆弱性を警戒し、過度なドル依存を修正したいという地経学的な動機と考えるべきであろう。

バリー・アイケングリーンは2017年に「火星か彗星か？　国際的通貨選択の地政学」という興味深い論文を書いている。「彗星」は商業の神で、「火星」は戦いの神だ。外貨準備の通貨選択に関して、安全性、流動性、貿易・金融関係など通常の経済的な要因により決定されるという考えを「彗星仮説」と名付ける。逆に、戦略的、外交的、軍事的な要因により決定されるという考えを「火星仮説」と名付ける。アイケングリーンは、両方の要因が影響しているとし、米国と同盟関係にある国は、そうでない国に比べて外貨準備をドルとする比率が30%増加すると分析している[304]。本論文は2017年のものだが、その後、ロシアや中国は外貨準備の米ドル比率を引き下げており、現在計算すれば、同盟による割増率は30%を超えるであろう。経済規模だけ見て人民元が間もなく基軸通貨になると安易に想定することが軽率であるように、中国が持つドル依存を減らしたいという地経学的動機を軽視することも危険である。

ウォーラー理事のCBDCへの懐疑は、経済的観点からは適切な部分が多い。しかし、地経学的な観点から見たときに、中国が率先してデジタル人民元の準備を進める中で、日米をはじめとする西側諸国もCBDCの検討と実証実験を着実に進めておく必要があろう。一帯一路に関しては、2015年の「一帯一路：ビジョンと行動」において周辺国等による人民元債の発行など人民元の利用拡大の方策が記載されている。今後、一帯一路プロジェクトへの人民元建融資や、共同での人民元貿易金融

第4章　金融・通貨・インフラ

304　Barry Eichengreen, Arnand J. Mehl, Livia Chitu *Mars or Mercury? The Geopolitics of International Currency Choice* (NBER2017) https://www.nber.org/system/files/working_papers/w24145/w24145.pdf

枠組みの推進なども考えられる。基軸通貨国米国としても、長期的な財政の持続可能性を維持して経済的なファンダメンタルズを改善すると共に、通貨・金融に関連した制裁の安易な発動は避けて真に必要な場合に限定し、ドル取引に伴う不確実性を減らす努力も必要であろう。SWIFTからの排除やドル・アクセスの拒否など通貨・金融関連の制裁は良く効くが万能薬ではない。それは抗生物質のように、使い過ぎると（代替決済手段や代替メッセージ・システムの構築や、ドルから他通貨へのシフトなどが生じ）効き目は落ち、基軸通貨の足元を掘り崩す恐れもある。米国も日本もCBDCをすぐに発行しないとしても、必要な場合には発行できるようにしっかりと研究・準備を進めると共に、米国においては、本来「慣性」が働くドルの基軸通貨としての立場を自ら傷つけないように注意深い政策選択が肝要である。

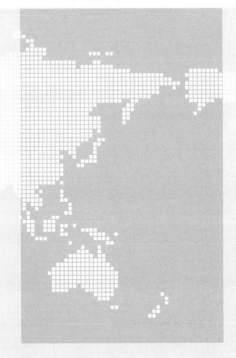

第5章

The Era of Geoeconomics

気候変動

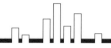

1 排出量取引と炭素税

経緯

菅前総理は 2020 年 10 月 26 日の所信表明演説で、2050 年までに温室効果ガスの排出を「全体としてゼロにする」と表明、カーボンニュートラルを宣言した。その後、2021 年 4 月 22 日、23 日と米国政府主催で開催された気候サミットにおける演説で、2030 年度目標（2013 年度比）を、従来の 26％削減から引き上げ、「46％削減することを目指し」、「さらに、50％の高みにむけ挑戦を続けて」いくと表明した[305]。

こうした排出削減目標を達成するための手段として、日本政府は「カーボンプライシング」を活用する方針を示している。菅前総理は、2020 年 12 月 21 日に梶山経済産業大臣と小泉環境大臣と会談してカーボンプライシングの導入の検討を指示[306]。2021 年 1 月 18 日の施政方針演説で、カーボンプライシングに取り組んでいくことを正式に表明した。

なぜカーボンプライシングか——トヨタとホンダ

日本自動車工業会の豊田会長（トヨタ自動車社長）は、2021 年 4 月 22 日の記者会見で「ガソリン車を禁止すればその雇用が失われる。噴射技術など日本が培ってきた強みも失われてしまう」と訴え、バイオマス燃料や、水素から作る液体燃料の「e-fuel」などを活用し、内燃機関（エンジン）を使いつつ、燃料を脱炭素化する方法もあると主張した。一方、翌 23 日の記者会見でホンダの三部社長は、ガソリン車を手放す覚悟を決め、40 年までに世界の新車販売をすべて電気自動車（EV）と燃料電池車（FCV）にする目標を発表した。

305　気候サミットにおける総理演説　https://www.mofa.go.jp/mofaj/files/100180268.pdf
306　時事の報道　https://www.jiji.com/jc/article?k=2020122100913&g=soc

　将来の自動車の姿に関して、豊田会長と三部社長のどちらが「正解」なのだろうか。現時点では「正解」はまだわからない、というのが正しい答えであろう。二人ともこれを自覚している。三部社長は「EVとFCVとあえて言ったが、特定の技術に対する決め打ちはしない」とも発言。また、豊田会長は会見で、日本の培った燃焼技術への熱い思い入れを正直に吐露しつつ、「ゴールはカーボンニュートラルだが道は一つではない。」「出口で規制して狭めるのではなく、選択肢を広げることが大事。」と繰り返し強調していた。

　「正解」がわからないのは自動車だけではない。製鉄も還元に石炭（コークス）ではなく水素を使う水素還元製鉄が注目されるが、水素還元製鉄が「正解」か否かは二酸化炭素を排出しないで作られた大量で相対的に安価な水素が得られるか次第だ。再生可能エネルギーでの発電に関しても、陸上の風力発電が良いのか、海上での風力発電が良いのか、太陽光発電が良いのか、地熱発電が良いのか、中小水力発電が良いのか、バイオマス発電が良いのか、水素・アンモニア発電が良いのか、それぞれの適切な割合は何かについて、2050年の絵姿を今確定するのは難しいだろう。通常時でも30年後の状況を予想するのは困難だ。今から30年前にはハイブリッド車は存在しなかった。さらに、今後カーボンニュートラルを目指して政策が強化される中で、新たにどういう技術が生まれるか、あるいはどの既存技術が経済性を高めていくか、それぞれの技術に対する国民の受容性はいかほどか、などにつき、事前に確定的に予想することは不可能だ。こうした状況においては、技術中立的で、民間セクターによる技術開発・創意工夫・（新規参加者を含めた）企業努力に親和的なカーボンプライシングが有力な政策手段となる。

▍排出量取引と炭素税の基本的な考え方

　カーボンプライシングの代表的な方法は、「排出量取引」と「炭素税」だ。「排出量取引」は、各主体に温室効果ガスの排出枠を割り当て、実際の排出が枠を超過した主体は、余った主体から排出枠を買い取ることを義務付ける制度だ。排出枠を購入してもなお排出が超過する場合には罰金が科される。「炭素税」は、温室効果ガスの一単位の排出に一定の税を課すことで、排出削減を促す制度だ。いずれの制度においても、一単位の炭素排出に均一のコストが掛かるので、みな、そのコス

トに達するまで排出削減努力を行う。その結果、排出削減の限界コストは国全体で同一となり、最も効率的に排出削減が行われることになる。逆に言えば、一定の予算で排出削減を行う場合に、カーボンプライシングを活用することで、当該予算で最も多くの排出削減が行われることが担保される。

　温室効果ガスの排出は、いわゆる「負の外部性」だ。石炭火力発電事業者が二酸化炭素を排出すれば、それは温暖化というコストを社会に産むが、市場取引でこのコストが評価されない（無視される）ため、「私的費用」（石炭火力事業者にとってのコスト）と「社会的費用」（社会全体に生じるコスト）に乖離が生じる。この結果、石炭火力による発電は、社会的に望ましい水準よりも過剰になる。英国の経済学者、アーサー・シスル・ピグーは、こうした場合に、負の外部性（上記の例だと二酸化炭素の排出）に課税することで、外部性を内部化し、石炭火力発電を社会的に望ましい水準まで減らすことができるとする。炭素税はピグー税の一種だ。

　排出量取引は、シカゴ大学の経済学者、ロナルド・コースによるコースの定理に基づく。コースは、外部性のために「市場の失敗」が不可避と考えられるケースにおいても、権利を当事者間に明確に配分することで、当事者の交渉により望ましい水準が達成されるとする。例えば、湖のほとりに工場がある場合を考える。工場に湖を汚す権利を与えて、住民が工場にお金を払って汚染物質の排出を減らすという交渉を行うケースと、住民にきれいな湖を楽しむ権利を与え、工場が住民にお金を払って汚染物質の排出を行うという交渉を行うケースでは、結果として生じる排出量は同一で、その水準は社会的に望ましいものとなる。これを温室効果ガスの排出に応用したものが排出量取引だ。

　炭素税と排出量取引は、「価格」と「排出量」のどちらを固定するかが異なる。炭素税の場合は、価格（炭素税率）を固定し、それに応じて発生する排出量は変化する。逆に、排出量取引の場合には、排出量を固定し、取引を通じて決まる価格（排出権価格）は変化する。

排出量取引と炭素税の共通点と違い

　排出量取引と炭素税には共通の部分と異なる部分がある。ハーバード大学 Robert N. Stavins 教授は、両者の共通点と相違点を項目毎に分析しているところ、

同教授の議論のポイントを紹介する[307]。

削減コスト：不確実性がなければ、排出量取引と炭素税は、同等のコスト（対応する税率・排出枠）において同等の排出削減効果を産む。限界削減コストを均一にするという意味で、効率的な排出削減を実現する（一単位のコストで最大の排出削減を実現する）手段だ。

収入：理論的には、初期の排出枠の配分をすべてオークション（有償）で行えば、排出量取引も炭素税も同等の収入を国庫にもたらす。

分配上の影響：家計への影響は、家計の支出面と収入面の二つから構成される。支出面では、通常カーボンプライシングは逆進性（収入が低い人の負担が重い）がある。2018年のフランスでの労働者等による抗議運動である黄色いベスト運動の発端の一つが、排出削減を狙いとする燃料税の増税であったことは記憶に新しい。また、収入面では、通常カーボンプライシングは累進性（収入が低い人の負担が軽い）がある。収入面での累進性は、税収を一括で個人に還元すれば非常に大きく、法人税減税に使えば程度は下がるがそれでもまだ累進性がある。なお、Stavins教授は、多くの場合は、収入面が支出面よりもインパクトが大きく、全体としては逆進的であるよりも累進的であることが多いとする。経験則としてはそうなのであろうが、一部に生ずる逆進性を軽視することは、制度への支持を弱めるものであり、十分な留意が必要である。なお、初期の排出枠を100%オークションで配分する排出量取引も、炭素税と同様の分配上の影響を持つ。

競争上の影響：炭素集約度の高い財の国内生産コストが上昇することで、同様の制度を持たない国外と比べて国内企業が不利な立場に立たされ、工場の国外移転などリーケージが生ずる可能性がある。発電、交通、居住用ビルなど非貿易財の場合にはリーケージは限定的だが、エネルギー集約度の高い製造業の場合にはリーケージは深刻となる。これは、排出量取引の場合も炭素税の場合も同様である。

価格の変動：炭素税の場合にはコストは一定だが、排出量取引の場合には、経済の状況等により排出権価格が短期的に変動する。こうした価格変動は企業の投資や研究開発活動にマイナスの影響を与える。排出量取引におけるこうした変動を緩

307　Robert N. Stavins,"*Carbon Taxes vs. Cap and Trade: Theory and Practice*" (Harvard University 2019) https://www.hks.harvard.edu/centers/mrcbg/programs/growthpolicy/carbon-taxes-vs-cap-and-trade-theory-and-practice

第5章　気候変動

和するには、バンキング（今期の余剰排出権の将来への移転）やボローイング（今期の排出権の不足を補うための将来の排出権の前借り）を認めるなどの工夫が必要である。

補完措置との相性：排出量取引を導入している場合に、補完的に排出を規制する拘束力ある措置を導入する場合、3つの影響が生じる。一つ目は、拘束力ある補完措置の対象なる分野では排出枠が使われず、排出枠は他の分野に流れていく。すなわち、制度間での「漏出」が生じ、補完措置の導入にもかかわらず全体の排出が減らないという影響。二つ目は、拘束力ある補完措置の対象となる分野と、それ以外の排出量取引の対象の分野で排出削減限界費用が一致せず、効率的な排出削減が達成できないという影響。三つ目は、排出権価格が低迷し、排出量取引制度の下での排出削減努力や技術革新促進効果が低減するという影響。以上は排出量取引制度の場合だが、炭素税の場合には、二つ目の効率的な排出削減が達成できないという影響に関しては排出量取引と同様だが、一つ目（制度間での漏出）および三つ目（価格低下による排出削減努力や技術革新効果の低減）の影響は発生しない。

取引費用：排出量取引は、排出権の取引が企業間で行われることから、それに伴い取引費用が発生する。もっとも、1995年より始まった米国の二酸化硫黄排出量取引システムに鑑みれば、適切に設計された民間市場は取引費用を低位に抑えることができる。

マクロ経済との関係：排出量取引は、好景気時には排出権の需要が増えて排出権価格が上昇し限界排出削減コストは上昇する。不景気時にはこの逆の現象が生ずる。すなわち、排出量取引はカウンター・シクリカル（景気振幅抑制的）な性格を持つ。これに対して、炭素税の場合には景気にかかわらず、炭素税率は一定である。また、排出量取引は、技術革新が起きて、限界削減コストが低下しても、排出権価格が低下するだけで総排出量は変化しない。これに対して、炭素税の場合には、技術革新により限界削減コストが減少すれば、総排出量も減少する。

他国の制度とのリンケージの容易さ：カーボンプライシングを進める他国の制度とのリンケージができることは、他国のより低いコストの排出削減機会を活用し得ること、市場参加者の市場支配力を低減し市場機能を強化し得ること、政治的なモメンタムを強化し得ること、規模の経済を享受し得ること、等から望ましいことと考えられる。排

出量取引は、排出権がシンプルに排出可能な炭素の量を表すことから、共通の通貨として、異なる法域をつなぐことが容易である。

　運用の複雑さ：最も単純な排出量取引は、最も単純な炭素税よりも複雑である。排出量取引は、期末の排出権の補足、オークションの実施、その他ルールの整備など政府の多くの関与を必要とする。

▎排出量取引と炭素税：どちらがよいのか？

　これまで排出量取引と炭素税を項目毎に見てきたが、どちらの制度が優れているのだろうか。2020年時点で、31の国・地域が排出量取引制度を、30の国・地域が炭素税を導入しているように、導入国数は拮抗している。両方導入している国もある。どちらの制度を導入するかよりも、どちらかの制度を導入する際に、それを効率的で適切な制度設計の下で導入することの方が重要との意見もある。こうした状況や考えに留意しつつも、あえて、両者を選択する場合にどちらがより望ましいかという観点で議論を進める。

　上述したとおり、「削減コスト」「収入」「分配上の影響」「競争上の影響」の点では、排出量取引と炭素税には基本的には違いはない[308]。「取引費用」と「運用の複雑さ」については、排出量取引の欠点となり得るが、適切で透明な制度設計と運用により実際の悪影響を小さくすることは可能と言える。

「他国の制度とのリンケージの容易さ」については、潜在的には排出量取引の利点となり得るが留意すべき点がある。Stavins教授は、排出権が排出を許容する炭素の量を示すことから、その流通による異なる法域間でのリンケージの可能性を示唆するが、各法域における排出枠の設定の厳しさが異なれば、同じ1トンでも各排出権の持つ意味が異なってくる。これは、比喩的に言えば、同じドルでも米ドルとカナダドルとシンガポールドルの価値が異なるのと同じだ。各法域で炭素制約の厳しさが異なれば、これは排出権価格の違いとなって現れる。これを、同じ1トンの排出を認めているのだからと同じ権利としてリンケージを行えば、（限界削減コストが均等化するとい

308　排出量取引において枠の無償供与を行えば収入などで両者は異なってくるが、ここでは、全量オークションを前提に考えている。

う意味で複数法域間での効率的な排出削減にはつながるものの、）厳しい排出枠の設定を受けた国の企業から緩い国の企業に大量の資金が流れ出すという状況が生じる。このような状況は、厳しい排出枠設定を行う国にとり全く受け入れられないだろう。もし複数国が、完全に同じ厳しさの排出枠設定を行っていれば、それはEU 排出量取引制度（EU ETS）のように、複数国が共通の排出量取引制度を導入しているという状態であろう。これは異なる法域（制度）間でのリンケージではない。すなわち、「他国の制度とのリンケージの容易さ」に関して、排出量取引が炭素税よりも当然に優れているということは言えないと考えられる。

「マクロ経済との関係」については、一般的には政府の政策は景気変動を増幅するよりも抑制する方が望ましく、その意味では、排出量取引のカウンター・シクリカルな性格は炭素税に比してメリットがあると認識できよう。もちろん、これは景気悪化時には設定した枠が緩く感じられる（追加的な排出削減のための圧力が減じてしまう）ということと表裏一体である点は留意しておく必要がある。この点は「価格変動」における議論とも関連する。

　排出量取引においては「価格変動」が発生し、それが企業の予測可能性を害し、研究開発や投資に悪影響を与えるという点は、排出量取引の大きな欠点であろう。ただ、前述のとおり、バンキングやボローイングを認めることで、そうしたショックを一定程度緩和することは可能である。また、制度的に排出権価格に上限（キャップ）や下限（フロア）を設けることで、こうした価格変動の悪影響を緩和することも可能だ。先に述べたとおり、排出量取引は、量を固定して、価格を動かす。炭素税は、量は動かし、価格を固定する。量と価格の双方を完全に固定するのは難しく、排出量取引で排出権価格の上限や下限を導入するということは、量の固定を部分的に放棄して、一定の価格の安定を手に入れるということを意味する。思考実験として排出量取引において上限と下限をどんどん狭めて一つの価格にすれば、これは炭素税と同じ機能と効果を持つ制度となる。炭素税においても、量を確定できないという欠点を緩和するために、当初計画した国全体での排出削減目標を達成できない場合に翌期に炭素税を（当初予定より）引き上げるラチェット・メカニズムという方法もある[309]。量

309　後述するが、（廃案となったが）以前に米国議会に提案された連邦レベルの炭素税法案の複数に、そうした税率調整条項（ラチェット・メカニズム）が含まれていた。

へのコミットを強めて、価格の安定という炭素税のメリットを部分的に放棄する方法だ。このようにみると、「排出量取引」か「排出権」かという単純な二者択一ではなく、さまざまな工夫の上で落としどころを検討するという実際的な態度も重要と思われる。

「補完措置との相性」は、補完的な拘束力のある措置を導入した際に、排出量取引だと制度間で「漏出」が生じ、また排出権価格が低下し技術革新を含めた排出削減への意欲が減殺されてしまうという問題だ。例えば、電力セクターを含めてオークションで排出量取引制度が導入されている場合に、事後的に、石炭火力発電の運転禁止という拘束力ある措置を導入する場合、取引可能な排出権は石炭火力発電以外のセクターで使用される（漏出する）のみならず、石炭火力分野での排出権への需要がなくなるので当該措置は排出権価格全体を低下させる要因ともなり、経済全体の排出削減意欲が削がれる。これはベースとして炭素税を採用している場合には生じない問題だ。（限界削減コストが社会全体で均一とならず、効率的な排出削減が行われないという問題もあるが、これは炭素税の場合にも排出量取引の場合にも発生する問題なのでここでは扱わない。）我が国は2050年の炭素中立にコミットした。これはネット排出ゼロであり、グロスでの一定の排出は継続するが、それでも、かなり強い排出抑制措置を導入することが必要となる。効率性の観点からみて、カーボンプライシングの導入は適切な判断だが、排出削減を深堀りしていく中で、「拘束力ある補完的措置」も併せて活用していくことがますます重要となる。従って、カーボンプライシングを使う場合も、それが「拘束力ある補完的措置」との相性が良いかどうかは極めて重要な要素となる。この点で、炭素税は排出量取引よりも優れている。

　以上、さまざまな観点から排出量取引と炭素税につき比較・検討してきた。既に言及したように、いずれの場合も実際にはそれぞれ純粋な「理念型」のまま導入するのではなく、「量」と「価格」のトレードオフの中で、社会が受け入れやすいように工夫を行いながら、ハイブリッドな要素を加えつつ導入することが現実的である。その上で、あえて両者に優劣をつけるのであれば、シンプルであること、価格が安定的であり事業者等に予見可能性を与えること、補完措置との相性が良いこと、などから、炭素税をベースとした制度設計が望ましいと考える。

第5章　気候変動

各国の炭素税

　日本は温室効果ガスの排出量取引制度は、東京都や埼玉県が導入しているが、国レベルでの制度はない。これに対して炭素税については、2012年に地球温暖化対策税を導入している。税率は二酸化炭素1トンあたり289円と極めて低いが、カバー率は82％と比較的広く、2018年度に7013億円の税収を上げている。税収は一般会計ではなく特別会計に入れられ、省エネ対策、再生可能エネルギー普及、化石燃料クリーン化などに使われている[310]。また、これとは別に、温暖化対策を目的とするものではないものの、石油石炭税や揮発油税（ガソリン税）も存在する。日本において炭素税導入を検討する場合には、これらの既存の措置との関係も考慮に入れる必要があろう。

　炭素税を導入している他国と比較した場合、日本の地球温暖化対策税は、税率の低さと、資金使途を特別会計を使った省エネ対策等の特定目的に限定している点に特徴がある。主要国の税率を見ると日本の289円に対して、スウェーデンは1万5470円（1150SEK）、ノルウェーは6912円（500NOK）、デンマークは3100円（173DKK）、スイスは1万1140円（96CHF）、フランスは5930円（44.6EUR）、英国は2870円（18GBP）、カナダ・ブリティッシュコロンビア州は3010円（35CAD）となっている。また、税収の使途は、スウェーデンは一般財源で法人税引き下げと一体的に導入、ノルウェーは一般財源で所得税減税に活用、デンマークは一般財源で自主協定締結企業への補助金供与や社会保険雇用者負担軽減等と一体的に導入、スイスは2／3程度を国民・企業へ再配分、残り1／3程度を建築物改装基金へ充当、フランスは一般会計から競争力・雇用税額控除、交通インフラ資金調達庁の一部、及び、エネルギー移行のため特別会計に充当。英国は一般税源。カナダ・ブリティッシュコロンビア州は税制中立税として導入され法人税等の減税に充てられている[311]。

310　2021年4月22日付「第4回　世界全体でのカーボンニュートラル実現のための経済的手法等のあり方に関する研究会」での、日本エネルギー経済研究所作成資料

311　同書

米国の過去の炭素税法案

米国は現時点では連邦レベルの炭素税は導入されていないが、過去、何度か炭素税法案は議会に提案されており、これらの法案は相互に多くの共通点がある。最近の主要な法案は日本の制度を考える上でも参考になると思われるところ、2019 年の7 月に提案された3つの法案の概要を確認する[312]。

The Climate Action Rebate Act of 2019 (CAR Act) は、Sen. Chris Coons (D-DE) と Sen. Dianne Feinstein (D-CA) が上院に提案、ReP. Jimmy Panetta (D-CA) が下院に提案。内容は以下のとおり。

- 二酸化炭素を 2017 年比で 2030 年に 55%、2050 年には 100%削減することを目標とし、15 ドル／ CO_2 トンの炭素税を導入。以降、毎年 15 ドルずつ税率を上げていく。もし特定年の目標を達成できなければ、15 ドルではなく 30 ドル税額を上げる。

- 上流で課税を行う。石油なら製油所段階で課税、ガソリンスタンドでは課税しない。

- 温暖化係数に応じて、二酸化炭素以外の温室効果ガスに対しても課税。CCS 実施時には税を還付。国境調整措置も適用し、関連する輸入には炭素税が課され、また対応する輸出時には税を還付。

- 税収の 70%を低中所得者に毎月配当の形で配分。個人所得が 8 万ドル未満（共同所得が 13 万ドル未満）の場合は満額配当。8 万ドル～ 10 万ドル（13 万ドル～ 15 万ドル）の場合は部分配当。それ以上の場合には配当無し。子供も半額もらえる。これら配当は課税所得となるが、その他の政府プログラムを検討する際には計算上は所得に含めない。

- 税収の 20%は「適応」を含めたインフラ投資に充てる。

- 税収の 5%はエネルギー省の R&D に配分。

- 税収の 5%は化石燃料からの移行により影響を受ける労働者と地域に配分。

The Stemming Warming and Augmenting Pay Act (SWAP Act) は Rep. Francis Rooney(R-FL) と Rep. Dan Lipinski (D-IL) が下院に提案。内容は以下のとおり。

- 2030 年に 2005 年比で 42%削減することを想定。当初 30 ドル／ CO_2 トンの税率で、

---

312 Chad Qian, *"3 Carbon Tax Bills Introduced in Congress"* (Tax Foundation 2019) https://tax foundation.org/carbon-tax-bills-introduced-congress/

その後毎年インフレ調整と共に5%ずつ引き上げていく。2年毎にマイルストーン未達であれば3ドルを税率に追加。

- 法律発効後12年間は、Clean Air Act での温室効果ガスの規制を禁止する。
- 上流課税で、国境調整措置あり。
- 税収の70%は、個人所得税（payroll tax）の減税に。10%は社会保障給付（Social Security beneficiaries）に。20%は、適応、強靭化、R&D、州への一括配分（低所得者対策費）。

The Raise Wages, Cut Carbon Act (RWCC Act) は Rep. Dan Lipinksi が下院に提案。内容は以下のとおり。

- 当初は40ドル／CO2トンの税率。以降、毎年インフレ調整と共に2.5%ずつ引き上げ。2005年比で20%削減したところで税額引き上げは停止。
- 上流課税で国境調整措置あり。
- 税収の84%は個人所得税の減税に。10%は社会保障給付。6%は低所得者への給付（うち5%は低所得者家庭エネルギー支援プログラムに、1%は低所得者住居のエネルギー効率改善に）。

3つの法案に共通するのは、当初の税率（15ドル、30ドル、40ドル）をその後に毎年上げていくこと。排出削減が当初の目標を下回る場合には、税率の増加幅を拡大するというラチェット・メカニズムも二つの法案で採用されている。いずれも課税のポイントは上流。国境調整措置も導入する。

資金使途は、低所得者に配慮しつつ7割〜9割程度を個人所得税の減税や個人へ給付に充てる点も3つの法案で共通している。適応やインフラを含めて広い意味での気候変動関連への支出は1割弱〜3割程度。

法案の一つ（SWAP act）が、「規制停止（regulatory break）」を入れているのが興味深い[313]。法律発効後12年間は Clean Air Act による温室効果ガスの規制を禁止するものだが、これは、産業界の協力を得るために、直接的な規制を一定期間は課さないという飴を与えるもの。税率にもよるが、多排出産業にとっては直接規制が課されるよりも炭素税の方がまだましという声がある。実際に、米国石油協会

---

[313] ジェームズ・ベーカー、ジョージ・シュルツの両国務長官等が取りまとめた炭素税案においても、炭素税を入れる代わりに不法行為（Tort）による責任を免除するという考え方が取り入れられている。広義の「規制停止（regulatory break）」と言えよう。

（API）は、2021 年 3 月 25 日に、炭素税等のカーボンプライシングを支持するとの立場を表明した。ただ、API のステイトメントは、「経済全体での市場ベースでの対応を促進するものとしてカーボンプライシングを支持する」としたうえで「規制の重複を避けつつ全ての経済分野で炭素を価格付けする合理的な立法を支持する」と補足している[314]。これら法案を解説する Chad Qian 氏は、「規制停止（regulatory break）」に関して、ピグー税（炭素税）は外部性を内部化するのに十分なので理論的には SWAP Act のような形（規制停止：regulatory break）が効率性の観点で望ましいとする。確かに、「補完的措置との相性」でも触れたように、炭素税が導入されている中で特定分野に拘束力ある規制的措置が取られると（限界削減費用が均一にならないので）効率性が削がれる可能性はあるので、「規制停止」の理論的な背景は理解できる。しかし、ネットゼロという高い排出削減が求められる新たな環境の中では、「補完的措置」との協働の可能性を否定することは、目標達成の手段を大きく制約するものと言える[315]。政治的なプロセスの中で様々な駆け引きが必要な局面はあり得るが、（炭素税の本質である「効率性」は重視しつつも）炭素税法案の中で安易に強く広い「規制停止（regulatory break）」を規定することには慎重であるべきだろう[316]。

第 5 章 気候変動

---

314 「Endorse a Carbon Price Policy to drive economy-wide, market-based solutions. ・Advocate for sensible legislation that prices carbon across all economic sectors while avoiding regulatory duplication.」
https://www.api.org/news-policy-and-issues/news/2021/03/24/climate-action-framework

315 また、理論的にも、排出削減が大きく進展し極めて高い炭素税が適用されている状況では、限界削減コストも極めて高くなっているはずで、規制導入により限界コストの不均一が生じたとしても、その不均一の度合いは大きくはない（よって効率性の低下による社会的コストも大きくない）と考えられる。

316 ちなみに、Daniel Rosenbloom, Jochen Markard, Frank W. Geels, and Lea Fuenfschilling は 2020 年に「なぜカーボンプライスは不十分か」という論文を執筆している。一言でいえば、カーボンプライシングは甘すぎる、もっと厳しい措置を導入すべきとの主張である。低コストの排出削減手段を利用するという効率性がカーボンプライシングのメリットという意見に対しては、彼らは、低い位置になっていて手の届きやすいリンゴだけではなく、全てのリンゴを積まねばならないと主張する（"Despite the urgency of the problem, carbon pricing places considerable weight on seeking low-hanging fruit and, according to Patt and Lilliestam, fails to appreciate that "we must eventually pick all of the apples on the tree""）。石油業界がカーボンプライスを支持し、環境重視派がそれを甘いと批判する状況は、温暖化問題に対する認識が厳しさを増していく現状を象徴的に示しているようで興味深い。Daniel Rosenbloom, Jochen Markard, Frank W. Geels, and Lea Fuenfschilling, "Why carbon pricing is not sufficient to mitigate climate change—and how "sustainability transition policy" can help" PNAS, April 8, 2020
https://www.pnas.org/content/117/16/8664

■「自律的内部化」のみで解決することは可能か

　2021 年 4 月 22 日に開催された「第 4 回 世界全体でのカーボンニュートラル実現のための経済的手法等のあり方に関する研究会」に提出された政府の資料は、その 4 頁で、市場みずからが「迷惑財」の価格を内部化、「市場価格」をつける傾向にあるとしたうえで、国が炭素税等を課さなくても、市場の力で解決できるのではとの示唆がなされているような印象を受ける。

　ESG を重視する流れの中で、国民の意識が温室効果ガスの排出削減に貢献するというのは重要な論点だ。値段が高くても地球環境に良い商品を購入する、排出削減に熱心な企業の債券や株式を購入するという国民の行動は、温室効果ガスの削減の観点で重要であり、気候変動関連情報の開示制度の整備等を通じて、そうした「意識」を温暖化対策に活用していくことは今後ますます重要となろう。こうした「意識」の「圧力」は、温室効果ガスを排出する企業のみならず、それに融資等を行う金融機関をも対象とする。その意味では、温室効果ガスという「迷惑財」の外部性への対応は、政府・議会による規制措置・炭素税・排出量取引といった対応（これを「制度的内部化」と呼ぼう）と、国民の意識と圧力による対応（これを「自律的内部化」と呼ぼう）が車の両輪となって進めて行く必要がある。

　以上のように、「自律的内部化」の効果はあるし、それは重要なのだが、今考えるべきことは、①炭素税等の「制度的内部化」が「自律的内部化」を阻害するかという点と、②「制度的内部化」なしで「自律的内部化」のみで排出削減目標（2050 年ネットゼロ）の達成が可能かという点だ。

　まず①についてだが、「制度的内部化」は「自律的内部化」を阻害するのではなく、むしろ強化する。「人のものを盗んではいけない」という人々の規範意識は、刑法 235 条の規定により窃盗罪は「10 年以下の懲役又は 50 万円以下の罰金に処」せられるという制度のために弱められることはない。むしろ、刑法の規定により人々の規範意識は強められる。これと同様、脱炭素に関しても「制度的内部化」が「自律的内部化」を阻害するとは考えられない。

　②については、「自律的内部化」のみで排出削減目標の達成は困難と考える。地球環境に良いこと行いたいという人々の意識は今後さらに高まるだろうが、そのためのコストが今よりも遥かに大きくなるときに、大多数の人々が自主的・自律的にそれを選択すると考えることは、政策立案の観点からは楽観的に過ぎよう。窃盗罪という刑法

の規定がなくても窃盗をしない人が大多数であろうが、今とガソリン価格が変わらず、炭素税も入らず、直接規制も導入されないときに、大多数の人々が自発的にガソリン車の利用を止めるとは考えにくい。ESG 投資を考えても、現在は、ESG 投資の金銭的リターンは必ずしも非 ESG 投資に劣後しないという「予定調和的」で「幸せ」な前提の下で実現している。しかし、E の目標がどんどん高まるときに、ESG 投資の金銭的リターンが非 ESG 投資に劣後するという「不幸」な現実が生ずるだろう。地球環境への思いの強い一部の投資家はそうした投資のアンダーパフォーマンスを甘受するだろうが、多くの投資家が、地球環境のために「自分だけ」がどこまで損失を我慢すべきかを考え始めるだろう。こうした「不幸」な隙間（＝負の外部性）を埋めるためには、規制的措置や炭素税などによる「制度的内部化」が必要となろう[317][318]。

以上のとおり、①「制度的内部化」は「自律的内部化」を阻害せず、②「自律的内部化」のみではカーボンニュートラルの目標達成に不十分であるとすれば、人々の意識に基づく「自律的内部化」をさらに高めつつも、民主主義の下での集団的な意思決定により、炭素税等の「制度的内部化」の導入を急ぐことが重要となる。

┃ 競争力と成長

排出量取引制度や炭素税の導入は、炭素集約度が高く貿易財を生産する企業の競争力に大きな悪影響を与える。また、悪影響を受けた国内企業が生産を減らして炭素制約の緩い海外の生産が増えれば世界の温室効果ガスの排出は減少しない（リーケージ）。本来は、他国も同等の規制・カーボンプライシング措置を導入すること

---

[317] ミルトン・フリードマンが 50 年前に企業の目的は利益の最大化と書いたときに、その理由の一つに、外部性の内部化は企業や経営者ではなく政府が制度的に実施すべきとの考えがあったことは想起すべきであろう。フリードマンの考えには賛否両論がありえるが、市場メカニズムを信じ政府の介入を極力少なくすべきと考える人物においてなお、環境等の外部性に対しては政府の制度的な介入を主張していたことは認識しておくべきであろう。

[318] 関連する論点として、現在は ESG バブルの状況にあるのではないかとの議論がある。ESG 銘柄には、将来キャッシュフローの割引現在価値では説明の付かないような高い株価が多いという議論だ。そのような乖離の一定部分は、炭素税導入など「制度的内部化」が行われることで、説明がつくようになる可能性がある（株価＝人々の期待に、後から制度が追い付く形）。もっとも、それでも説明しきれない本当にバブルな ESG 銘柄も存在するように思われる。

が望ましいが、そうした国際的に協調した対応が取られないのであれば、いわゆる「炭素国境調整措置」の導入を検討すべきであろう。特に中国は、排出量取引制度を開始したもののその対象範囲は極めて狭く、また、国内での石炭火力発電所の建設を引き続き継続するなど、2030年までの排出量のピークアウト、2060年までのネットゼロというコミットを守れるのか疑問が残る。WTOルールと整合的な「炭素国境調整措置」に向けた検討は喫緊の課題であろう。

　また、カーボンプライシングを含めて排出削減措置を検討するにあたっては、成長への影響への配慮も重要である。菅前総理は、2021年1月の施政方針演説で「成長につながるカーボンプライシングにも取り組んでまいります」と発言している[319]。もっとも、こうした総理の発言を受けて、政府の資料には「成長に資する」「成長につながる」という言葉が数多く並んでいるのだが、これをもってカーボンプライシング自体が直接的に成長率を高めるものでない限りは導入しないというスタンスを取ることは避けるべきであろう。成長への悪影響を最小化することは当然で、その点では、再三述べているように、拘束力のある直接規制よりも、限界削減コストを均一にする効率の高いカーボンプライシングは、成長への悪影響が比較的少ない政策措置と言える。とは言え、温暖化という将来世代への付け回しは当期のGDPを計算するときに差し引かれていなかったものであり、これを内部化することによる負担増が、GDP成長率にマイナスの影響を与える可能性はある。再生可能エネルギー関連ビジネスなど排出削減のための新たな投資と雇用が、マイナス面を凌駕して結果的に全体の成長率を高める可能性もあるが、これを当然視することはできない。ポイントは、「成長に負の影響があるのでカーボンプライスなどの排出削減措置は取らないことにしました」と言えるかという点であり、2021年4月16日の日米首脳会談や同4月22日の気候サミットにおける我が国のコミットは、当然ながら、そうした条件付きのコミットとは国際社会で受け取られてはいない。

　気候変動に関連して政府ができる最大の成長戦略は、我々が向かう先を明確に人々や企業に指し示すことであろう。総理は排出削減目標を示した。次はそれを達成する手段としてのカーボンプライシングに関して、炭素税であれば当初税率とその後の

319　https://www.kantei.go.jp/jp/99_suga/statement/2021/0118shoshinhyomei.html

引き上げ幅を含めた制度設計を早期に提示することが重要だ[320]。明確な制度設計の中で、企業が早期に動くほど国際競争においても有利となる。政府は、個別の技術の詳細を自らが検討して唯一の「正解」を示すのではなく、大きな目標と内部化のための制度を提示し、将来にわたり温室効果ガスの排出に高いコストが課せられることを明確にすることで、これに対応するための企業や人々の工夫や試行錯誤を促すことが大切だ。同時に、大きな移行（transition）を強いられる対象者には、財政も使って移行コストをしっかり負担することも必要だろう。変化を避けるのではなく、むしろ新たなパラダイムに向け変化を促進し、企業や人々のダイナミズムを引き出すような政策こそ今求められている。

第５章　気候変動

---

[320]　もちろんラチェット・メカニズムなど調整の仕組みはあってよい。

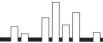

2

国際下限炭素価格・IMF

はじめに

2021 年 6 月 18 日、IMF が国際下限炭素価格（International Carbon Price Floor：ICPF）の提案を発表した[321]。基本的な考え方は、4 月 22 日に米国主催の気候サミットにおいて IMF のクリスタリナ・ゲオルギエバ（Kristalina Georgieva）専務理事が紹介していたものだが、6 月 18 日に、スタッフ・レポートとして公表された。

概要

いくつかの国が 2030 年の NDC をより厳しいものに修正したが、全体としてみた場合、1.5 度目標もちろん、2 度目標を達成するために必要な 2030 年時点での必要削減量にも到達しておらず、さらなる削減努力が必要な状況にある。こうした削減努力を促進するものとして、IMF は国際下限炭素価格（ICPF）を提案した。ICPF は、各国に一定以上のカーボンプライシングを課すことを求めるというのが基本思想だが、いくつか重要な特徴がある。

一つ目の特徴は、多数の国の合意を得ることは困難なため、主要な排出国に限定して ICPF を始めるという点だ。2030 年のベースラインでの世界の排出シェアは、中国 32%、米国 14%、インド 9%、EU 8% で、合計で世界全体の 6 割を超える。IMF では、これら 4 カ国（地域）に、G20 でしっかりしたカーボンプライシング（CP）措置を既に導入している英国とカナダを加えた 6 カ国（地域）で ICPF を開始するという前提で試算を行っている。

二つ目の特徴は、炭素税率の下限を国の発展度合いに応じて3つ用意する点だ。

---

321 "International Carbon Price Floor：ICPF ", IMF, June 18, 2021
　　https://www.imf.org/en/News/Articles/2021/06/18/sp061821-launch-of-imf-staff-climate-note

具体的には先進国には CO_2 トンあたり 75 ドル、高所得新興国には 50 ドル、低所得新興国には 25 ドル、という提案だ。上記で述べた国を当てはめれば、米、EU、カナダ、英国は 75 ドル、中国が 50 ドル、インドが 25 ドルとなる。本来は、同一の炭素税を課すことが効率性の観点では望ましいが、IMF は公平性、過去からの累積排出といった点で差異化を説明している。もちろん最大の狙いは中国、インドにおける政治的な受容性を高めることであろう。

　三つ目の特徴は、ICPF 参加国は炭素税を導入することを原則としつつも、各国の事情によってそれ以外の手段（排出量取引や規制措置）も許容する点だ。ICPFの敷居を下げるための工夫だ。炭素税以外の措置を用いる場合には炭素税への換算が必要となる。

　また、IMF は、まず主要排出国において追加的な努力を行い、その後に対象国を増やすことを考えている。また対象セクターも、まず電力セクターと産業セクターの CO_2 から始めて、その後、他のセクター・CO_2 以外の温室効果ガスに広げていくことを想定している。

総括

　IMF としては、インド、中国もしっかり巻き込み排出削減努力を強化する手段として本提案をしているが、同時に、各国（各地域）が独自に国境調整措置を導入することによる混乱も心配し、国境調整措置の代案としても本提案を位置付けている。たしかに、選挙公約に国境調整措置を入れていたバイデン政権も、EU が先に独自の国境調整措置を導入し米国製品に関税を課せられることは警戒しており、EU に対して米国との十分な事前調整を行うことを求めている。（デジタル・サービス税でも見られた構図である。）WTO 協定と整合的な国境調整措置も制度設計次第で可能と考えられるが、いずれにしても事前に十分な調整がなければ貿易紛争のリスクは高まる。

　また、IMF は、国境調整措置が対象とするのは貿易財だけであり、それは国にもよるが経済活動全体のわずか 10% 程度にとどまることから、ICPF により広く炭素税等を導入する方が、世界の排出削減にはよほど効果があると主張している。

　たしかに、一般論としては、協調的なカーボンプライシング（CP）措置が世界中で広く導入されることが望ましい。しかし、それが容易ではないので、レベルプレイング・

フィールド維持（とリーケージ防止）確保のための国境調整措置を伴いつつ、各国でCP措置を導入するというのが実態だろう。もちろん、実際の協調が困難だからといって、本提案のような形で主要排出国の合意を目指すことが無駄ということではなく、その意味ではこうした提案の実現可能性を探ることは意義あることではある。

個別の提案内容に関しては、以下のような点は論点となろう。

● 下限を決めた場合に、（関税の譲許表と同じように）それ以上の排出削減を行おうとする努力がなくなる "race to the floor" とでもいうべき状況が想定される。十分に野心的な下限となるような（あるいは下限を上回る国内措置をとることを促すような）インセンティヴを確保することが重要であろう。

● 国内措置につき炭素税以外も許容する点は、様々な国内事情を考慮するためには重要だが、（排出量取引はともかく）各種の規制措置を炭素税に換算することは困難を伴い、当該国とそれ以外で評価が異なり紛争となる恐れがある。

● 発展状況に応じて異なる下限という点は、公平性と政治的受容性の観点からは理解はできなくはない。世界で同時に炭素税を導入しつつ、国により税率を変えるという方法は、20年以上前に故宇沢弘文教授も『社会的共通資本』の中で述べている[322]。宇沢は、各国の炭素税の税率を当該国の一人当たり国民所得に比例させるという「比例的炭素税」を提唱した。CPの一番のメリットは、炭素当たり均一の追加コストを課すことで、限界費用が同じとなり、効率的な排出削減が行われる点にある。しかし、国を超えた共通の税率が実現困難で社会的公正の問題もあることから、こうしたメリットを一定程度放棄して、何等かの方策を取る必要があるということであろう[323]。政治的判断としてのこうした割り切りを否定するものではないが、異なる炭素税を認めることが、（効率性を阻害する点に加えて、）相手国によっては、その差異が他国にとって政治的に受け入れ可能かは注意が必要であろう。

---

[322] 宇沢弘文、『社会的共通資本』（岩波書店 2000）229 頁

[323] 低所得国に同じ炭素税率を課すことは、もともと貧しい人々への負担がさらに増えるために直感的に社会的公正に反する印象を受ける。しかし、炭素税（あるいは排出量取引の初期配布をオークションで行う場合）の収入は、当該低所得国の政府の収入となるので、当該収入を国民に分配することは可能である。頭割りで国民に還付することもできるし、国内の低所得者により手厚く還付することも可能だ。このように、炭素税が世界政府に上納されず税収を各国内で給付や減税に使える以上、低所得の国において高い炭素税率が課されることが、（政治的にはともかく）原理的におかしいということではないだろう。

　より直截に言えば、IMF の事例では、米国に比べて中国の炭素税は 25 ドル安く、中国の炭素集約的貿易財の生産者は米国の生産者に対してその分だけ有利となる。コークス還元の鉄鋼の中国から米国への輸出が増加する場合に、こうした ICPF による中国の制度的優位が米国で許容されるかは極めて疑わしい。

　以上のとおり、IMF の ICPF の提案は、大変興味深いものであり、引き続き国際的な議論を継続する意味のある提案である。ただし、税率の差別化については強い反対も生じよう。逆に、途上国の中には、差別化されていても炭素税等の CP を早期に導入することには強い抵抗もあろう。実際には、一部の国・地域が CP を導入・強化する中で、リーケージ対応として国境調整措置の導入を検討し、そうした国境調整措置の検討が圧力となり他国も真剣に国内 CP を検討するという動きがより現実的であるように思われる。温室効果ガス削減の話は、外部性への対応の話であり、フリーライダー問題が生ずる。パリ協定における NDC（各国が自ら決定する排出削減目標）のように、各国の良心と国際世論の後押しで、各国はある程度は自ら責任を分担するだろう。しかし、高いレベルの排出削減を協調して実現するためには、少し野蛮ではあるが「国境調整措置」のような目に見える圧力も有用でろう。それは国際世論を補完するものとなる。

第5章　気候変動

253

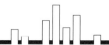

3 EU 炭素国境調整措置 （CBAM）と米国

CBAM──目的

　欧州委員会（EU）は 2021 年 7 月 14 日に炭素国境調整措置（Carbon Border Adjustment Mechanism：CBAM）の提案を発表した。EU は、温室効果ガスに関して、2030 年に 1990 年比で少なくとも 55％削減すること、2050 年の炭素中立とすることにコミットしている。気候変動対策に熱心な欧州は、2005 年には EU 域内排出量取引制度（EU-ETS）を導入、キャップ&トレード型のカーボンプライシング制度の下で排出削減を進めてきた。カーボンプライシングは、費用効果的な排出削減を可能とするメリットがあるが、EU 域内での排出にコストが課せられる中で、そうしたコストの課せられない域外に生産拠点が移転してしまうカーボンリーケージへの懸念が当初より存在した。

　EU-ETS の導入時は、Grand fathering[324] による排出枠の無償配分の比率が高かったが、それでは、カーボンプライシングによる排出削減効果が十分に出ないということで、EU は徐々にオークションによる有償配分の比率を増やしてきた。しかし、炭素集約度が高く国際貿易が盛んな産業においては、リーケージや国際競争上の懸念のために、無償配布が続いていた。こうした中で、排出削減の強化のために無償配布をやめて有償配布に移行しつつ、同時に、リーケージへの対応として CBAM を導入することが必要との考えが強くなり、欧州議会は、2021 年 3 月に、WTO ルールと整合的な CBAM の導入に向けて検討を行うという決議を採択。そして同 7 月、欧

324　過去の排出実績に基づくこと。

の注釈

254

州委員会がCBAMの具体的な制度と法案（Regulation[325]案）を公表した[326]。CBAMの導入は、EU-ETSの見直しを含め、EU全体での排出削減のための様々な措置を含む "Fit for 55 Package" の一部を構成する。

なお、CBAMのような国境炭素税が必要な理由としては、通常、「リーケージ」と共に「国際競争上の悪影響の回避」が語られることが多いが、今回の提案では、国際競争という論点はほとんど触れられていない。これは、CBAMが「WTO協定に違反する保護主義的措置ではないか」との批判を避けるために、あくまで、世界の排出量を削減するため（すなわち、EUの高い排出削減努力が制度の境目で水漏れして、世界の排出削減が進まないという事態を避けるため）のものであることを強調するためと思われる。加えて、「リーケージ」と「国際競争上の悪影響の回避」は、同じ状況を異なる角度から捕らえたものであり、「リーケージ」が防げれば「国際競争上の悪影響の回避」は達成されることから、後者に殊更言及しなくても制度設計の議論には支障はないという実際的な理由もあろう。

CBAM——時間軸

本提案は、2023年1月からの実施を見込む。しかし、当初は報告義務のみを課し、実際に金銭的な調整措置が開始されるのは2026年1月からの予定。（法案第36条において、各条項毎に適用されるタイミングを規定している。）報告義務のみに留まる2023年1月から2025年末までの期間を「移行期間」と呼んでいる。

2026年から実質的に機能するCBAMによる「調整」だが、これは、一度に完全に適用するのではなく、徐々にフェーズ・インしていく。このフェーズ・インは、EU-ETSの排出枠の無償配布の停止に向けたフェーズ・アウトと平仄を合わせる。域外

---

[325] EUにおいては、Regulation（規則）は各加盟国の立法措置を要さず、直接効果を持ち、国内法に優先する。今回のCBAMについては、EU全体で統一的な対応が必要な分野であるということで、Regulationの形式をとるとの説明がなされている。Directive（指令）の場合には加盟国における立法措置が必要となり、各国の立法の際に内容に差異が生ずることがあるが、Regulationの場合にはそれが防げる。なお、Regulationの成立は欧州議会と欧州理事会の可決が必要です。

[326] "Proposal for a REGULATION OF THE EUROPEAN PARLIAMENT AND OF THE COUNCIL establishing a carbon border adjustment mechanism", European Commisson, July 14, 2021
https://ec.europa.eu/info/sites/default/files/carbon_border_adjustment_mechanism_0.pdf

の事業者が域内の無償配布を受ける域内事業者に比べて不利な立場に立たないように運用する。WTO違反との批判を避けるために必要な配慮である。この期間は10年間であり、EU-ETSの無償配布は毎年10%ずつ減らしていく。この10年間を「フェーズ・イン期間」と呼ぶ。

CBAM——基本設計

　国境炭素税には様々な制度設計が考えられる。例えば、炭素集約度の高い製品の輸入時に、輸入者が定められた税金を税関に納めるという方法もあり得る。しかし、本提案はそうした方法はとらない。今回の提案は、炭素国境調整措置証書（CBAM Certificates）という仕組みを導入する。対象品目の輸入者は、EU-ETSの排出枠のオークション価格の週次平均の価格で、輸入品に付帯する炭素量に相当するCBAM Certificatesを購入し、それを期間終了後に当局に収めるという設計だ。

　輸入品に「付帯する炭素量」をどのように決めるか。製品毎に、デフォルトの付帯炭素量を決めておくが、もし、自分が輸入する製品がデフォルト値よりも少ない炭素排出方法で製造されたということであれば、輸入者はそれを示すことで実際の排出量をベースに必要なCBAM Certificatesの量を決めることも許される。デフォルト値は制度の簡素化に資するが、それのみだと、デフォルト値よりも優れた、より排出の少ない製造を行うインセンティブを阻害してしまうことから、デフォルト値と実際値のハイブリッド方式が採用されたものである。

　CBAM Certificatesの量には上限はない。輸入者が輸入に対応してCBAM Certificates必要な場合には、対価を払えば、いくらでも証書を購入できるし、EU全体で制度としても量の上限もない。これは、CBAM Certificatesに基づくCBAM制度がWTOの禁じる輸入の数量制限ではないことを明確にするために重要な点で、提案においても強調されている。EU-ETSに基づく域内での排出枠の配分は当然だが量の制約がある（それゆえ排出削減を達成できる）が、CBAM Certificatesは輸入量を制約するのではなく、あくまで輸入時に（炭素排出に対応する）コストを徴収するための手段であることが分かる。

　輸入者が当局からCBAM Certificatesを購入する際の価格は、EU-ETSの排出枠のオークション価格の週次平均価格が使用される。CBAM Certificatesの売買

は認められていない。しかし、輸入者の購入したCBAM Certificatesが、その後の実際の輸入量との比較で過剰となった場合には、一定の範囲で当局に対して買い取りを求めることができる。当局に買い取りを求めることができるのは、前年に購入したCBAM Certificatesの合計額の3分の1が上限である。（第23条）。この買取価格は、当初の購入価格と同一の価格である。CBAM Certificatesは購入日から2年間有効である。

CBAM——対象

対象品目及び対象温室効果ガスは、以下のとおり。

- セメント：二酸化炭素
- 電力：二酸化炭素
- 肥料：二酸化炭素（及び、一部、亜酸化窒素）
- 鉄鋼：二酸化炭素
- アルミ：二酸化炭素及びパーフルオロカーボン

以上が対象だが、移行期間の終了の前まで（つまり2025年末まで）に、欧州委員会は、対象品目や対象温室効果ガスの拡大など、制度の改善を提案することができる。

CBAM——実際の流れ

CBAMの実際の流れは以下のとおりである。

- 対象品目を域内に輸入する者は、事前に、EU加盟国の当局に申請し、輸入の承認を得る。（第4条）
- 承認された輸入者は、毎年5月31日までに、前年（1〜12月）の輸入分に関して以下の情報を付して「申告」（CBAM declaration）を加盟国の当局に提出する。（第6条）
- 前年に輸入されたそれぞれの対象品目の量
- 品目毎の付帯する排出量（二酸化炭素相当）
- 付帯する排出量の合計に相当する償却されるCBAM Certificatesの量。なお、

当該必要な CBAM Certificates の量を計算するに当たっては、輸出国で支払われたカーボンプライシングの額（第 9 条）と、域内で無償配布された排出枠に関する調整額（第 31 条）を差し引く。

つまり、まずは輸入前に申請して当局の OK をもらって登録してアカウントを作っておき、輸入をした後に、翌年の 5 月までに、結果を「申告」の形で提出し、また、購入した必要な CBAM Certificates も提出して[327]、償却を受けるという形を取る。

なお、(c) の「輸出国で支払われたカーボンプライシングの額」が必要な CBAM Certificates から差し引かれるという点は極めて重要だ。この主張を行うためには実際に輸出国で支払いが行われたカーボンプライシングの領収書が必要であり、また、当該カーボンプライシングが、輸出リベートの還付といった優遇措置を受けていないことも条件となる。

「付帯する排出量」（embedded emissions）については、デフォルト値を使う場合には対象品目の輸入量が決まれば自動的に計算可能だが、実際値を用いる場合には、その計算が適切に行われることを担保する必要が生じる。このためには、資格を付与された検証者（accredited verifier）が検証（verify）を行う形が想定されている（第 18 条）。

CBAM——その他

Annex II に記載されているアイスランド、リヒテンシュタイン、ノルウェー、スイスからの輸入には、CBAM は課されない。これは、アイスランド、リヒテンシュタイン、ノルウェーに関しては、EU-ETS 参加国であるからである。またスイスに関しては、EU-ETS 参加国ではないものの、国内の排出量取引制度が EU-TES とリンクしているからである。

本提案で対象となる「付帯する排出（embedded emissions）」は、「対象品目を生産する過程で放出される直接排出（direct emissions）」と定義され、自らがコントロール可能な排出とされている。「直接排出」と対置される概念である「間接排出

---

[327] 実際には CBAM Certificates は紙ではなく電子的なもので、アカウントに入れておくことで償却が行われる。

（indirect emissions）」については、生産過程で利用される電力、熱、冷熱を作る際の排出とされている。従って、今回提案されているCBAMにおいては、輸出者が外部から電力を購入している場合に当該電力を作る際に発生する二酸化炭素等の排出は考慮されないことになる。現実的な観点に立ち、完全性よりも簡素さを重視した結果と思われるが、間接排出の問題は今後の検討課題と認識されている。

　提案では、低所得国等への免除は盛り込まなかった。単に、低所得国、中所得国と製造業の排出削減に向け協力の用意があるとし、さらに低所得国に対して、技術支援を行うとの言及はある。

　CBAMは、広い意味で外部不経済を内部化する市場介入（歪みの排除）の一環であり、民間経済活動への公的な介入という側面をなくすことはできない。しかし、そうした中にあっても（あるいはそうであるからこそ）手続き面でなるべく簡素となるような努力は重要であろう。その観点からは、対象品目の輸入者の業歴が短く、申請時点で2年以上存続していない場合には、国内当局は輸入申請者に対して、保証を立てるように要求することが規定されている点（第17条）などは、そこまでの措置が真に必要かは良く検討する必要があろう。

　また、CBAMの支払いを逃れるための迂回行為（貿易の流れを意図的に変えたり、微小な加工により対象品目とならないようカテゴリーを変えるといった行為）も警戒しており、そうした行為をモニタリングし、必要な対応を取るとしている（第27条）。背景は理解できるが、企業の自由な活動への過度な制約とならないよう留意が必要であろう。

▌米国の動き――CBAMへの反応

　米国のCBAMへの対応、あるいは国境炭素税全般に対する姿勢は、まだ不明確な点が多い。一般論として国境炭素税を考えた場合、バイデン大統領の選挙公約にもその導入検討は入っており、また、キャサリン・タイUSTRが2021年5月に行った議会向けの年次報告においても国境炭素税の検討は記載されていた。従って、バイデン政権の国境炭素税に対する姿勢は一般論としては前向きと言える。しかし、議会との関係もあり、執筆時点では国境炭素税の導入はバイデン政権の具体的な政策スケジュールには入っていない。

第5章　気候変動

また、一般論として自国の国境炭素税に前向きということだとしても、それは、他国の国境炭素税にも前向きとは限らない。ケリー気候変動特使は、かつて、EUのCBAMに関して、「懸念している、最後の手段であるべきだ」とコメントした。また、キャサリン・タイUSTRもEUへの報復関税の可能性を排除していなかった。しかし、ケリー特使は、その後、EUのカウンターパートであるFrans Timmermans氏と協議を行う中で、懸念のトーンを弱めた。さらに、2021年10月末、米国の通商拡大法232条に基づく鉄鋼・アルミ関税問題の解決を米国とEUが協議する中で、中国など非市場経済国が多大な炭素を排出しつつ鉄鋼を過剰生産していることへ米EUで協働して対応する必要がある点で合意。この合意が、国境炭素税に関して米EUでどのように協調すべきかを協議するプラットフォームとなる可能性がある。なお、米国の行政府では国境炭素税への対応は、USTRがリードしつつ、NSC、商務省、国家気候変動担当補佐官室、ケリー気候変動特使室（国務省内）が担当している。

　米国では、国境炭素税に関して、ブルー（労働界）とグリーン（環境重視派）が連帯して支持するとの見方もあり、政治的な「受け」は良い。しかし、これは、国内対策の議論を横に置き、まずは輸入に障壁を作る国境炭素税を考えたいという保護主義的な立場の顕れとも言える。米国が国境調整措置という言葉を使う場合には、しっかりした国内措置がないのに、何の「調整」を行うのだろうという皮肉の声を聞くことがある。そういう意味では、米国の国境炭素税の議論は、何を土台に考えるのかという点で曖昧さが残っている。

　とは言え、EUとしても米国が本気でCBAMに反対すれば、それを強行することは政治・外交的に困難となる。EUのTimmermans氏は、CBAMが域外の多様な制度も受け入れるというメッセージを送り始める。2021年6月のイベントでは、CBAM適用からの免除の措置は、必ずしもEU-ETSにリンクが必要ということではなく、国により炭素税でも、規制でも2050年の炭素中立を達成する制度があればよいと発言している。

　この点は、若干微妙だが、CBAMの提案（Regulation案）の第2条において、Annex II、Section Aに掲載された国はCBAMを免除されるとの規定がある。Annex II、Section Aに現在掲載されているのは、アイスランド、リヒテンシュタイン、ノルウェー、スイスというEU-ETSに参加しているか、あるいは国内制度をEU-ETSとリンクさせている国であり、これはRegulation案の第2条5項の（a）に基づく。

しかし、これに加えて同項（b）において、輸出国においてEU-ETSで課せられる以上のchargeが実質的に課せられている国についても免除になる旨の規定がある。この（b）により、炭素税を含めてカーボンプライシングが導入されている国であれば（税率等が同等以上であれば）免除されることは確実であろう。さらに、規制・スタンダードによる排出削減についても、適切な金額換算を行いEU当局を説得できれば、免除に該当し得るとEUのTimmermans氏は解釈していると考えられる。

米国の動き──独自の法案

　欧州委員会がCBAMを発表した2021年7月14日に、Chris Coons（D-DE）上院議員が上院に国境炭素税を導入するための"Fair, Affordable, Innovative, and Resilient Transition and Competition Act"(FAIR Transition and Competition Act)を提出した[328][329]。法案では「国境炭素調整費用」（Border Carbon Adjustment fee）という呼び方をしているが、目的は、雇用を守り、外国のエネルギーへの依存を減らし、気候イノベーションと強靭性を促進するためと説明する。

　炭素集約度が高く貿易の多い財を対象とするということで、当座は、アルミ、セメント、鉄鋼、天然ガス、石油、石炭を対象としつつ、炭素集約度の計算方法の改善に併せて将来対象を拡大することがうたわれている。

　法案の機能としては、①米国企業が国内の環境規制により受けているコストを計算すること、②海外からの有害物質の輸入に関して国内コストに基づきフィーを課すこと（対象は当面、アルミ、セメント、鉄鋼、天然ガス、石油、石炭）、③気候変動に関する国際協力を促進すること、④気候強靭性、移行支援、排出削減技術に必要な資金を集めること（脆弱な人々支援する他の資金を州に供与するためのResilient Community Grant Programを新設する）、に置く。

---

[328] Chris Coons（D-DE）上院議員がScott Peters（D-CA-52）下院議員と共に出したファクトシートにつき下記参照　https://insidetrade.com/sites/insidetrade.com/files/documents/2021/jul/wto2021_0330b.pdf　ファクトシート

[329] 法案につき下記参照　https://insidetrade.com/sites/insidetrade.com/files/documents/2021/jul/wto2021_0330a.pdf

この法案を面白い点は、機能の一つ目に、環境政策コストの同定・計算を置いている点である。これは、EU の CBAM において EU-ETS と同等の国内措置が取られているとして免除扱いを受けるためにも必要な作業である。同時に、米国として、国境調整措置を課す場合にも「何の調整をしているのか?」と揶揄されないためにも必要な措置となろう。ただ、説得的な金額換算ができなければ、カーボンプライシングをベースとした国境調整措置以上に WTO 違反との批判を招きやすいだろう[330]。

他に本法案の特徴としては、低所得国は一律で調整措置の例外としている点、天然ガス、石油、石炭という資源を対象に入れている点であろう。

総括

EU の CBAM はかなり綿密に制度設計が行われている。また、WTO ルールに整合的でかつ重商主義的措置との非難を受けないように様々な配慮を行っている。例えば、リーケージ防止の思想を徹底すれば、排出削減措置の緩い国からの輸入に CBAM を課すだけではなく、緩い国への輸出には国内コストの還付(輸出補助金)を行うということが原理的には一貫している。しかし、重商主義との批判を避けるため、輸出時の還付は行わないこととしている。

他方、EU の CBAM は低所得国も例外とはしない。原理的には正しく、対象品目に鑑みれば実際に影響を受ける低所得国は限定的とも言えるが、数の多い低所得国の批判が増えれば厄介である。なお、EU 自身の分析では、CBAM により大きな影響を受ける国はロシア、ウクライナ、トルコ、ベラルーシ、アルバニア、エジプト、アルジェリア、モロッコとなっている。また、南アフリカ、ブラジル、インド、中国の 4 カ国は、2021 年 4 月の共同声明で、一方的な炭素国境調整措置は差別的で「共通だが差異ある責任と能力の原則(CBDR-RC)」に反するとして警告を発している。

EU は米国の理解を得つつ進めたいが、米国の検討は進んでいない。しかし、今

330　国境調整措置が WTO 違反となるか否かは様々な論者が様々な議論を行っており、見通しがつきにくい。本家の EU の CBAM についても、元 WTO の紛争処理機関の上級委員で元民主党下員議員でもある James Bacchus 氏は、EU が域外国の排出削減制度を評価して国境炭素税を課すか否かを判断するとすれば WTO 違反の可能性が高いと警鐘を鳴らす。他方、同じく元 WTO の紛争処理機関の上級委員である Jennifer Hillman 氏は一般論として、消費税のような間接税の輸入時の賦課、輸出時の還付のアナロジーで、内外無差別な国境炭素税を WTO ルールと整合的と評価していた。

回 CBAM が公表され、EU はいよいよ導入に向けて動き始めたところ、それに対応して米国、さらには日本においても対応を検討していく必要があろう。米国の今後の帰趨は不明ではあるが Chris Coons 上院議員が法案を提出は、米国内においても本件を真剣に検討する必要があるとの認識が生じてきていることの証左であろう。

現実の世界では、他国のサイトで行われる生産プロセスでの排出量を計算することは容易ではなく、本来は、共通のカーボンプライシングの導入が望ましいが、まさに外部性によるフリーライドの問題があり、何等かの強制がなければ、共通のカーボンプライシングというのは実現困難だ。逆説的だが、国境炭素税という梃子により、各国の国内対策が進み、国境炭素税をあまり課さなくても済む状況が生まれることが望み得るベストなシナリオなのかもしれない。

第５章　気候変動

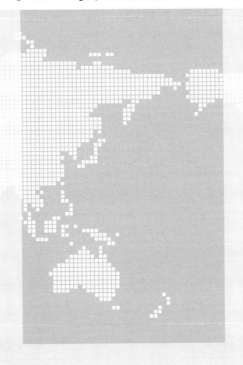

第6章

The Era of Geoeconomics

人権・民主主義と板挟みとなる企業

1 新疆ウイグルの 人権問題について

■ はじめに

　2019年11月、中国新疆のウイグル人への弾圧に関する中国当局の内部文書がリークされ、公表された。これは、それまで指摘されていた中国当局による新疆のイスラム教徒への非人道的弾圧を具体的に裏付けるものとして衝撃をもって受け止められた。他方、中国当局はこうした報道は中国に対する悪意に基づく攻撃と反発している。

■ 「内部文書」の概要

　「内部文書」は、大きく2つに分けられる。**1つ目は**、ニューヨークタイムズにリークされ、ニューヨークタイムズが2019年11月16日に記事化したもので、「**新疆ペーパー**」とも呼ばれる。**2つ目は**、在外ウイグル人から"International Consortium of Investigative Journalist (ICIJ)"[331]にリークされ、2019年11月24日に記事化されたもので、「**China Cable**」と呼ばれている。以下、順番に見ていく。

　まず、新疆ペーパーについて。新疆ペーパーは、11月16日にニューヨークタイムズが記事化し報道している[332]。ニューヨークタイムズは、403頁にわたる中国の内部文書を入手したが、その中には、地方政府における指令、応答要領、習近平主席の内部での講話・指示等が含まれている。ニューヨークタイムズの解説も活用しつつ、背景も含めてポイントを示すと以下のとおり。

---

[331] ワシントンDCを拠点とする非営利・独立の組織で、14か国の17のパートナー機関からの75名のジャーナリストが、必要に応じて外部専門家の力も借りながら、文書の分析を行った。

[332] "'Absolutely No Mercy': Leaked Files Expose How China Organized Mass Detentions of Muslims", New York Times, November 16, 2019
https://www.nytimes.com/interactive/2019/11/16/world/asia/china-xinjiang-documents.html?action=click&module=RelatedLinks&pgtype=Article

〔経緯〕

● 新疆ウイグル自治区には 2500 万人が居住するが過半がイスラム教徒で、その大宗がトュルク系のウイグル語を話すウイグル人。20 世紀前半には東トルキスタンとして独立していた時期もあるが、1949 年に中華人民共和国に統合。

● 2009 年に広東省の玩具工場におけるウイグル人従業員と漢族従業員の紛争で 2 名が死亡。これに抗議するウイグル人と中国武装警察が新疆ウイグル自治区のウルムチで衝突、200 名近くが死亡するウイグル騒乱が発生。

● 習近平主席は、着任後 1 年強が経過した 2014 年 4 月に新疆ウイグル自治区を 4 日間視察する。その約 1 か月前の 2014 年 3 月 1 日、雲南省昆明駅でウイグル独立派数名がナイフで通行人を襲い、31 人が死亡、140 人が負傷した。習近平主席の新疆視察の最終日 4 月 30 日にも、ウルムチ駅でウイグル人 2 人が自爆し、自爆者合めて 3 人が死亡、80 人近くが負傷した。

〔**習近平主席の演説等**〕

● こうした背景のもと、習主席は現在に繋がる強硬路線を内部の演説で指示。このうち 4 つのテキストが今回リークされた「新疆ペーパー」に含まれる。習主席は、反テロのための警察の装備が不十分とした上で「我々は彼らと同じように強く当たる必要がある」「何ら情け容赦をかける必要はない」と指示。また、イスラム過激主義を伝染性のウィルスになぞらえて、それに対応するには「痛みを伴う介入的処置の期間」が必要だと宣言している。また、「過激な宗教思想が人々に与える心理的影響を過小評価すべきでない」とした上で、「宗教的過激主義に捕らわれた人々は、老若男女にかかわらず、その良心を棄損し、人間性を失い、まばたきもせず人を殺すようになる」と強い警戒を示している。ただし、習主席は「イスラムの名の下に行われる分離主義やテロリズムに際して、イスラム教は制限されるべきだ、根絶されるべきだという人もいるが、それは偏見であり間違っている」とも発言している。

● また、習主席は、「米国がアフガニスタンから撤兵すれば、テロ組織はすぐに中央アジアに入り込むだろう」「シリアやアフガニスタンで実戦経験を積んだ東トルキスタン（新疆）のテロリストは、いつでも新疆でテロを実行できる」と警戒を示している。

● また、興味深いのは習主席が、前任者達とは異なり、経済発展や生活の改善だ

けでは新疆の問題は解決できないとの認識を示していることである。習主席は以下のように述べる。「ここ数年、新疆は急速な成長を示し、生活水準は一貫して上昇したが、しかし、民族的分離主義や過激派暴力は増加し続けている。これは経済発展が自動的に永続する秩序と安全をもたらしはしないことを示している」。この認識は正しいと考えるが、しかし、経済だけでは足りないので、より自由や民主主義や自治を与えるという方向で考えているわけではない。むしろ、経済や生活だけでは不十分なので、徹底した教育と改造を行うことが強調される。習主席は「犯罪者に対して、効果的な教育的改変と改造を行わなければならない」「さらに、彼らの釈放後も教育と改造は継続しなければならない」と述べている。

- また、習近平主席はその後の強まる強制収容所への国際的批判を見越したように2014年5月のリーダーシップ会議で「敵対勢力が文句を言っても、新疆のイメージを悪く描いても恐れることはない」と発言している。

- そして2016年8月には、チベット自治区で成果を上げた強硬派の陳全国（Chen Quanguo）が新疆ウイグル自治区の共産党書記として赴任する。彼は、赴任の数週間後に行った内部での演説で、習主席のそれまでの演説が新疆で成功するための方向を指し示している、習主席の目標に向けて再動員する必要があると宣言。その後、強制収容所の大幅拡充が行われることになる[333]。

- 2017年2月、陳全国（Chen Quanguo）書記はウルムチの広場で数千人の警察官等を前に「猛烈な一掃するような攻勢（"smashing, obliterating offensive"）」を準備せよと演説する。続く週数間で、ウイグル人を大量に拘束する計画が決定される。陳全国（Chen Quanguo）書記は「検挙すべきものはすべて検挙せよ（"Round up everyone who should be round up."）」という、あいまいだが以降繰り返し使われる指示を出す。

〔役人 Wang Yongzhi の没落〕

- 次に Wang Yongzhi という役人の没落について。この人物の関係で11頁の党

---

[333] 微妙な点だが、ニューヨークタイムズも、この時点では習近平主席自ら強制収容所の拡充等を述べた文書は入手していなかった。しかし、習主席が再三にわたり、教化（indoctrination）、教育を述べ、さらに、情け容赦なく、人民戦争（peoples war）といったメッセージを内部で発し続けていた点を重視している。

の内部調査の報告書と、15 頁におよぶ Wang 氏本人の（多分脅迫の下で行われた）罪を認める告白が、リークされた「新疆ペーパー」には含まれている。

- Wang 氏は漢人で、南新疆の Yarkand 郡の役人だった。南新疆は北部と異なり、全人口に占めるウイグル人の比率が 90%と極めて高い。Wang 氏はウイグル人の部下たちとの接点に立ち、地方における党のアンカーとしての役割が期待されていた。Wang 氏は地域の経済開発に力を入れると共に、党の宗教政策を和らげるべく、コーランを持っていても問題はない、ウイグルの伝統を理解するために党員もコーランを読むとよいなどと発言していた。ウイグル人の大量拘束が始まった当初は、Wang 氏も指示に従って対応し、2 つの留置施設を建設し 2 万人が収容できるようにし、検問所や監視装置などへの支出も大幅に増やした。広場ではみずからテロとの戦いを強調し「彼らを完全に消し去れ（"Wipe them out completely"）」「根絶やしにしろ（"Destroy them root and branch"）」などと演説していた。しかし、Wang 氏は、Yarkand 郡で暴動が起きないか、また、大量拘束が経済目標の達成を困難にしないか、といった点を心配し始めた。警察や上が考える手法は現実と乖離があり、完全な実行は困難と感じた。陳全国（Chen Quanguo）書記は、（ウイグル人比率の高い）南新疆を助けるために北新疆の役人数百人を南に異動した。ウイグル人を拘束し暴動を起こさせないという仕事にプレッシャーを感じた Wang 氏はある日職場で酒を飲み、午後の会議で呂律が回らなくなった。

- 新疆の数千人の役人が十分な情熱をもって取締りを行わなかったという理由で罰せられた。特別監察隊が地域を巡回し、十分対応していない役人を見つけようとした。2017 年に党は 1 万 2000 人を調査対象としたが、これは前年の 20 倍である。

- このように、陳全国（Chen Quanguo）書記の方針に疑問を持つ役人は相当いたが、Wang 氏はさらに踏み込んだ。2 万人の収容者のうち 7000 人を釈放してしまったのだ。Wang 氏は逮捕され、権限を失い、訴追された。内部報告書は、「彼はすべてを党に捧げるべきだった。しかし彼は、党中央の新疆に関する戦略を無視し、厚かましくも党に反抗した」と記載する。

- 見せしめとして、Wang 氏が党に従わず処罰されたことや彼の告白文は新疆地域に広く共有され読まれた。Wang 氏は賄賂をもらっていたこと、また Wang 氏は決してウイグル人の友人ではなくウイグル人にもひどいことを行っていたことも強調された。しかし、7000 人を収容所から釈放したという本来最も重い罪は、外部には一

切伝えられず、内部報告書の中に秘密として保持された。

〔親・親族が拘束された子弟にどう対応するか〕

● 拘束したウイグル人の子弟が、新疆の外の大学等で勉強している場合に、長期休暇で帰郷した際に親が拘束されていることに驚く、あるいは親の拘束に反発することが予想される。実際に対応を余儀なくされる役人は、どう対応するのか上に指針を求め、上が対応方針／想定問答を策定している。内容を見る。

● 両親や親族に生じたことを知った学生が深刻な混乱を生み出す危険性がある。まずは、警察と経験豊富な役人が帰郷した学生にすぐに会い、人道的な懸念を示しつつ規則を強調すべき。そして、「全く心配する必要はない」ことを伝え、「（収容所で）学習している間の授業料も食費も生活費も無料、しかも水準は高い」と説明し [334]、その後に、当局は1人、1日あたり21元（3ドル）以上を食費に使っており、これはいくつかの家庭の生活水準よりも高い、ことを伝える。会いたいと言われた場合にはビデオ会議を設定できることを伝える。

● そのほか想定される質問として、いつリリースされるのか、トレーニングであるならば何故家に戻らないのか、両親が「学習」し誰も農作業をしない中でどうやって自分は勉学を続けられるのか、などがあるが、内部文書は、これらに対しては徐々に強い回答をしていく方針が示されている。具体的な模範解答は、「あなたの親（親族）はイスラム過激主義に感染してしまったので、隔離して治療する必要がある」、「誤った考えを根絶し、さらには中国語と仕事のスキルを学ぶという、党と政府が与えて下さった無料学習の機会に感謝すべき」というもの。

● さらに、当局は釈放の判断にスコア（ポイント）システムを使用しているところ、学生の態度が収容者のスコア（ポイント）に悪影響を与え得ること、噂を吹聴してはいけないことを伝えることが対応方針として言及されている。

● 「親・親族が犯罪を犯したのか」との質問に対しては、犯罪は犯していない、ただ、不健全な思想に感染してしまったもので、感染したウイルスを根絶して健康になって初めて自由が可能となる、というのが模範回答。裁判手続きを得ていないため、

334　ほとんど悪い冗談としか思えない。授業料も食費もただだと強調されて子弟は安心するのだろうか。むしろ強制収容所に入れられたことが明確になり、不安になるのではなかろうか。

形式上、犯罪との位置づけが困難なものと思われる。

次に China Cable について。「China Cable」は、(i) 強制収容所の運営マニュアル（「テレグラム」とも呼ばれる）、(ii) 強制収容所等による地域の影響のデータ等（"Integrated Joint Operation Platform（IJOP）" による監視を含む）、(iii) 裁判の事例、の 3 つからなる。

まず、(i) の「強制収容所の運営マニュアル（テレグラム）について。テレグラムは、新疆ウイグル自治区の共産党副書記である Zhu Hailun[335] が署名した文書で、「職業技術訓練センター」[336] をどのように運営していくかに関する指針。2017 年 11 月 5 日付テレグラムは、地域の政治・法律局宛に至急、秘密（上から 2 番目の保秘レベル）で発出されたが、収容所に関する情報は機微でありしっかり秘密を維持する必要があること、収容者の全体の合計人数は計算してはいけないことなどが示されている。また Hotan 郡が 2018 年 11 月に発出した文書では、「何人もいかなる状況においても再教育センターの情報を電話、スマホ、インターネット等で伝達してはならず、メディアの取材も一切受けてはならず、また、許可を受けないいかなる開示もしてはならない」ことを明記する[337]。

また、テレグラムは、ガード（警備員）が生徒（収容者のこと）を厳しく管理、監視し、「授業中、食事中、トイレ中、入浴中、治療中、家族と面会中に逃亡することを防ぐこと」が規定されている。こうした逃亡防止のための注意規定は学校というより

335　Zhu Hailun は、1975 年、彼が 17 歳のときに中国の豊かな東海岸から新疆に下放政策で移動してきた。その後、Zhu 氏は新疆でキャリアを積む。2009 年にウイグル騒乱で 200 名近くが死亡したが、その責任をとって、当時の党書記と治安担当が辞任。Zhu 氏は新たな治安担当となり、新疆の No2 に出せする。2016 年にチベット自治区から陳全国（Chen Quanguo）が新たな党書記（No1）として乗り込み、ウイグル弾圧に乗り出すときに、Zhu は Chen 書記の右腕である治安担当の党副書記としてそれを支えた。それが Zhu の署名の数多くの文書が残った所以である。2019 年初に、60 歳となった Zhu は治安担当を離れて、新疆人民会議の副議長となった。地方高官の一般的な異動である。後任は、Wang Junzheng 氏で共産党の有望な人材。以上は "Xinjiang Architect of Mass Detention : Zhu Hailum"by Sasha Chavkin 2019 年 11 月 24 日記載の情報による。https://www.icij.org/investigations/china-cables/xinjiangs-architect-of-mass-detention-zhu-hailun/

336　中国当局は「強制収容所（Internment Camp）」という用語は用いず、「職業技術訓練センター（Vocational Skills Training Center）」といった用語を用いている。

337　Adrian Zenz, "China Didn't Want Us to Know. Now Its Own Files Doing the Talking", New York Times, November 24, 2019
https://www.nytimes.com/2019/11/24/opinion/china-xinjiang-files.html

第6章　人権・民主主義と板挟みになる企業

も刑務所の規定である。また、生徒（収容者）の思想上の問題点や異常な感情を常に評価することも求められている。さらに、寮、教室につき死角なく完全なビデオ監視の体制を敷くこと、厳しく監視された状況を除き収容者が外部との接触を行うことを禁じることも規定されている[338]。

　政府はこうした収容（再教育）は、中国語や仕事のスキルや法律を遵守する市民のありようを教えることで、宗教的過激主義に陥らないようにするための施設と主張する。しかし元収容者によれば、海外に旅行した、定期的に礼拝を行った、長い髭を蓄えた、暗号メッセージ機能など特定の携帯電話アプリをインストールした、といったような通常の行為を理由に収容が行われていると指摘する[339]。

　テレグラムはまた、収容所が、スコアに基づく行動管理（points-based behavior-control system）を行っていることを示す。スコア（ポイント）は、収容者の、思想的変化、学習と訓練、規則の順守等により計算される。スコア（ポイント）による賞罰システムがあり、スコア（ポイント）により、家族と面会できるか、さらには釈放のタイミングも決定される[340]。

　さらに、テレグラムは「不自然な死を決して招来してはならない（"never allow abnormal death"）」と規定する。命を守るための規定に反対するものではないが、このような規定が必要な施設は、やはり学校ではなく強制収容所に近いのではないか。なお数多くの元収容者が、拷問、暴力、レイプを目撃している由。また、新疆出身のウイグル人で現在米国在住の Mihrigul Tursun 氏（女性）は 2018 年 11 月に米当局に生活・衛生環境の悪さから収容所で 9 人の女性が死亡するのを見たと報告している[341]。

　また、テレグラムは、収容者には少なくとも週に 1 回は家族・親族と電話で話をさせ、また、月に 1 回はビデオ電話をさせて、双方を安心させるようにと規定する。しかし、

338　Austin Ramzy and Chris Buckley, "Leaked China Files Show Internment Camps Are Ruled by Secrecy and Spying", New York Times, November 24, 2019　https://www.nytimes.com/2019/11/24/world/asia/leak-chinas-internment-camps.html?action=click&module=RelatedLinks&pgtype=Article

339　Ibid.

340　Bethany Allen-Ebrahimian, "Exposed : China's Operating Manuals For Mass Internment And Arrest By Algorithm" ICIJ, November 24, 2019　https://www.icij.org/investigations/china-cables/exposed-chinas-operating-manuals-for-mass-internment-and-arrest-by-algorithm/

341　Ibid.

元収容者によればこの規程は守られていないとのこと[342]。

テレグラムは、初期のトレーニングを終えた生徒（収容者）が、さらに職業技術向上のためのクラスに送られるという言及がある。しかし、この点については、収容所から周辺の工場、とくに縫製や消費財生産のための工場に、強制労働のために送られる仕組みとして批判の声がある。[343]

次に、(ii) の強制収容所等による地域の影響のデータ等（"Integrated Joint Operation Platform（IJOP）" による監視を含む）について。大量の収容は地域経済に大きな悪影響を与える。それぞれの下部地方政府は、状況把握のため、スプレッドシートに多くの情報を残している。Yarkand 郡の 2017 年の例では、3 歳から 14 歳まで 5 人の子供を持つ両親が 2 人とも収容所に入れられ、子供は孤児となってしまった例が記録されている。また、2 人の幼児のいる両親が共に収容され、祖父・祖母が残ったが祖母はもともと病気で、祖父が 1 人で幼児 2 人の面倒を見ているが収入がなくなってしまった例が記録されている。Pilal 町の 2018 年 9 月以降のスプレッドシートには、融資への債務不履行が一気に増大し、そのうち 8 割につき理由覧に収容と記載されている。収容の全体の人数については固く秘密として守られているが、Adrian Zenz 氏は、今回の新たなデータに基づけば収容人数は 90 万人〜 180 万人と推計している。[344]

リークされた文書には、"Integrated Joint Operation Platform（IJOP）" に関するものも含まれる。IJOP は、個人の了解をとらずに当局が様々な情報を集め、当局にとり危険である、犯罪を起こす可能性が高いといったことにつきフラッグを立てる。新疆に数多くあるチェックポイントでの情報、顔認証付きのカメラからの情報、警察がウイグル人にインストールを強制したスパイウェアからの情報、Wi-Fi Sniffer からの情報、インストールしたアプリ等、様々な情報に基づき分析が行われる。インストールしたアプリについて以前は WeChat なども対象であったが、今は、Zapiya（中国語で Kuai Ya）にフラッグを立てる[345]。

第6章　人権・民主主義と板挟みになる企業

342　Ibid.

343　Ibid.

344　Adrian Zenz, "China Didn't Want Us to Know. Now Its Own Files Doing the Talking", New York Times, November 24, 2019

345　Scilla Alecci, "How China Targets Uighurs 'One By One' For Using A Mobile App", ICIJ, November 24, 2019

IJOP の役割は、犯罪の予測をすることである。Bulletin は、役人に対して、IJOP でフラッグが上がった対象者を一人一人しっかりと調査することを指示している。そして、「もしその時点で疑いを排除できないのであれば、対象者を集中トレーニング（収容所）に入れてさらなるレビューを行う必要がある」と指示している[346]。

　ジャーナリストの Bethany Allen-Ebrahimian 氏はさらに詳細に IJOP について分析している。Bulletin No.14 に面白い（そして恐ろしい）数字が記載されており、2017 年に IJOP は 2 万 4412 人を疑わしいとして抽出、これに基づき、2017 年の 6 月の 1 週間で当局は 1 万 5683 人を拘束し強制収容所に送ったというのである。（このほかに 706 人は正式に逮捕した。）2 万 4412 人と 1 万 5683 人の差については、居場所を特定できなかった、死去していたが ID カードが他人により使用されていた、などが有り得ると共に、学生や政府職員の一部は扱いにくいとの言及もある[347]。IJOP に関して Human Right Watch の Maya Wang 氏は「バックグラウンドチェックのメカニズムであり、人をいかなる場所にあっても監視する可能性があるもの」と警鐘を鳴らす[348]。Bethany Allen-Ebrahimian 氏は「アルゴリズムによる拘束（"Detention by Algorithm"）」と批判し[349]、また、映画「マイノリティ・リポート」[350] が現実になったと警戒する[351]。

　最後に、(iii) の裁判の事例について。これは南新疆の Qakilik 郡の 2018 年の裁判記録で、秘密指定ではないものの、中国では実際に公開されるのは珍しいものだ。ウイグル人が 2017 年 8 月に逮捕され、10 年の刑を受けた。有罪の根拠となったのは、職場の同僚のポルノを見ないようにと言った、お祈りをする、お祈りをしない人と付き合わない、といった行為。ウイグルやイスラム教徒への偏見を裁判システムが追認するさ

---

　　https://www.icij.org/investigations/china-cables/how-china-targets-uighurs-one-by-one-for-using-a-mobile-app/

346　Ibid.
347　"Exposed : China's Operating Manuals For Mass Internment And Arrest By Algorithm"by Bethany Allen-Ebrahimian 2019 年 11 月 24 日
348　Ibid.
349　Ibid.
350　2002 年公開の米国映画。トム・クルーズ主演。プリコグ（予知能力者）を使った犯罪予測システムにより、殺人発生率が 0％となった 2054 年のワシントン DC が舞台。犯罪が事前に予知され、実行前に逮捕されるので犯罪は実現しないという世界。
351　2019 年 12 月 18 日にハドソン研究所で行われたセミナーでの発言。

まが顕れている[352]。

ウイグル人権法

以上、リークされた内部文書に基づき新疆ウイグルの人権問題を眺めてきたが、これに対応すべく、米国では「ウイグル人権法」が成立している。

ウイグル人権法は、新疆におけるイスラム教徒に対する人権侵害を非難し、恣意的な拘束、拷問、嫌がらせを終わらせることを目的とするもの。上院では2019年9月に全会一致で可決、下院では2019年12月に407対1で可決。2020年6月に大統領の書名を得て成立した[353]。主要な内容は以下のとおり。

- まず、sense of congress として、(ⅰ)大統領に、中国に「再教育」キャンプの閉鎖を要求すること等、(ⅱ)国務長官に、国際宗教自由法に基づき効果的に制裁を使うこと等、(ⅲ)国務長官に、同盟国等と連携して恣意的拘束を非難すること、等を求める（第5条）。
- さらに、米国の対中政策は新疆ウイグルの状況とリンクすることを明示（第6条）。
- 加えて、Global Magnitsky 人権責任法に基づく制裁のために、大統領に、法案成立120日以内に、新疆ウイグル自治区その他地域で人権侵害に責任のある中国政府高官の名前のリストを議会の適切な委員会に提出することを求める。この名前のリストには、新疆の共産党書記 Chen Quanguo を含める（第7条）。
- 法案成立後180日以内に、国務長官に、新疆ウイグル自治区の人権状況を議会に提出することを求める（第8条）。
- 中国に個人のプライバシー、自由、その他基本的人権の抑圧への重要な能力を与える物品の輸出等を規制する。その際、国際的協調を行う（第9条）。

評価

まず、これらのリークされた文書が捏造等ではなく本当に中国の内部文書であるの

---

352 "Exposed : China's Operating Manuals For Mass Internment And Arrest By Algorithm"by Bethany Allen-Ebrahimian 2019年11月24日
353 法案につき以下参照。https://www.congress.gov/bill/116th-congress/senate-bill/178/text?format=txt

か否かが論点となる。この点を判断する能力は自分にはないが、"International Consortium of Investigative Journalist（ICIJ）" は外部専門家[354]に「China Cable」の真偽の検証を依頼したところ、本中国語文書は大変信憑性が高く、これまで見てきた中国の秘文書の体裁とも完全に一致する、との評価であった由。[355]総合的に判断して、文書が中国当局のものであるという蓋然性は相当高いのではというのが印象。

その上で、本内部文書が示すような形で新疆ウイグルにおいて大量拘束、人権侵害が行われているとすれば、極めて重大な問題と言わざるを得ない。中国側は内政干渉として他国の批判を拒否し続けるであろうが、1993年の世界人権会議が採択した「ウイーン宣言」にもあるように、「全ての人権と基本的自由を促進し保護することは国家の義務」である[356]。中国にとっては新疆ウイグルの問題は、チベット問題と同様、センシティブな問題であり解決には時間を要するであろうが、各国は粘り強く中国に働きかける必要があろう。

特に、上で見た、強制収容に伴う地域への影響の箇所（例：働き手が収容されて子供が孤児となる等）や、新疆に戻ってくる学生との想定問答（答えようがないので、最後は脅して終わる想定問答）からわかるように、（仮に他国からの働きかけがなかったとしても）現在の中国当局の政策が持続可能かは多いに疑問がある。2009年から2016年にかけてのテロ行為に対して中国が苦しんだ、そして共産党政権は他地域への広がりなどを恐れたことは理解できるが、過剰な「対策」は少なくとも新疆ウイグル地区での民心の内奥での離反を招いているのではないか。

Integrated Joint Operation Platform（IJOP）は「アルゴリズムによる拘束」であり「マイノリティ・リポート」を彷彿とさせる大変恐ろしい試みだ。最近、王力雄氏の「セレモニー」[357]を読んだ。小説だが、靴に発信機を埋め込み、どこにいるのか、ど

354　米国政府も使ったことのあるこの分野の専門かである SOS International LLC の James Mulvenon 氏を含む外部専門家に検証を依頼したとのこと。

355　"Exposed : China's Operating Manuals For Mass Internment And Arrest By Algorithm"by Bethany Allen-Ebrahimian 2019 年 11 月 24 日　https://www.icij.org/investigations/china-cables/exposed-chinas-operating-manuals-for-mass-internment-and-arrest-by-algorithm/

356　ウィーン宣言及び行動計画、第 5 項「（前略）国民や地域の独自性の意味や多彩な歴史的、文化的、宗教的背景は考慮に入れる必要は認めるが、その政治的、経済的、文化的体制のいかんに拘わらず、全ての人権と基本的自由を促進し保護することは国家の義務である。」

357　梶谷懐氏が「幸福な監視国家・中国」において、現在の中国は、ジョージオーウェルの「1984」よ

ういう姿勢を取っているかまでわかる Internet of Shoes（IOS）システムが極秘に開発され、人々は知らないうちに国家に全てを監視されているというディストピア（dystopia）が描かれている[358]。「発信機付きの靴」は、現在「携帯電話」として実現しているとも言える。映画や小説で描かれる技術を活用したディストピアとしての監視社会が、実際に新疆で現実のものとなっているとすれば大変恐ろしいことだ。王力雄氏の「セレモニー」では、完全だと思われた監視社会が、監視システムの運用を担当する一部の中間層の離反で、内部から突然に崩壊する。

　技術の発達・活用は権威主義国家の統治の力を強めるのか、弱めるのか。逆に西側諸国にとっては人権やプライバシーの尊重がデータ・技術に関する中国との競争で比較劣位をもたらすのか。王力雄氏はあとがきで「独裁とテクノロジーが結合するのであれば、民主主義もまたテクノロジーとの結合を目指すべきであると。独裁が日進月歩に更新されるのであれば、従来のままの民主主義が太刀打ちできるわけではない。」と述べている。我々は、普遍的な価値である自由・人権の観点で新疆ウイグルの状況に関心と持ち必要な行動を取りつつ、同時に、独裁や権威主義とは異なる、自由や人権を尊重する民主主義国としてのテクノロジーの活用のモデルを模索し提示してく責務があろう。

りも王力雄の「セレモニー」に近いのではないかと指摘していたのに関心を持ち読んだ。娯楽フィクションではあるが、デジタル技術を使った監視国家の一つの在り様を巧みに表現しており、極めてリアルである。

[358] 王力雄（金谷譲訳）、『セレモニー』（藤原書店　2019）

2 香港国家安全維持法の 施行について

はじめに

　香港国家安全維持法は、全人代常務委員会で起草・決定し香港基本法の Annex III を用いて香港で公布・施行するという方針が 2020 年 5 月 21 日に北京で公表された。

　その後はこの方針どおり、6 月 30 日午後に全人代常務委員会[359] で香港国家安全維持法案を決定、同日午後に全人代常務委員会で同法を香港基本法の Annex III に掲載することを決定。同日（6 月 30 日）の 23 時（香港時間）に香港特別行政区政府が同法を公布し、同日中に施行された。北京は、抗議活動が予想される 7 月 1 日の香港返還記念日前の施行を意識していたと思われる。

　普通の法治国家では考え難いことだが、香港国家安全維持法案は審議の過程で条文は公表されず、公布時に始めてその内容が明らかとなった。香港行政長官のキャリー・ラムも公布の数時間前に条文を始めて見たと言われている。

香港国家安全維持法の位置づけ

　香港基本法においては、「一国二制度」の例外として、「外交」と「国防」については北京の中央政府が管轄することを規定している。（外交については香港基本法第 14 条、国防については香港基本法第 15 条）。その上で、「治安の維持」に関しては香港特別行政区政府の責任であることを明記している（香港基本法第 15 条 2 パラ）。こうした役割分担に従い、香港基本法はその第 23 条で、基本的に治安の問題である国家安全法の制定を北京ではなく香港特別行政区に求めていた。香港立法会ではなく全人代常務委員会による香港国家安全維持法の決定は、こうし

359　全人代常務委員会は、直近の全人代で法案起草を授権されていた。

た香港基本法における「一国二制度」の基本原則に反するものと言えよう。

中英共同声明の重要性

　しかし、香港基本法は、基本法の最終的な解釈権を全人代常務委員会に与えているので（香港基本法第158条1第1パラグラフ）、今回の立法が香港基本法の基本原則に反するという主張が法的に妥当なものであったとしても、実際には北京の「有権解釈」でそうした考えは否定されてしまう。こうした現実の中、1984年に調印され国連にも登録された条約である「中英共同声明」が重要となる。G7が中英共同声明に繰り返し言及している理由もここにある。「中英共同声明」は、香港の高度の自治の例外として「外交」と「国防」は北京の中央政府の管轄であるとした上で（第3条2項）、「治安の維持」に関しては香港特別行政区の管轄であることを明記する（第3条11項）。さらに、「中英共同声明」は、第3条11項を含めて、1項乃至11項の原則は、香港基本法に盛り込み、それを50年間変更しないと明記する（第3条12項）。こうした規定に鑑みれば、今回の全人代常務委員会による「香港国家安全維持法」の決定は国際条約である「中英共同声明」に違反していると言わざるを得ない。

「中英共同声明」違反という主張に対する中国の反論

　こうした批判は中国も当然に想定しているところである。中国側の反論としては以下がある。一つ目は、中英共同声明はすでに無効であるという主張である。1984年に調印された同条約はあくまで香港返還を行うまでの手続きを規定したもので、1997年7月1日に香港返還が行われた後は効力を失っているとの考えで、中国はこれまでもそうした主張を行ってきている。しかし、先ほど見たように、同条約は基本的枠組みを50年間変えないなど期間の概念を内包しており、また、返還時点で効力を失うとの特段の規定もなく、条約の有効性を認めるG7の主張を覆す論拠は薄い。

　二つ目は、「香港特別行政区が直接中央政府の下位に属す」という香港基本法第12条を援用して香港は北京に従う必要があるという北京の主張である。しかし、これは同条の拡大解釈であり、むしろ「一国二制度」の本質は、すべての分野で

香港が北京に自動的に従う形を避け、外交、国防を除いた分野において香港に高度な自治を与えたことにある。

　三つ目は、（可能性として）「治安の維持」の概念の中における「外交」的、「国防」的要素を強調して、「治安の維持」の大部分を中央政府の管轄と主張することが考えられる。別の言い方をすれば、「外交（Foreign Affairs）」や「国防（Defence）」と一見すると親和性の高い「国家安全（National Security）」という言葉を最大限使い、結果的には「治安の維持」の大部分を北京で処理するという戦略である。今回の「香港国家安全維持法」は、興味深いことに、同第 7 条において、香港特別行政区は香港基本法が定める国家安全に関する立法を早急に行うことを求めている。すなわち、今回の全人代常務委員会での立法行為がありながら、引き続き従来の香港基本法第 23 条にもとづく香港立法会での立法が必要な部分も残っていると主張しているのである。実際には、香港基本法第 23 条で香港立法会に求められていたのは、「反逆行為」「国家分裂行為」「扇動」「国家政府転覆行為」「国家機密の窃取」「外国政治組織による政治活動」「香港政治組織による外国政治組織との関係樹立」を防ぐ立法である。逆に今回の全人代常務委員会が決定した香港国家安全維持法が対象とするのは「国家分裂行為」「国家政府転覆行為」「テロ活動」「外国勢力と結託し国家安全に危害を与える行為」である。確かに両者は完全に同じではないが、重要な点は重なっており、香港国家安全維持法の対象は、そのほとんどが元々香港基本法で香港立法会での立法が想定されていた事柄である。従って、今回の「香港国家安全維持法」が、もともと香港立法会での立法が想定されていなかった「外交」「国防」に関連する国家安全事項であり一国二制度に反するものではないという説明は、説得力のあるものではない。

　これまでの経緯も踏まえて考えれば、2003 年に国家安全法を香港立法会で制定しようとしたが 50 万人デモで頓挫、その後の 2014 年の雨傘運動、2019 年の逃亡犯条例に対する強い抗議活動に直面し、2020 年 9 月の立法会選挙を目前に控え、香港立法会を通さずに北京主導で強力な「治安維持」法制の早期成立を是が非でも図ったというのが実態であろう。では、実際に香港国家安全維持法でどのように治安維持強化が図られたのか。法案の中身を見ていきたい。

香港国家安全維持法の内容──機関

　香港国家安全維持法は 6 章 66 条からなる[360]。まず、本法において新たに設置される機関について確認する。「国家安全維持委員会」「国家安全維持公署」「国家安全維持部」「特別検察部」の 4 つが重要となる。北京の意向を体現する様々な仕組みが巧みに組み込まれている点に注意する必要である。

　国家安全維持委員会（Committee for Safeguarding National Security）は、香港の国家安全に一義的な責任を有する機関で、北京の中央政府の監督を受け、また中央政府に説明責任を負う（香港国家安全維持法第 12 条）。本委員会の議長は香港行政長官で、香港特別行政府の政務司司長（政務長官）、財政司司長（財政長官）、律政司司長（司法長官）、警務処処長（警察庁長官）等がメンバーだが、後述する警務処内に新たにできる国家安全維持部の長もメンバーとなる。本委員会の事務局長（Secretary General）は、香港行政長官が推薦し中央政府が任命する（香港国家安全維持法第 13 条）。

　本委員会は、香港の国家安全に関する分析、方針策定、法的仕組みや執行メカニズムの整備を行う。香港の他の機関は本委員会の活動に干渉してはならず、本委員会の運営は情報公開義務に服さない。また本委員会の決定は司法審査に服さない（香港国家安全維持法第 14 条）。司法審査に服さない場合に、本委員会の決定が香港基本法、香港国家安全維持法、その他の法律に従うことをどう担保するのであろうか。

　中央政府が任命する国家安全顧問（National Security Advisor）が本委員会に意見を述べると共に、本委員会にも参加する（香港国家安全維持法第 15 条）。同顧問にはすでに、香港澳門事務弁公室の副主任で香港連絡弁公室（中国政府の香港出先）トップの駱恵寧（Luo Huining）氏が任命されている。同氏は青海省や山西省の党書記を務めた大物で、本委員会の運営は実質上同顧問が委員会を指導するとの見方が多い。

　国家安全維持公署（Office for Safeguarding National Security of the Central People's Government in the Hongkong Special Administrative Region）

360　香港国家安全維持法の英訳については sihhanet によった。リンクは以下。http://www.xinhuanet.com/english/2020-07/01/c_139178753.htm

は、中央政府が香港に設立し、スタッフも中央政府の国家安全部署が共同して派遣する（香港国家安全維持法第48条）。新疆ウイグルでも「活躍」している国家安全部（MSS）及び公安部（MPS）のスタッフが派遣されよう。

国家安全維持公署は、国家安全維持に関する分析・評価・提案や、情報収集、事件の処理等がその役割（香港国家安全維持法第49条）。中央政府が資金負担する（香港国家安全維持法第51条）。中央政府の香港連絡弁公室および人民解放軍香港駐屯軍と協力を行い（香港国家安全維持法第52条）、国家安全維持委員会とも協調する（香港国家安全維持法第53条）。

国家安全維持公署は、外国組織、国際機関、NGO、外国報道機関の管理を強化する（香港国家安全維持法第54条）。

国家安全維持公署署長に任命されたのは、鄭雁雄（Zheng Yanxiong）氏。同氏は、2011年に広東省 Wukan 村で起きた汚職に抗議する民衆デモを力で封じ込めたことで知られる人物。副署長は中国公安部（MPS）の李江舟氏。

国家安全維持部は、国家安全を対象に、香港警察（警務処）の中に新規に設置される部署。部長は、国家安全維持公署の書面での意見を受領の上で香港行政長官が任命。国家安全維持部は、香港外から適切な専門家を招き支援を受ける（香港国家安全維持法第16条）。国家安全維持部は、国家安全に関する情報を収集・分析し、捜査や防諜活動を行う（香港国家安全維持法第17条）。

律政司（司法部）の下に特別検察部を新設する。特別検察部検察官は、律政司司長（司法長官）が、国家安全委員会の同意を得た上で任命する。特別検察部長は、国家安全維持公署の書面での意見を受領の上で香港行政長官が任命する（香港国家安全維持法第18条）。

▌香港国家安全維持法の内容——適用範囲

適用範囲だが、香港特別行政区内で行われた行為（香港国家安全維持法第36条）、に加え、さらに香港の居住者（permanent resident）が香港特別行政区の外で行った行為も対象となる（香港国家安全維持法第37条）。さらに、非居住者が香港特別行政区外で行った行為も対象となる（香港国家安全維持法第38条）。この3つ目のカテゴリーは米国に住み米国で活動している人物も香港国家安全維持

法の対象になり得るということで、施行直後から米国でも物議をかもした。同様の域
外適用の規定は中国刑法にもあるが、行為地（例えば米国）でも犯罪であることが
前提となっており、今回はそれをさらに拡大した形。これを受けて、カナダは 2020 年
7 月 3 日に香港との犯罪人引渡条約を停止した。なお、日本はそもそも香港との間で
犯罪人引渡条約はない[361]。ただし、日本居住者が日本で行った行為につき、たまた
ま香港訪問時に本第 38 条で逮捕されるという可能性（あるいは香港と犯罪人引渡
条約を締結している国を訪問した際に香港から当該国に逮捕請求がなされる可能
性）は残る。

　香港国家安全維持法は遡及適用されない（香港国家安全維持法第 39 条）。近
代刑事法の原則である罪刑法定主義からすれば遡及処罰の禁止は当然であるが、
公表前には遡及処罰の噂も流され、施行・公表後に中国当局は遡及適用が無いと
いうことを本法の公正性の一つとしてアピールしている。

香港国家安全維持法の内容――管轄と手続き

　香港国家安全維持法に関する事案については、同第 55 条に規定する例外を除
けば、香港特別行政区が管轄を有すると定める（香港国家安全維持法第 39 条）。
第 55 条の例外に該当する場合には、中央政府の了解の下で、国家安全維持公署
が管轄を有する（香港国家安全維持法第 55 条）。第 55 条の例外とは、（1）外国
の関与等により複雑な事案、（2）香港特別行政区政府が効果的に法を執行できな
い深刻な事態、（3）国家安全への重大で差し迫った脅威。これら例外に該当する
場合、国家安全維持公署が捜査を行い、中国最高人民検察院が検察官を決め、
最高人民法院が管轄裁判所を決定する（香港国家安全維持法第 56 条）。

　上記例外の場合、香港ではなく中国の刑事訴訟法が適用されると共に（香港国
家安全維持法第 57 条）、国家安全維持公署とその職員の行為は香港特別行政区
の管轄に服さず、同職員の身分証明書を有する者の車等の物品は香港特別行政区
の検査、取調べ、差押え等の対象とはならない（香港国家安全維持法第 60 条）。

第6章　人権・民主主義と板挟みになる企業

361　日本は死刑制度があることから、それを理由に日本との引渡条約に消極的な国が多く、これまで日本
　　が犯罪人引渡条約を締結したのは米国、韓国の 2 か国のみ。

例外に該当しない場合は、香港の刑事訴訟法が適用され、起訴には律政司司長（香港司法長官）の同意が必要（逮捕、拘束には同意は不要）。裁判は国家の機密に関する場合を除き公開の法廷で行われる（香港国家安全維持法第41条）。

　行政長官の承認があれば、通信傍受、秘密監視が可能（香港国家安全維持法第43条）。裁判所の承認ではなく行政長官の承認という点は問題である。

　香港行政長官は、国家安全委員会と協議の上で、裁判官を指名する（香港国家安全維持法第44条）。また、律政司司長（司法長官）は陪審員を使わないという決定を行い得る（香港国家安全維持法第46条）。さらに、香港裁判所は、国家安全の問題を含むか、国家機密を含むかの判断については香港行政長官から確認書（certificate）をもらい、当該確認書は裁判所を拘束（binding）する（香港国家安全維持法第47条）。

　香港基本法では、基本法の解釈権限は全人代常務委員会が持ちつつも、最終審を含めた中央からの香港司法の独立は認められ、これが「一国二制度」を支えてきた[362]。「複雑」「効果的に法を執行できない」といった曖昧な理由で中国の司法システムの管轄を認めることは、一国二制度の考え方に反し、中英共同声明[363]にも違背するものである。また、香港司法システム内で処理がされる場合においても、裁判官の選定を行政長官が行うこと、国家安全の問題を含むか否かにつき司法でなく行政が決定するという仕組みは、司法の独立を害するもので懸念される。

香港国家安全維持法の内容——対象行為

　対象となる犯罪行為として「国家分裂行為」「国家政府転覆行為」「テロ活動」「外国勢力と結託し国家安全に危害を与える行為」が挙げられている。

　「国家分裂行為」（succession）に関しては、香港の分裂等を組織、計画、実行、参加した場合に、最大で終身刑が課せられる（香港国家安全維持法第20条）。

---

[362]　特に、三権をそれぞれ考えた場合、行政権に関して行政長官の普通選挙による決定がいまだ導入されていない、立法権に関しては立法会議員選挙につき未だに職能枠が残っている、という状況の中で、透明で独立した司法はこれまで一国二制度の屋台骨を支えていた。今、それが崩れつつある。

[363]　中英共同声明第3条3項　(3) The Hong Kong Special Administrative Region will be vested with executive, legislative and independent judicial power, including that of final adjudication. The laws currently in force in Hong Kong will remain basically unchanged.

組織、計画の定義があいまいである点が懸念される。また、これを扇動、支援した場合には最長 10 年の有期刑に処せられる（香港国家安全維持法第 21 条）。扇動、支援は極めて曖昧である。この曖昧さは意図的なもので、既に香港において委縮効果（chilling effect）を発生させた。

「国家政府転覆行為」（subversion）は、中国の基礎的システムを転覆し、中国・香港の権力主体を転覆し、中国・香港の権力主体の機能を深刻に阻害し、あるいは香港政府等の施設を破壊することを組織、計画、実行、参加した場合で、最大で終身刑が課せられる（香港国家安全維持法第 22 条）。また、これを扇動、支援した場合には最長 10 年の有期刑に処せられる（香港国家安全維持法第 23 条）。組織、計画、扇動といった概念がやはり曖昧である。

「テロ活動」（terrorist activities）は、深刻な暴力、爆破、放火、毒物や放射性物質の散布、交通・電力設備等の破壊、その他公共の健康・安全を害する危険な行為につき、組織、計画、実行、参加した場合で、最大で終身刑が課される（香港国家安全維持法第 24 条）。テロ活動を逍遥、扇動した場合には最長 10 年の有期刑に処せられる（香港国家安全維持法第 27 条）。

「外国勢力と結託し国家安全に危害を与える行為」（collusion with a foreign country）は、国家の安全にかかわる国家機密を、外国または外国の機関・個人のために、窃取、スパイ、金銭により入手、不法に提供した場合、あるいは中国に対して武力行使、法律の履行の妨害、選挙妨害、経済制裁等を行うために外国勢力と結託した場合で、最大で終身刑が課される（香港国家安全維持法第 29 条）。

香港国家安全維持法の内容——選挙と報道・教育

国家安全維持法の迅速な導入の背景には、2020 年 9 月の立法会選挙が影響したと言われている（結局、立法会選挙は 2021 年末に延期された）。選挙との関係につき確認したい。香港国家安全維持法第 6 条パラ 3 は、香港で選挙に立候補する、あるいは公職に就く際には、香港基本法の順守を書面への署名あるいは宣誓で確認する必要がある。また、国家安全の関係で有罪となった場合には、選挙への立候補資格や公職就任の資格は失われ、すでに就任していれば当該職から除かれる（香港国家安全維持法第 35 条）。地方選挙の大敗を繰り返したくない北京としては、

（民主派の立候補を阻止すべく）国家安全維持法の内容は民主派が容認し難いほど「自由を縛る」内容であるほうが好ましく、今回の法案はそれに十分に成功しているだろう。その後、立候補の要件が厳しくなり、2021年末の立法会選挙に立候補する民主派候補はほとんどいない状況となった。

　同法はさらに、学校、大学、社会組織、報道機関、インターネットを含めて、国家安全のための広報、指導、監督、規制を強化すると規定する（香港国家安全維持法第9条）。また、国家安全教育の強化も謳われている（香港国家安全維持法第10条）。2019年の逃亡犯条例を巡る抗議活動に際しては、香港における愛国教育の必要性を主張する声が北京よりしばしば主張されChina Daily等でも頻繁に取り上げられていたが、そうした声が法律で明定されたものである。

▌香港国家安全維持法の内容──その他

　人権が守られることが条文上強調されている。表現、報道、集会、デモ等の香港基本法上の自由や、「経済的、社会的及び文化的権利に関する国際規約（A規約）」および「市民的及び政治的権利に関する国際規約（B規約）」に基づく人権が、*法律に基づき守られる*と規定されている（香港国家安全維持法第4条）。人権に関して国際規約を守ることも香港国家安全維持法のセールス・ポイントして北京の説明でしばしば使われているが、「法律に基づき」という留保があり、本法律に様々な制約がある点は留意が必要であろう。

　香港の法律と香港国家安全維持法に齟齬がある場合には後者が優先すること（香港国家安全維持法第62条）、香港国家安全維持法の解釈権が全人代常務委員会にあること（香港国家安全維持法第65条）も、忘れずきっちり規定されている。また、国家安全に関する予算が通常の予算統制に服さないことも規定されている（香港国家安全維持法第19条）。

▌米国による制裁

　米国は、1992年に香港政策法を制定、1997年の香港返還後も中国が香港に対して高度の自治を維持することを求めると共に、2019年には、逃亡犯条例を巡る民

主派と香港当局（及び北京）との緊張の高まりの中で香港人権民主主義法 2019 を制定。国務長官に香港の「高度の自治」に関する定期的な報告を求め、高度な自治が維持されない場合には香港に特別に供与している優遇を撤回する枠組みを作り上げた。

こうした枠組みは、中国本土とは異なる香港への優遇は、一国二制度の下で中国とは異なる制度が香港で維持されているからという考えと整合的であり、それ自身合理的なものであるが、発動の結果一番悪影響が及ぶのは香港の人々というジレンマを抱える。香港民主派の多くは、香港の自由を守るために、香港に経済的悪影響があったとしてもむしろ制裁を発動してほしいとのメッセージを発しているが、悩まし問題であろう。これに対して、2020 年 7 月 1 日に下院、7 月 2 日に上院を通過した「**米国香港自治法**」（US-Hong Kong Autonomy Act）[364] は、中英共同声明および香港基本法を遵守しなかった個人、組織、これらと取引のある金融機関に制裁を課すもので、加害者（およびそれと取引する金融機関）に絞った制裁という利点がある。2020 年 7 月 14 日に米国香港自治法は成立した。

米国香港自治法は、まず、発効してから 90 日以内に、国務長官が、中英共同声明および香港基本法上の中国の義務履行に違背した責任を有する外国人を特定し報告することを求める。北京政府関係者、香港政府関係者などが想定される（第 5 条（a））。

次に、上記報告から 30 日以降 60 日以内に、上記で特定された外国人をそれと知りながら取引した外国金融機関を特定し、報告する。この外国金融機関は、当然、中国、香港所在の金融機関が想定されるが、日本や欧州など第三国の金融機関も除外されないと思われる（第 5 条（b））。

大統領は、上記で特定された外国人に制裁を課すことができる（第 6 条（a）（1））。報告後 1 年経過したら大統領は当該外国人に制裁を行う義務が生じる（mandatory sanction）（第 6 条（a）（2））。制裁は、米国の法域にある資産の引出し、移動等を禁じることと（第 6 条（b）（1））、査証の発給を拒否すること（第 6 条（b）（2））。

外国金融機関向けの制裁は、報告書掲載後 1 年以内に 5 つ以上の外国金融機

---

364 米国香港自治法案につき以下参照
https://www.congress.gov/bill/116th-congress/house-bill/7440/text

関に制裁すること（第7条（a）(1)）、2年以内に掲載すべての外国金融機関への制裁が求められる（第7条（a）(2)）。外国金融機関への制裁の種類としては、以下の10の形態が挙げられている。(1) 米国の金融機関からの融資の禁止、(2) 米国債のプライマリーディーラー業務の停止、(3) 米国政府のエージェント業務の禁止、(4) 米国法域内での為替取引の禁止、(5) 米国法域を使う支払の禁止、(6) 資産取引の禁止、(7) 当該外国金融機関向け輸出の禁止、(8) 当該外国金融機関の株式・負債の購入の禁止、(9) 当該外国金融機関の職員・株主の米国外退去、(10) 当該外国金融機関の幹部職員（Executive officer）に対して上記 (1) ～ (8) の適用。

▌総括

　香港国家安全維持法は、香港に強烈な効果を及ぼした。もはや「香港に栄光あれ」を歌うことも、「光復香港・時代革命」の旗を掲げることも難しい。市の図書館からは民主派の本が撤去され、多くの民主派活動家が逮捕された。罪の定義はあいまいで、最大終身刑を前に、人々は委縮する。

　今後は北京の公安部・国家安全部等から来た人々が構成する「国家安全維持公署」と北京の指導を受ける（香港警察内に新たにできた）「国家安全維持部」が捜査や事件処理を行う。全体を指導する「国家安全維持委員会」の判断は司法審査の対象外である。律政司司長（司法長官）の判断で陪審員裁判を受ける権利は失われ、裁判官は行政長官が選定し、複雑な案件であれば香港ではなく中国の司法制度で裁かれる。

　報道機関やインターネットへの管理を強めることが維持法に明記され、立法会への立候補のためには「踏み絵」が課せられた。さらに選挙法が改正され「愛国者による香港統治」の名の下に立法会選挙は自由な選挙とは呼べなくなった。延期後、2021年12月19日に実施された立法会選挙では、定数90のうち89議席が親中派で絞められた。投票率は前回の58％を大幅に下回る30.2％となった。香港の「自由」は死んだ。

　米、加、英、豪は共同声明を出し、G7も共同声明を出した。米国では「米国

香港自治法」が成立、同法は、対象の外国人 [365] を広くとれば、金融制裁は強力なものとなり得るが、自国への影響も甚大であり、中国の銀行のドル・アクセスを否定するような広範な制裁は掛けにくい。

　民主主義にしても人権にしても他国ができることには限界があるし、中国との経済的関係も重要である。従って香港の人権・民主主義に関して我々ができることについて過大な期待を抱くべきではなかろう。しかし、日本は、人権・民主主義・法の支配といった基本的価値を重視することを外交の基本原則に置くことを、これまで国内外に再三表明してきた。簡単に「中国が変わる」との幻想を排しつつも、日本の主張する「価値重視」が形だけで実態を伴わないものとなってはならない。そうした状況は、国際社会に対して恥ずかしいだけではなく、多くの日本人が求める我が国の在り様ではないだろう。リアリズムとのバランスを取りつつ、粘り強く「価値」を追求し続ける姿勢が重要であろう。

第6章　人権・民主主義と板挟みになる企業

365　外国人（Foreign Person）の Person は法律の定義条項で、individual と entity の両方を含む。entity の責任を広くとれば、金融におけるデカップルの可能性もある。これは制裁としては強烈となるが、米国、日本を含めた西側への返り血も甚大となる。中国はイランとは違う。責任ある外国人の特定は国務長官が行うが、事前に財務長官との協議を求め、その上で制裁の決定は大統領の権限となっている。

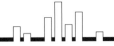

3 引き裂かれる企業（1）
HSBC

はじめに

米中対立は企業活動にも大きな影響を与えている。特に、米国（西側）と中国の双方でビジネスを行う企業の中には、米中両国による両立困難な政策・要請の中で「引き裂かれる」状況に陥るところも出てきている。HSBCの状況を確認する。

背景・経緯

HSBCはロンドンに本店を置く英国の銀行だが、1865年に香港で設立された香港上海銀行を母体とする。香港部門が最大の収益源であり全体の22%を占める。これは英国部門の20%よりも大きい。中国を含めアジアに強いというのがHSBCの特徴である。中国銀行、スタンダードチャータード銀行と並び、香港の発券銀行の一つでもある[366]。

香港の発券銀行ではあるが、歴史的経緯もあり、中国当局はHSBCへの不信感を持つと言われる。アヘン貿易をファイナンスしていたとの指摘を受けることもあった。HSBCは北京の信頼を得るために努力した。しかし、逆にそのために北京に近い銀行とも認識され、2019年の逃亡犯条例反対のデモに際しては民主派のターゲットとなる。

ファーウェイ会長の任正非の娘で同社のCFOである孟晩舟は、2018年12月に、米国の対イラン経済制裁に違反した疑いで、米国の要請によりカナダ当局により逮捕された。この経済制裁違反に関する情報はHSBCから提供されたと言われており、

---

366 香港は単なるドルペッグではなく、カレンシーボードに基づくドル本位制を取っている。発券銀行は、等価値の米ドルを香港金融管理局に預託の上で香港ドルを発行。従い香港ドルの価値は米ドルで担保されている。その代わり、香港は独自の金融政策を有しない。

中国当局は HSBC が罠を仕掛けたと非難した[367]。

HSBC は当局の求めに応じて、中国のソーシャル・メディアで香港国家安全維持法への支持を表明。英国議員はこれを批判、HSBC に説明と撤回を求めた。

英国の 5G にファーウェイ製の機器を認めるべきかという問題に関して、HSBC 会長の Mark Tucker 氏がボリス・ジョンソン首相の補佐官に、もしファーウェイを認めない場合その影響は甚大であり懸念していると伝達。これを英国のテレグラフ紙が報道し、英国の国会、メディアは HSBC を批判。これに対して、中国の官製メディア（Global Times）も、（中国当局が HSBC に依頼したわけではないと示すためか）HSBC による英国首相府への警告はビジネスというより政治的ステイトメントで馬鹿げているとコメント[368]。英中双方から批判された。

米国務長官の声明

2020 年 8 月 26 日、米国のポンペオ国務長官が中国に関する声明を発出。「中国が継続する英国への威圧について」（On China's Continued Coercion of the United Kingdom）という標題の声明は、英国の銀行である HSBC が香港民主派で新聞リンゴ日報を発行するジミー・ライ氏の口座を停止したと指摘。HSBC は香港の自由を阻害し米国の制裁対象となる人々と取引を続けながら、香港の自由を求める人々との取引を制限していると批判。「自由主義諸国は、中国共産党が政治的抑圧のために企業利益を悪用することを許してはならない」と訴えた。

企業に対する米国政府の全般的スタンス

HSBC はアジア・中国と欧州（西側）の双方を足場にしていることが強みであったが、上述のとおり、米中対立の中で「引き裂かれる」形となり、様々な対応も裏目に出て厳しい状況に陥った。こうしたリスクは、HSBC のみならず、西側と中国の双方

第6章　人権・民主主義と板挟みになる企業

---

367 Alexandra Stevenson, "In Showdown Between China and the West, HSBC Gets Caught in the Middle", New York Times, August 3, 2020
https://www.nytimes.com/2020/08/03/business/hsbc-china-hong-kong-united-states.html
368 Ibid.

でビジネスを行う企業の多くが直面し得るリスクであろう。以下、米国政府の企業に対する厳しいスタンスを米政府高官の対中政策に関する演説で確認する。

　2019 年 10 月 24 日のハドソン研究所でのペンス副大統領の演説は、米国政府の厳しい姿勢を明確な形で示した。ペンス副大統領は、「あまりに多くの企業が中国のお金や市場を前にして頭を下げ, 中国共産党の非難もせず、また、米国の価値にも口をつぐんでいる」と批判。個別には、ナイキに対して、香港問題に関連してヒューストン・ロケッツの商品を撤去したことを批判[369]。また、NBA（National Basketball Association）についても、表現の自由を抑圧し、中国共産党を支持する側に立ったとし、「権威主義体制の完全子会社のようだ」と批判。米企業や米アスリートが検閲を認めることは、「間違っているだけでなく、非アメリカ的だ」と批判した。

　2020 年 7 月 17 日のバー司法長官の演説は経済問題が中心であったため、自然と企業への言及も多かった。まず、米国企業が利益のために中国の影響を受け入れていること、ハリウッドは中国市場での利益のために中国の検閲を受け入れていること、ハイテク企業も中国に協力していると批判[370]。ハイテク企業に関しては、シスコが中国のインターネット検閲・遮断システムである「金盾」（Great Firewall）[371] の開発に協力したこと、アップルが中国当局からの香港デモの報道を理由とした要請を受けてニュース・アプリの Quartz を App Store から除外したこと、アップルはまた「金盾」（Great Firewall）をすり抜ける VPN を取り除き、香港民主運動の歌を music store から排除したことを指摘。さらに、アップルは米国内ではテロリストの携帯の中にある情報を米当局が入手・解析するための協力を一切拒んだが、中国国内では中国当局に協力しておりダブルスタンダードと非難。中国が、米国企業を使って米国内の政策を中国に有利なものに変えるよう影響を行使しようとしているとして警戒を呼び掛けた。

369　プロ・バスケットボール（NBA）のチームであるヒューストン・ロケッツの監督が逃亡犯条例反対の運動に共鳴し、「自由のために戦おう。香港と共に立ち上がろう」とツイート。中国はこれを批判。そうした動きの中で、ナイキはヒューストン・ロケッツの商品を撤去したもの。

370　https://www.justice.gov/opa/speech/transcript-attorney-general-barr-s-remarks-china-policy-gerald-r-ford-presidential-museum

371　Great Firewall は中国本土のインターネットに存在する大規模情報検閲システムとその関連行政機関の通称。監視だけではなく、接続規制・遮断も行う大規模検閲システム。検閲対象用語等に基づき遮断を実施するのが特徴。人海戦術で行われていたが、人工知能, と機械学習も活用されるようになった。中国当局はその存在を認めていない。

2020年7月23日のポンペオ国務長官の演説は、中国に対する厳しい認識を包括的に示して注目されたが、企業についても言及があった[372]。マリオット、アメリカン、デルタ、ユナイテッドが中国を怒らせないために台湾への言及を削除したことを指摘。また、ハリウッドが自己検閲をしていることに言及した。

▍総括

米ソ冷戦との比較で米中対立（あるいは米中新冷戦）が複雑なのは、経済面で両国に相互依存関係があるからという点は良く指摘される。それはマクロで見れば、例えば両国間での巨大な貿易額が今後どう推移していくのかという問題だが、個々の企業にとっては、現在の中国での販売や仕入れを継続できるのか、これまで通り中国で工場を稼働できるのか、映画の中国への配給を続けられるのか、といった切実な問題である。

特に米国では、中国政府や中国共産党への批判だけではなく、米国企業に対しても、米国の安全保障に悪影響のあり得る行為、米国の価値に合致しない行為に対し、厳しい批判が浴びせられる。そして、こうした厳しい姿勢は、HSBCの事例が示すように、米国企業以外のグローバル企業にも適用される。

一方の要請に従うことが、他方の要請に反する結果を招くという「引き裂かれる」状況に対して、企業としては、情報収集に努め、国の政策により生ずるリスクへの感度を高めて対応することが求められよう。

また、本件は「価値」の問題とも結びついている。次に、ハリウッドが直面する問題につき検討する中で、企業と価値の問題についても考えてみたい。

第6章 人権・民主主義と板挟みになる企業

---

372 https://www.state.gov/communist-china-and-the-free-worlds-future/

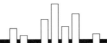

4 引き裂かれる企業（2）ハリウッド（企業と価値のトリレンマ）

はじめに

「引き裂かれる企業」として今回はハリウッドにつき考える。米国のソフトパワーの象徴であるハリウッドだが、中国市場の重要性が増す中で、中国当局の検閲を受け入れ、内容を修正することが一般化している。さらに中国の検閲システムを前提に、中国の意向を予想して自ら内容を調整する自己検閲も広範に行われている。こうした現状に警鐘を鳴らすべく、2020 年 8 月 5 日に米国の Pen America が「ハリウッド製、北京の検閲済み」（"Made in Hollywood, Censored by Beijing"）という報告書を公表した[373]。以下「報告書」の内容を確認しつつ、本問題を考えたい。

中国への謝罪

1997 年に "Kundan" というハリウッド映画が公開された。チベットのダライ・ラマを扱った映画で、ウォルト・ディズニーが配給、監督はマーチン・スコセッシ。当然中国では公開されなかったが、中国はウォルト・ディズニーに報復。ディズニーのテレビアニメの中国での放映を停止するとともに、スコセッシ監督もブラックリスト入りと言われた。この状況を打開するため、翌年の 1998 年 10 月、ウォルト・ディズニー CEO の Michael Eisner は北京で朱鎔基首相と会談し以下のとおり謝罪した。「悪いニュースは映画が作られてしまったということ。良いニュースは誰もこの映画を見なかったということだ[374]。私は謝罪したい。我々の友人を傷つけるこうした事態が将来起きないようにすべきだ。」ディズニーはその後に上海ディズニーランドの計画を認められ、2016 年に

---

373 "Made in Hollywood, Censored by Beijing", Pen America, August 5, 2020
https://pen.org/report/made-in-hollywood-censored-by-beijing/?utm_source=newsletter&utm_medium=email&utm_campaign=newsletter_axioschina&stream=china
374 この映画の興行成績は極めて悪かった。

開園した。

　同じ 1997 年にブラッド・ピット主演の "Seven Years in Tibet" も公開された。中国では公開されなかったが、監督の Jean Jacques Annaud はブラックリストに入った。12 年後の 2009 年、Jean Jacques Annaud に "Wolf Totem"（神なる狼）という中仏合作映画の監督の話が持ち上がる。Annaud は監督を務めることを中国側に認められ "Wolf Totem" は 2015 年に中国等で公開された。しかし、Annaud は自然に中国に対する「罪」を許されたわけではない。彼は 2012 年に中国の SNS である Weibo 上で謝罪すると共に、中国のチベット政策への支持を表明した。謝罪のポイントは以下のとおりだ[375]。

自分は 15 年前に "Seven Years in Tibet" の監督をした。映画は、ドイツの登山家が、少年（今のダライ・ラマ）と出会い知り合いになる話だ。私が予想していなかったのは、中国の友人がこれにより国家の尊厳とプライドを傷つけられたと感じたことだ。私はこのことにずっと心を痛めている。

交流が不十分だったこの時期の中国の歴史と文化への十分な理解を欠いていたため、自分はこの映画が否定的な反応を引き起こすことを予想しなかった。このことを深く謝罪したい。実際、私の究極の意図は平和への願いを伝えることであった。深く後悔している。

（中略）私はいかなる宗教にも参加しようと思ったことはない。さらに私はチベットに関係する団体や組織に参加したことはない。実際に私はチベットが中国の一部であると認める国際条約を尊重してきた。私はチベットの独立を支持したこともなければ、ダライ・ラマと個人的な交流もなく、ましてやダライ・ラマの友人でもない。こうした事実をぜひ皆さんに理解してほしい。なぜなら、私は皆さんの真の友人になりたいからだ。（後略）

中国映画市場の重要性

　2019 年に米国の映画館の収入は 114 億ドルであった。中国は 2020 年には米国を抜き世界一位の映画市場となり、2023 年には収入が 155 億ドルに達すると見込ま

れている。個別の映画で見ても、ハリウッドの 2019 年の作品である「アベンジャーズ・エンドゲーム」や「スパイダーマン・Far from Home」は、米国での収入よりも中国での収入の方が大きかった。このように、ハリウッドにとって中国市場は極めて重要となっている。

　同時に、中国国内では地場の映画制作会社が力をつけてきた。以前は中国市場における収入トップ 10 はハリウッド映画が圧倒していたが、直近では、トップ 10 のうちハリウッド映画は 1 本のみとなっている。ハリウッドの中国に対するレバレッジが低下してきている。

中国の検閲の仕組み

　中国では海外映画のみならず、中国映画を含めて、全ての作品を事前検閲している。2016 年に映画産業振興法（Film Industry Promotion Act）が成立、2017 年に施行された。同法の第 16 条において、禁止内容が規定されているが大変広範かつ曖昧である。一部を紹介すれば、「国家の尊厳、名誉、利益を害する」「国家の統一に危険を及ぼす」「民族的感情を傷つける」ような作品は禁止できるとされている。「報告書」は、こうした広範な禁止は、中国も批准する国際条約が求める「表現の自由」を侵害すること、中国は意図的な「戦略的曖昧さ」を作り出していることを指摘する。曖昧さは、過剰な自己検閲を作り出すための重要な要素である。

　検閲の実施主体は、State Administration of Radio, Film and Television（SARFT）であったが、2013 年に新組織に統合し、State Administration of Press, Publication, Radio, Film and Television（SAPPRFT）に変更。実際にはその下部の Film Bureau が検閲を実施していた。その後 2018 年からは、共産党の機関である中央宣伝部が検閲を担当する形に制度を変更。中央宣伝部トップの Huang Funming（黄坤明）は習近平に近く習近平に直接報告する。Film Bureau 時代には検閲官は映画制作の経験のある人もいたが、担当が中央宣伝部に変更後は共産党のドクトリンを学習・訓練してきた人々が実施するということで、検閲がより厳しくなった。

　検閲の結果として制作側に修正を求める場合も決して紙での伝達は行わず、あくまで口頭で伝達する。これは、制作が進捗した後に当局の上位者が判断を変える余

地を残すとともに、曖昧さを作り出し、自己検閲を促進する意味もある。

枠取りのための競争

2012 年 2 月に「映画関連事項に関する米中取決め」がジョー・バイデン副大統領（当時）と習近平副主席（当時）の間で合意された。この取決めにより、中国は外国映画を年間 34 本まで認めることに合意した（レベニュー・シェア方式で、外国制作会社には収入の 25％程度が配分される[376]）。この枠を確保することはハリウッドの制作会社にとり極めて重要であり[377]、このことも中国当局の検閲の力を増大させている。

実際には独立系にはこの枠の獲得は困難であり、ハリウッドのビッグ 5（ウォルト・ディズニー、パラマウント、ソニー、ユニバーサル、ワーナー・ブラザーズ）が枠の獲得に関して他を圧倒している。ビッグ 5 は現在の構造の中で既得権益者としての顔も持つ。

なお、レベニュー・シェアではなく、一定金額で中国側に映画を売り切る方式（フラット・フィーあるいはバイアウトと呼ぶ）もある。この場合には枠制限の対象とはならず、これを使った独立系による中国市場参入はある。ただ、この場合も検閲の対象になる。

検閲の効果

中国の検閲は有効に機能している。巨大市場の力、枠を巡る外国制作会社同士の競争、さらには中国当局が持つ公開日を決定する権限もある。長期休暇前などよい公開日を認めてもらうことは、それだけで大幅な収益増に直結する。こうした状況の中で、「報告書」は、「簡単にカットできる僅か 90 秒のシーンのために、なぜ巨大ビジネスを犠牲にするだろうか」というハリウッド関係者の正直な声を紹介している。ディ

第6章　人権・民主主義と板挟みになる企業

---

[376] 米国国内では制作会社のシェア（収入の取り分）は 50％程度。世界全体では 40％程度。これらと比較して中国の 25％程度というのは取り分としては低いが、中国はグロスの収入が巨額であり、これでも外国制作会社にとっては魅力的だ。

[377] 中国側と共同で政策する共同制作（joint production）方式も最近は見られる。この場合は中国国内映画と見なされるので、34 本の枠は関係なくなる。ただ、中国側パートナーの意見を聞きつつ、より早期の段階で検閲側の意向を取り込む傾向があり、「報告書」は表現の自由の観点からはより問題は大きいと指摘する。なお、共同制作の場合は、1/3 は中国側が資金拠出、少なくとも 1 シーンは中国国内で撮影、キャストの 1/3 は中国人という条件が付く。

ズニーは上海のテーマパークを 2016 年に開園、ユニバーサルは北京のテーマパークを 2021 年に開園した。映画以外の巨大ビジネスも動く中で、とにかく北京を怒らせたくないというのがハリウッドの本音であろう。

　ハリウッドは中国のブラックリストに載ることも避けたい。公式にブラックリストとして公表されるものではないが、それはまことしやかに語られ、中国当局も否定しない。リチャード・ギア、シャローン・ストーン、ハリソン・フォードなどがリスト入りしたと言われている。ただ、前述の Seven Years in Tibet の Annaud 監督のように謝罪して許された例もある。「報告書」は、ブラックリスト自体ではなく、「ブラックリストに入るかも知れないという恐れ」が効果的な脅迫（intimidation）となっていると指摘する。

▎検閲・自己検閲の事例

検閲、自己検閲に関して、いくつか具体的な事例を見る。

● コロンビア・ピクチャーの**ピクセル（2015）**は、エイリアンが万里の長城を破壊するシーンを削除した。しかも（北朝鮮によるソニーのハッキングで明らかになったことだが）中国国内での公開版のみならず、米国等の世界で公開するマスター版からもこのシーンを落としたが、それは、カットしたことを世界に知られないためであった。

● **Red Dawn**（2012）は、侵略してくる敵を中国から北朝鮮に変更した[378]。

● **Dr. Strange**（2016）[379] は、主役のメンターの設定をチベット人からケルト人に変更した。チベットの人々はこの変更に抗議した。

● **World War Z**（2013）は、ウィルスに起因するゾンビの映画。ウィルスの起源が原作では中国であったが、映画では発生源への言及を無くした。

● **新しいトップガン**（2022 予定）は、トム・クルーズが着るジャケットの背中から日本と台湾の国旗がなくなった。これは完成の相当前の写真で確認されたもので、タイミング的に検閲プロセスの前であり、中国当局の指示ではなく制作側が気をまわした自己検閲の可能性が高いと見られている。この件に関してパラマウントはノーコメン

378　2019 年に日本で公開された 「空母いぶき」 も、かわぐちかいじ氏の原作では敵は中国であったが、映画では、架空の 「東亜連邦」 になっていた。

379　Dr. Strange と World War Z の事例はバー司法長官 (当時) の 2020 年 7 月の演説でも取り上げられた。

ト。

● Abominable（2019）では、南シナ海の地図を映す際に、中国の主張する九段線に基づく地図を使用、マレーシアなど周辺国が抗議を行った。

● ミッドウェイ（2019）には、中国の Bona Film グループが 80 百万ドルを出資。第二次世界大戦における中国の役割の重要性と日本の残虐性が強調される映画となった。

中国に好意的なナレーティブ

さらに、不適切な表現を除くという検閲の範囲を超えて、ハリウッドは、中国に好意的なナレーティブを広げるための協力も行っている。中国当局は、「借船出海」を戦略としている。これは海外メディアを活用して中国共産党のメッセージを広げることで、例えば、中国国際ラジオが北米、欧州、豪州など 14 か国で 33 のラジオ局を、資本関係を分かりにくくした上で、買収していたことなどが該当する。考えてみれば、ハリウッドはもっとも大きくパワフルな船であり、その有効な活用は中国にとり重要である。

例えば、Iron Man III（2013）は、中国版だけに、中国人医師が Iron Man を助けるために必死になるシーンがある。このように中国当局に「受ける」ように意識的にシーン、登場人物、セット、テーマなどを入れ込むことが行われる。それはハリウッド関係者の間では "pandering"（媚び）と呼ばれている。ただし、Iron Man III の上記シーンに関しては、中国の人々の中には「取って付けたよう」（flower vase）だと感じて批判する人もいた由。

「報告書」の提案

「報告書」は、検閲に反対するためにハリウッドがより主体的に行動すべきと訴える。業界団体である "Motion Picture Association(MPA)" が米国内での表現の自由について勇ましいのに、中国の状況に関しては「商業的現実」として黙って受け入れていることを批判する。

しかし、「報告書」の具体的提案は以下のとおりで大変抑制的である。

● 仮に中国の検閲に基づき修正を行う場合には、中国版のみとし、米国版／世界

第6章 人権・民主主義と板挟みになる企業

版には反映させない。

●いつ検閲を受け、どう修正したかを公表する。

さらに「報告書」は、ストーリーを語るハリウッドの力は依然として強く、中国共産党にとってもハリウッドは有用。そうした中で、ビッグ5が主体的に行動し、MPAで公式のポジションペーパーを作成することを検討すべき。また、他国の業界団体や、中国で検閲を受けている制作会社とも連携すべき、と主張する。

「報告書」に関する評価

ハリウッドが中国の検閲を受けれている状況に関しては、米国の政治レベルでの不満は極めて高い。

また、検閲のプロセスは、明示の修正指示よりも、曖昧な検閲のシステムの中で制作側が自己検閲を行い、リスクの最小化を意図してどんどん修正範囲が広がることが問題となっている。UCLAの中国研究所のMichael Berry所長は「もっとも重要なのは、何が修正されたかではなく、何が企画されなかったかだ」と指摘した。中国の検閲を所与として自己検閲の先回りを進めていけば、中国が好まない映画のアイデアは検閲官に拒否されるはるか前に、ハリウッドの企画会議を通らないだろう。中国市場の重要度が増す中で、検閲システムは、見える修正事例以上にハリウッドの行動に影響を与えている可能性がある。当局の心証を良くするための"pandering"（媚び）も習慣化すれば意識すらされずに行われる可能性もある[380]。検閲は思考を変える恐れがある。

ただし、中国において許容される映画の内容を決めるのは誰なのか、米国企業（ハリウッド）なのか、米国政府なのか、中国政府なのか、という点は無視できない重要な「問い」である。Tri Star Pictureの前会長であるMike Medavoy氏は「報告書」のインタビューで率直に、「他の国に対して何を検閲して何を検閲すべきでないと言うなんて、我々は何様なんだ？ 我々は世界全員の守護者ではない。それは我々の戦いではない。」とコメントしている[381]。確かに、中国の検閲システムはひどいもの

---

380 こうした「検閲」の問題は「外国映画」のみの話ではない。「外国」だけの話ではなく、また「映画」だけの話でもない。
381 検閲に関して「世界的に統一した基準」はないが、検閲を含めた基本的人権の普遍化への動きはある。

だが、まずはハリウッドに検閲に関する事実の透明化を求めることから始める「報告書」の提案は妥当なものかもしれない[382]。もっとも「報告書」自身が認めているが、ハリウッドの制作会社は検閲に応じたことを公表したくないという思いが強く、透明性に関するガイドラインの策定が逆に阿吽の呼吸での自主検閲を拡大し、検閲・自己検閲の事実がさらに地下深くに潜り表に見えなくなる可能性を副作用として指摘している。

なぜ企業は引き裂かれるのか──「企業と価値のトリレンマ」

　今回ハリウッドの事例を見たが、こうした「引き裂かれる企業」という状況が生じるのは、以下のような状況が存在するからと考えられる。①一部の国家と国家の間で基本的な価値に乖離がある（→例：中国の「表現の自由」に対する考え方は自由民主主義国の考え方と大きく異なる）、②国家は自国企業に自国の価値を体現した行動を求める（→例：米国政府および米国民はハリウッドが中国の検閲の言いなりとなることを良しとしない）、③企業は国際的に活動したい（→例：ハリウッドは中国を含めて米国外にも映画を売りたい）。この鼎立は困難である。

　別の言い方をすれば、①**「価値に関する国家主権」**、②**「自国企業による自国価値の体現」**、③**「企業の国際活動」**の間にトリレンマがあるということである。この３つを全て同時に達成することは困難であり、**「企業と価値のトリレンマ」**が存在する。③の「企業の国際活動」を諦められない企業は、①と②のぶつかり合いの中で「引き裂かれる」こととなる。

1966 年に国連総会で採択された「市民的及び政治的権利に関する国際規約（B 規約）」は、前文において人権及び自由の普遍性を強調。その第 19 条 2 項で「すべての者は、表現の自由についての権利を有する。この権利には、口頭、手書き若しくは印刷、芸術の形態又は自ら選択する他の方法により、国境とのかかわりなく、あらゆる種類の情報及び考えを求め、受け及び伝える事由を含む」と規定している。しかし中国は B 規約を 1998 年 10 月に署名したが、まだ批准していない。（もっとも、中国は 1993 年 6 月のウィーン宣言の採択に賛成している。同宣言は、その第 5 条で「（前略）国家的及び地域的独自性の意義、並びに多様な歴史的、文化的及び宗教的背景を考慮に入れなければならないが、すべての人権及び基本的自由を助長し保護することは、政治的、経済的及び文化的な体制のいかんを問わず、国家の義務である。」と規定している。その意味では、「人権及び基本的自由」の普遍性を正面から否定することは中国もできない（はずである）

[382] テッド・クルーズ上院議員（R-Texas）は、自主検閲を含めて中国の検閲に応じた制作会社には、国防総省の協力（米軍の艦船や戦闘機の撮影の協力等）を取りやめるという法案を提案した。「報告書」はこれに対して、同法案は、米国内での表現の自由に反する恐れがありやり過ぎ、と否定的である。

我々としては、自由と民主主義、表現の自由を含めた基本的人権の尊重という方向で、国際的な価値観が収斂することが望ましい（①の制約の緩和・解消）。そのためには、まずは政府自身が様々な機会に権威主義国への働きかけを行うべきだろう[383]。しかし、国民は、重要な（そして普遍的と信じる）価値に関しては、自国企業にも当該価値に基づく行動を期待する[384]。ただ、権威主義国がそれをすぐには受け入れない時に我々はどうすべきか。

　③の「企業の国際活動」や「人の往来」は、①の価値の収斂にも貢献する。従ってオープンな企業活動は、経済厚生増大（国民の豊かな暮らし）という観点のみならず、価値収斂の観点からも維持する意義がある。同時に②の「自国企業による自国価値の体現」は、それが①の価値の収斂にも役立つ可能性があるので、企業に求めていくべきであろう。しかし、企業にあまり強く求めると、①の価値の収斂が起きないままに、③の企業の国際活動が停止してしまう。

　従って、自由民主主義国における現実的対応としては、権威主義国の国内状況を冷静に見極めつつ、背伸びをしつつも段階的に現実的なレベルで②「自国企業に

---

[383] 価値の問題は企業だけが担うのではなく、一義的には国／政府が対応すべきであろう。他方、米中対立の中で、国としてもイデオロギーの相違をどれだけ重視すべきかについては議論がある。2020年7月のポンペオ演説、2018年10月、19年10月のペンス演説が示すように共産党の権威主義的価値観をトランプ政権は厳しく批判し、バイデン政権においては大統領自らが民主主義、人権という価値の重視を標榜するなど、米中対立の重要な要素としてイデオロギーの違いを位置付ける考え方が米国では一般的である。しかし、Elbridge Colby と Robert Kaplan が 2020年9月に発表した "The Ideology Delusion"（「イデオロギーという妄想」）で指摘するように、中国が民主主義になったとしてもその人口・経済力の故に米国と対立する可能性はある、イデオロギーの違いを強調することは必然的に体制転換まで求める "cage match" となり悲劇を生む、自由と人権を主張する必要はあるが共産中国も米国の利益を尊重するなら共存可能、という意見も存在する。Colby と Kaplan は contrarian な立場を強調すべく価値を軽視し過ぎているきらいはあり、Aarong Friedberg などは早速「イデオロギーは妄想という考えこそ妄想だ」と批判している。しかし、少なくとも当分の間は価値観の異なる共産中国と共存する必要があるという前提に立ち、価値を主張する程度や頻度につき戦略的である必要があり、その意味では Colby と Kaplan の指摘は傾聴に値する。しかし、これは価値を放棄するということでは全くない。https://www.foreignaffairs.com/articles/united-states/2020-09-04/ideology-delusion

[384] ウォルト・ディズニーのムーランが公開された。（コロナ禍で劇場公開ではなくディズニープラスで公開。）主演女優の中国系アメリカ人のリウ・イーフェイが、香港問題に関して香港警察を支持することを明らかにしたことから、香港および米国の一部でボイコットの動きがあった。これに加えて、映画のエンドロールでディズニーが新疆ウイグルの治安組織に感謝のクレジットを与えたことが明らかとなり、香港および米国で批判の声が高まった。治安組織は Turpan Public Security Bureau で、新疆ウイグル自治区の南部を担当しており、強制収容所に深く関与したと言われている。報道によれば2020年9月11日には米国の超党派議員がディズニーのチャペク CEO に批判の書簡を発出。地元の治安・宣伝当局の協力を得て撮影を行ったことは「ジェノサイドと認定されかねない犯罪の加害者に暗黙の正当性を与える」として詳細な説明を求めた。

よる自国価値の体現」を求めて長期戦を覚悟するという姿勢が必要であろう。②の「自国企業による自国価値の体現」に関して段階的にアプローチすることは、利益のために価値を切り売りしているような居心地の悪さが残ることは否定できない。国民も自国企業が国内と異なる価値に基づき海外で活動している状況をダブルスタンダートと批判するであろう。こうした状況の下、企業は、「引き裂かれる」あるいは「板挟み」の苦しい状況は続く。しかし、そうした居心地の悪さ、板挟みに耐え、また国もそうした状況を一定程度許容しなければ、当該国との③「企業の国際活動」が停止してデカップリングが広がり、むしろ①価値の乖離が拡大する可能性がある。それは人類にとって望ましい状況とは言えない。

　こうした状況の判断は、侵害される価値の内容や、その態様（侵害のされ方）にもよるだろう。新疆ウイグルで強制収容所に関与している疑いが強く米国も制裁対象とした「新疆生産建設兵団（XPCC）」[385]とビジネスを行うことは、さすがに西側諸国の政府や国民の理解は得られないだろう。強制収容、強制労働は、「自由」を奪う極めて重大な人権侵害であり、この点を軽視した企業活動は、西側諸国の政府・国民から厳しい批判を浴びるだろう。ただ、限界的な事例が数多くある中で、企業は自国政府とも連携しつつ、個別の判断をしていく必要がある。米国では、国務省、財務省、商務省、国家安全省が協力して企業に対するビジネスアドバイザリー・サービスを開始している。わが国においても、政府による「ビジネスと人権に関する行動計画」策定、経済産業省内に「ビジネス・人権政策調整室」の設置、ジェトロによる情報提供の強化などの歓迎すべき動きがある。我々は、自由・民主主義・基本的人権という価値に自信があるのであれば、焦ることなく、同時に企業側も価値は無関係と開き直ることを避け、長期的視点に立ち、粘り強く対応していくことが重要であろう。

第6章　人権・民主主義と板挟みになる企業

385　財務省による制裁の発表 https://home.treasury.gov/news/press-releases/sm1073

5 新疆サプライチェーン・ビジネス勧告

はじめに

　Tahir Hamut Izgil は新疆ウイグル出身の詩人だ。友人たちが次々と収容所に送られる中、彼は 2017 年に家族と共に中国から脱し、今は米国で暮らす。彼は自らの経験を 2021 年 7 月 14 日に雑誌に寄稿した[386]。以下はその一部だ[387]。

　2017 年 5 月の土曜日、私は妻と娘と共に車に乗り、週末の息抜きのために近くの町、トルファン（吐魯番 Turpan）に向かった。冬の寒さはウルムチをまだ去ってはいなかったが、Turpan で数日の小春日和を楽しむことは悪くないと考えた。車で長い距離を走るときは、私たちはいつも会話を楽しむ。しかし、この時は、今起きていること以外を話すことは難しかった。

　中国政府のウイグルの収容所はフル稼働していた。この「運動」はカシュガル（Kashgar）、ホータン（Khotan）やウイグル人が多数を占める新疆南部で始まった。今、それは地域の首都であるウルムチにも到達した。ウルムチで我々の知り合いは次々と姿を消した。数十年も前にここに来て、仕事を見つけ、家族を作り、家を買い、地元に根付いた何百人ものウイグル人が、毎日「学習センター」という名の強制収容所に送られた。20 年前に私が強制労働所に送られたときの知り合いはほとんど再び捕らえられていた。私の順番はもうじき確実に来るだろう。

　新疆ウイグル自治区には 2500 万人が居住するが過半がイスラム教徒で、その大半がウイグル語を話すウイグル人だ。2009 年に広東省の玩具工場でウイグル人従業員と漢族従業員の間で紛争が生じ 2 名が死亡。これに新疆ウイグル自治区のウイグル人が抗議活動を行い中国武装警察と衝突、200 名近くが命を落とした。（いわゆるウイグル騒乱。）これ以降、中国当局は「テロ対策」の名の下に、ウイグル人に対

---

[386] Tahir Hamut Izgil "One by One, My Friends Were Sent to the Camps"*The Atlantic*, July 14, 2021
https://www.theatlantic.com/the-uyghur-chronicles/
[387] 筆者による仮訳。以下同じ。

する締め付けを強めた。

　新疆ウイグルの人権状況を懸念する米国は、これまで、法律の制定、ジェノサイドの認定など様々な対応を取ってきたが、企業等に対して新疆ウイグル自治区での事業に様々なリスクが存在することに警鐘を鳴らすべく、2021 年 7 月 13 日に「新疆サプライチェーン・ビジネス勧告」を発出した[388]。同勧告には「中国・新疆での強制労働やその他の人権侵害に関与する主体と関係する企業や個人のリスクと考慮」というタイトルが付されている。

新疆サプライチェーン・ビジネス勧告の概要

　新疆サプライチェーン・ビジネス勧告は、国務省、財務省、商務省、国土安全保障省、米国通商代表部、労働省の連名で発出された。これはあくまで勧告（advisory）であり、既存の法律等を変えるものではない。全体を通して、新疆ウイグルに関連するビジネスには、経済的、法的、そして評判 (reputation) 上の大きなリスクがあることが強調されている。

　新疆ウイグル自治区の状況に関しては、少なくとも 2017 年以降に、ウイグル人を含めたイスラム教徒の 100 万人以上が不当に強制収容所に入れられたと指摘。さらに、問題は新疆や強制収容所にとどまらず、収容されたウイグル人等が新疆ウイグル自治区以外の場所に移送されたり、また、強制収容所の外で強制労働等の虐待的労働環境に置かれるケースも増えている点を指摘している。

　その上で勧告は、人権侵害を行う主体に関与する形態として以下の 4 つのタイプがあると解説する。①中国政府の監視手段の開発への協力・投資。②新疆の労働力や新疆で作られたものを使うこと（直接・間接を含めて）。③そうした監視や強制労働を行う主体に米国産の製品・ソフトウェア・技術を供給すること。④強制収容所の建設や運営を支援すること、あるいは強制収容所に近接した（または強制労働を使い政府から補助金を受けるような企業が実施する）製造施設の建設・運営を支援すること。

388　"Xinjiang Supply Chain Business Advisory", July 13, 2021
　　　https://www.state.gov/wp-content/uploads/2021/07/Xinjiang-Business-Advisory-13July2021-1.pdf

米国政府は新疆ウイグルでの強制労働等に対して、これまで、担当省庁毎に以下のような対応を取ってきた。

● **米国税関・国境警備局（国土安全保障省の一部局）**：Withhold Release Order (WRO) により強制労働に関係する輸入を差し止めることが可能。

● **商務省**：新疆での人権侵害を理由にエンティティ・リストを 2019 年 10 月、2020 年 6 月、同 7 月、2021 年 6 月、同 7月等、数次にわたり追加。商務省のエンティティ・リストに掲載された企業に対して輸出・再輸出（米国からの輸出先からの間接輸出）・移転（米国内での取引）を行う場合にはライセンスの取得が必要となる。（基本的にライセンスは供与されない。）2021 年 6 月の追加は太陽光パネルの製造等に使われるポリシリコンを製造する 6 社。

● **財務省**：大統領令 13818 に基づき制裁を課してきている。2020 年 7 月 9 日には、新疆ウイグル自治区の共産党書記である陳全国（Chen Quanguo）他に制裁を科した。なお、陳全国（Chen Quanguo）は、チベット自治区での厳しい弾圧による「成果」を評価されて 2016 年 8 月に新疆に送り込まれた人物。（その後、交代。）また、財務省は 2020 年 7 月 31 日には、地域の主要な軍事・経済主体である新疆生産建設兵団を制裁対象に指定した。

● **国務省**：2019 年 10 月に、新疆でのウイグル人等の拘束に責任があると考えられる中国政府および中国共産党関係者にビザ発給を停止。2020 年 7 月にも同様の措置を追加。2021 年 1 月 19 日、少なくとも 2017 年 3 月以降に新疆でウイグル人等に対してジェノサイドと人道に対する罪が行われたと認定。

● **労働省**：2020 年 9 月、ウイグル人等の少数民族への強制労働が行われている品目として、グローブ、髪製品、繊維、糸 / ヤード、トマトを追加。2021 年 6 月、新疆での強制労働品目にポリシリコンを追加。中国全体での強制労働品目は 18。

　勧告は、新疆ウイグルの不透明な環境において、適切なデュー・デリジェンスの実施が困難であると指摘。人権侵害、強制労働が広範な状況にも鑑みれば「新疆に関係するサプライチェーン、共同事業、投資から撤退しない企業や個人は米国法に違反する高いリスクを負う」と強い警鐘を鳴らしている[389]。

389　また、勧告では、強制労働が生じていないという第三者監査に関しても、中国側が監査人に圧力を加える、中国当局指定の通訳の使用を義務付けられる、企業インタビューを行っても監視体制の中で企業の従業員が正しい回答をなし得ない、といった理由を挙げて、効果的に機能しないと述べている。

米国での新たな立法

米国では 2020 年に「ウイグル人権法」(Uyghur Human Rights Policy Act) が成立した。また、「ウイグル強制労働防止法」(Uyghur Forced Labor Prevention Act) が 2021 年 12 月に上下両院で可決、大統領の署名を得て成立した。同法案の特徴は、対象をすべての品目に拡大した上で、挙証責任を転換し、新疆ウイグルで生産されたものは、原則として米国への輸入は認めないこととし、強制労働が存在しないことが示されれば例外として輸入を認めるという点だ。同法案の当初案には繊維業界を含めて米産業界は強く反対しロビイングを掛けていたが[390]、例外要件（輸入を認める条件）の文言を若干柔軟にするなどの修正を施し、反発を和らげた。

　そもそも挙証責任を転換するという発想が出てくるのは、情報開示が不十分で、また当局の締め付けが厳しく監視社会と化した新疆において従業員等から正しい情報を得ることが困難なために、強制労働があったとしても、それを認定することが難しいためだ。この認識は、新疆ウイグルにおける人権デューデリジェンスが困難であることを指摘しつつ、新疆ウイグルから撤退しない企業は米国法に違反する高いリスクを負う、と言い切る今回の「勧告」と共通のものだ。

中国の反応

　中国は米国による「強制労働」を理由とした制裁に反発している。2021 年 7 月 14 日の China Daily は社説で、米国商務省の産業安全保障局（Bureau of Industry and Security）が太陽光発電パネルの材料であるポリシリコンを製造する中国企業 5 社に対して強制労働を理由に制裁を科したことに対して、「これらの企業で働きたい人は多く、強制労働を使う必要はない」「強制労働は中国の法律で禁止されており、これら企業は法律を守る」「米国こそ奴隷労働の歴史を持ち、現在も人身売買の安い労働力を使用している国で強制労働の権威だ」と非難。米国は他国の発展を阻害したいときに人権問題を使うことが中毒（addicted）となっている、制

390　特に、ナイキとコカ・コーラが積極的にロビイングを行っていたことが報道されている。

第6章　人権・民主主義と板挟みになる企業

裁は中国を囲い込むための口実に過ぎない、と断じている[391]。

EU、日本

　EU は 2020 年 12 月に、国を特定しない EU 人権制裁法（EU 版グローバル・マグニツキー法）を導入するなど、人権関連の制度整備を進めている。また、2021 年 7 月 12 日に強制労働のデューデリジェンスに関するガイダンスを公表した[392]。ガイダンスにおいて、強制労働への対応は EU の優先事項と明記した上で、企業に対して具体的なアドバイスを取りまとめている。現在、持続的コーポレート・ガバナンスに関する法案も準備しており、強制労働を含めた人権や環境に関する義務的なデューデリジェンスに関する規定も検討対象と補足している。

　EU の強制労働デューデリジェンスに関するガイダンスでは、強制労働に関して zero tolerance policy を明確にすることが重要と主張。同時に、リスクや個別企業の状況に応じてデューデリジェンスが行われる必要があると説明。また、リスクが高い状況においては、いつどのように責任のある形で関係を終了するか（when and how to responsibly disengage from suppliers or business relationships）を検討するにあたってもデューデリジェンスが重要となると指摘している。なお、リスクの高低を考える要素の一つとして「国」があり、リスクの高い国の特徴として、ILO 基本条約未批准、計画経済で国家的動員がある、少数民族に焦点を絞った職業訓練プログラムがある、政府からの脅威等のために深いリスク評価を行いにくい、といった点が上げられている。本ガイダンスは、中国という言葉は一切使われていないが、中国における強制労働デューデリジェンスの重要性と困難さを明確に意識していることが分かる。

　日本では、政府が 2020 年 10 月に「ビジネスと人権に関する行動計画」を策定。同計画においては、政府から企業への期待として国際的なスタンダードを踏まえ人権デューディリジェンスのプロセスを導入することが謳われている。

391　http://www.chinadaily.com.cn/a/202107/14/WS60eed1e5a310efa1bd661eaa.html
392　https://trade.ec.europa.eu/doclib/docs/2021/july/tradoc_159709.pdf

▌おわりに

　新疆ウイグルの人権問題は難しい問題だ。調査報道を含めた様々な情報は、そこで強制労働を含めて重大な人権侵害が行われていることを強く示唆するが、中国当局の情報管理もあり、100％確実なこととしてそれを証明することは困難な場合が多い。そうした中にあっても米国、EU 等は、人権侵害を理由とした制裁を課し、また、企業に対しては強制労働等に関するデユーデリジェンスの強化を訴えている。米国における「挙証責任を転換」して輸入禁止等を行う「ウイグル強制労働防止法」も、情報の制約がありつつも、生じる権利侵害の大きさに鑑み、取りうる行動を拡大するための工夫であろう。ユニクロの製品が米国の税関・国境警備局の WRO で輸入を差し止められたように、米国の動きは日本企業にも影響する。また、EAGLE Act（の現時点の法案）に見られるように、新疆ウイグルの強制労働に関して関係国へ働きかけ協調することを規定しているように、国際社会の認識の深まりに対応して、今後、日本としても対応の整備が必要となって来よう。

　冒頭に挙げたウイグル人詩人の Tahir Hamut Izgil には、地元の高校時代、そして北京の大学時代に級友だったカミル（Kamil）という友人がいた。彼は言語学者・哲学者で、やはり新疆ウイグルに住んでいた。カミルとその妻ムニレ（Munire）は、Tahir Hamut Izgil 夫妻と家族ぐるみの付き合いがあった。Tahir Hamut Izgil の寄稿の中にある、友人カミルに関する記述を、最後に紹介したい[393]。

　ムニレ（Munire）がドアを開けたとき、彼女の顔は引きつり、彼女の不安は明らかだった。彼女は我々（注：著者である Tahir Hamut Izgil とその妻）を居間のソファに通した。愛想のよい会話を少し交わしたあとに、私は、「カミル（Kamil）は家にいないの？」と聞いた。ムニレは慌てて右手の人差し指を唇にあて、左手で屋根を指した。彼女の意味するところは明らかだった。＜我々はカミルの名前を口にしてはいけない、アパートは盗聴されている＞

　「中庭に行きましょう」ムニレは重苦しく言った。我々は一緒にアパートの建物の外に出た。正面の小さな庭には、ベンチに数人のウイグル人女性が座っていた。ムニエは彼女らを避けて少し距離をとった。我々が座った瞬間、ムニレは泣き崩れた。少したって、ムニレは静かな声で何が起きたかを話し始めた。

393　Tahir Hamut Izgil "One by One, My Friends Were Sent to the Camps"*The Atlantic*, July 14, 2021

数日前に、ムニレはオフィスにいるカミルに夕食の用意ができたとメッセージを送った。彼はもうじき家に帰ると言ったが、その後、半時間たっても何の音沙汰もなかった。「ごはん冷めちゃうよ。今どこ?」彼女はメッセージを送った。「先に食べてて。僕は後で食べる。」奇妙なことに、カミルの返信はウイグル語ではなく中国語だった。さらに半時間たった。ムニレは心配になってきた。「あなた、大丈夫。まだ家に戻れないの?」

カミルは応答しなかった。ムニレはオフィスの建物に行き、彼が働く4階を見上げた。窓は暗かった。ムニレはカミルに電話をしたが、彼は出なかった。彼女は彼の同僚に電話をした。同僚は、直接会って話す必要がある、と言った。同僚は同じ場所に住んでいてムニレはそこに赴いた。

同僚の話では、その日の早く、カミルに電話があり、電話の後のカミルは青ざめていた。カミルは興奮した様子でオフィスを出て、下に降りた。同僚が窓の外を見ると、3人の男がカミルを車に乗せて、車でその場を離れた。

ムニレは自分のアパートに戻るとすぐにカミルに再び電話をした。返事はなかった。彼女は彼にメッセージを送った。今度は返信があった。自分は大丈夫、警察が自分にいくつかの質問があった。もうじき帰る。それでメッセージは止まった。

二日後、3人の警官がカミルを家に送り届けた。警官の一人がムニレを連れて建物の前の庭で待たせ、2人の警官とカミルが家の中に入った。二時間後に、彼らはカミルと彼のラップトップPCと共にあらわれて車で去っていった。ムニレがアパートに戻ると部屋はめちゃくちゃになっていた。クローゼット、引き出し、スーツケースは乱暴に開けられていた。寝室では、マットレスとベッドさえ分解し床に投げられていた。カミルの本とペーパーがあらゆるところに散らばっていた。

翌日、カミルからメッセージが来た。「彼らは僕をカシュガル(Kashgar)に連れていく。」彼は、まだ中国語でメッセージを書いていた。警察の指示だろう。「着替えをいくつか持ってきて欲しい。」一時間後、地区の公安の本部の庭の門に来てほしい、警官がそこにいる。ムニレは、ほかに欲しいものはないか尋ねた。彼は答えなかった。

ムニレは着替えを届けた。カミルは庭に建てられたアパートにいた。ムニレを見た瞬間、カミルは涙をこらえられなかった。彼は話すことができなかった。警官はムニレに、政府が状況を正しく解決するので信頼するようにと言った。警官はまた、カミルに関

して詮索しないように、必要あれば彼らの方から彼女にコンタクトすると言った。そして彼らは彼女を家まで送った。

その後、ムニレはカミルとの接触を失った。彼女には彼に何が起きたのか全く情報がない。

第6章　人権・民主主義と板挟みになる企業

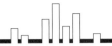

6
香港ビジネス勧告

はじめに

　米国政府は、2021年7月16日に「香港ビジネス勧告」を発出した[394]。同勧告には「香港でビジネスを行う際のリスクと考慮」というタイトルが付されている。同勧告の内容を確認したい。

香港ビジネス勧告──4つのリスク

　香港ビジネス勧告は、国務省、財務省、商務省、国土安全保障省の連名で発出された。勧告は、香港国家安全維持法の制定をはじめとする中国政府および香港特別自治区政府の行動により、香港におけるリスクが高まっている点を指摘。企業や個人は、「香港での業務遂行に伴い、潜在的なレピュテーション、規制、財務、そして状況によって法的なリスク（potential reputational, regulatory, financial, and, in certain instances, legal risk）」が存在することを認識しておくべき、と警鐘を鳴らしている。

　その上で、勧告はリスクを以下の4つのカテゴリに分類する。①香港国家安全維持法に伴うリスク、②データ・プライバシー・リスク、③透明性と情報へのアクセスに関するリスク、④制裁を受けた中国や香港の企業や個人に関与するリスク。以下、順に確認する。

　香港国家安全維持法に伴うリスク：2020年6月に成立した香港国家安全維持法により、香港の自治は大きく損なわれ、これまで守られてきた権利と自由を毀損したと現状を分析。同法により、新聞発行者、通常のデモ参加者、政府や中国共産党に

---

394 "Hong Kong Business Advisory", July 16, 2021
https://www.state.gov/wp-content/uploads/2021/07/HKBA-FOR-FINAL-RELEASE-16-JUL-21.pdf

関し意見を表明した者、集会に参加した者が逮捕されたと説明する。また、同法においては、香港非居住者の地域外での行為にも適用される（域外適用がある）点も指摘する。米国人も逮捕されている。国家安全維持法違反容疑の裁判は、香港行政長官が指名する裁判官が担当する。

加えて、香港立法会で4月28日に成立した移民法の改正により、香港当局は、今年8月1日の施行日以降、非居住者を含めて個人の香港からの出国を制限することが可能となったと説明する。

データ・プライバシー・リスク：これまでは香港の法執行は、データ・プライバシー、法の支配、政府の権限の制約等を尊重していたが、香港国家安全維持法でそれが大きく崩れたと説明。同法においては、裁判所ではなく行政長官の許可のもとで、当局が盗聴や電子監視を実行できるようになり、かつ国家安全の定義も不明確で広いと指摘する。また、国家安全法のトで、中国本土の治安当局員が香港にて執務する香港治安維持公署が、香港においてデータ収集を行える点を指摘する。

透明性と情報へのアクセスに関するリスク：香港マカオ弁公室主任の夏宝竜氏[395]は、2021年2月22日に北京で行われたシンポジウムで「『一国二制度』方針はその形成当初から『愛国者による香港統治』という重要な思想的中身を含んでいた。『香港人による香港統治』を実行しようとするなら、必ず『愛国者による香港統治』を堅持しなければならず、それを堅持してはじめて『一国二制度』を全面的に正しく貫き実行に移すことができる」と述べた[396]。勧告は、夏宝竜氏が3月に、愛国者による香港統治の原則は報道機関にも及ぶと述べ、キャリー・ラム行政長官は、反フェイク・ニュース運動を展開したことを紹介する。

2021年6月には国家安全法の下で映像検閲法を改正し、国家安全保障を害する恐れのある行動を支持すると思われる映画を禁止できることとした。6月17日には国家安全維持法違反の容疑で親民主派の新聞社であるアップル・デイリーの事務所を捜索。アップル・デイリーの幹部5人は逮捕され、同社の約230万ドルの資産は差し押さえられた。同社は6月24日の朝刊をもって26年間の活動に幕を下ろした。

制裁を受けた中国や香港の企業や個人に関与するリスク：米国は、財務省外国

---

395 夏宝竜氏は、中国人民政治協商会議全国委副主席でもある。
396 在京中国大使館HP http://www.china-embassy.or.jp/jpn/mtdh/t1858438.htm

資産管理局（OFAC）の制裁に加えて、2020年12月には商務省産業安全保障局（BIS）が、香港を中国とは異なる仕向け地と見なす従来の整理を変更。以降は、香港に対して中国と同じ輸出管理規制（EAR）が課されることとなった（輸出、再輸出、移転に関する制限等）ことを説明。

米国の香港自治法（Hong Kong Autonomy Act:HKAA）は、中英共同声明や香港基本法が定める中国の義務の不履行に貢献した外国人に、資産凍結や査証制限等の制裁を科す法律。勧告は、香港自治法はさらに、上記に該当する外国人との間で、それと知りながら重要な取引を行った外国金融機関に対して財務長官が制裁を行う点を強調する。金融機関への制裁は米国や世界にも影響が及ぶ強い措置であり、米国内においても否定的な意見が多く、それはおそらく妥当な評価であろうが、こうした措置があり得ることを勧告でわざわざ言及している点は留意しておく必要があろう。

さらに、米国の香港人権民主主義法（Hong Kong Human Rights and Democracy Act:HKHRDA）により、恣意的な拘束、拷問、その他国際的に認められている人権の重大な侵害に対して、資産凍結や査証制限等の制裁を科すことも説明する。

▌香港ビジネス勧告――反外国制裁法等

勧告は、中国で2021年6月に制定された「反外国制裁法」や、同年1月に中国商務省が公表した「外国法の不正な域外適用のブロッキング規則」（Rules on Blocking Unjustified Extraterritorial Application of Foreign Legislation and Other Measures）に言及しつつ、「中国や香港の当局は、米国その他外国が中国企業や中国国民に課す制裁をブロックすることを試み、制裁を守ろうとする企業や個人に影響が及ぶ可能性がある」と指摘する。また、勧告は、香港国家安全維持法の29条4項が定める犯罪行為に、外国の制裁実施のための共謀も記載されていることも説明する。

中国の反応

　香港ビジネス勧告が出された翌日の 2021 年 7 月 17 日、China Daily がすぐさま反論を掲載した[397]。反論の要旨は、以下のとおりだ。香港のリスクが高まっているなど馬鹿げている、香港株式市場では 2021 年上期に 47 の IPO が行われ、香港への直接投資の流入も増えている。お金は嘘をつかない。さらに馬鹿げているのは、こうした言葉が米国当局から発せられることだ。香港のビジネスにとって最大のリスクは米国だ。敵対的な米国が香港への関税を上げればリスクだ。しかし、これは米国の消費者をも傷つける。そして、中国はいま、「反外国制裁法」を持っていることも忘れるべきではない。中国への制裁は全て、それに相応しい中国の反撃に会うであろう(And don't forget that China now has the anti-sanction law and all sanctions measures will get their deserved fight -backs.)

　香港政府自身も 7 月 17 日に反論をプレスリリースで発出[398]。香港国家安全維持法により混乱が収まり秩序が回復したこと、国際金融都市としての香港の地位は安泰なこと、米国の勧告は内政干渉でありこうした行為の犠牲者は米国企業と米国民であること、などを主張している。

総括

　香港国家安全維持法が導入されてほぼ一年のタイミングで出された香港ビジネス勧告は、香港の高度な自治、人権、民主主義に対する中国の侵害を、米国は引き続き容認しない姿勢を示すことが目的であろう。香港国家安全維持法の効果は大きく、香港の高度の自治は浸食され、表現の自由は消え、「一国二制度」は崩壊した。

　ただ、こうした状況を外部の力で押し戻すことは簡単ではない。Kurt Tong 氏はこの点を冷静に認識[399]。制裁等で香港の状況を回復することは困難としつつ、しか

---

397 Zhang Zhouxiang, "Who suffers most from US sanctions?", China Daily, July 17, 2021
http://www.chinadaily.com.cn/a/202107/17/WS60f27759a310efa1bd6628fe.html

398 "Malicious US attempts to damage Hong Kong's reputation as a global business hub doomed to fail"
2021 年 7 月 17 日　香港政府プレスリリース
https://www.info.gov.hk/gia/general/202107/17/P2021071700044.htm

399 Kurt Tong"Hong Kong and the Limits of Decoupling"*Foreign Affairs*, July 14, 2021
https://www.foreignaffairs.com/articles/asia/2021-07-14/hong-kong-and-limits-decoupling

しそれでも、香港の抑圧に責任ある人物への制裁は続けるべきと主張。これは、中国の行動変化が期待できるからではなく、米国の香港へのコミットの継続を示すためであり、また中国が50年間の高度な自治という約束を破ったことを世界に示し続けるためと整理する。なお、Kurt Tong氏は、金融機関への制裁については、中国の有力銀行への制裁は、影響が香港にとどまらず中国本土、米国、世界の金融システムにも及ぶとし、反対の立場だ。

　新疆ウイグル・ビジネス勧告では、新疆でビジネスを行うことは米国法に違反する可能性が高いとして、明確に新疆ウイグルからの撤退を勧めていた。これに対して、香港ビジネス勧告は、よりニュアンスのある勧告であり、潜在的なリスクの周知という色彩が強い。ただ、様々なリスクの中で、中国が「反外国制裁法」を用いた場合に米国企業は板挟みになる可能性がある点を率直にリスクと説明しているのは重要だ。勧告は最後のパラグラフで、「香港での業務遂行は、制裁を遵守することに関連して、より高いリスクと不確実性に直面しているかもしれない。米国の制裁を遵守しなければ、米国法に基づき民事、刑事上のペナルティが発生する」と記述。板挟みになり得ることを認めつつ、米国法を守らなければ罰せられることは譲らず強調している[400]。

　より広い視野から見れば、米国における現在主流の考え方は、完全な米中デカップリングではなく、先端技術など対象を絞った部分分離（partial disengage、partial decouple、managed interdependence）であろう。中国側も、技術面での自力更生を重視しつつも、自由貿易や経済的互恵関係は大事でデカップリングには反対との立場を示している。つまり、米中双方とも完全デカップリングは志向していない。しかし、新疆や香港といった問題では、米国等から見れば重要な「価値」や「自由な国際秩序」にかかわる問題であり、その侵害に対して制裁等の措置を取らない訳にはいかない。中国側から見れば、これは核心的利益にかかわる問題であり、また外国からの内政干渉を許容できないということになってしまう。「価値」と「核心的利益」の衝突が、「制裁」と「反外国制裁」という道具でエスカレートすれば、結果的に双方が望まない全面的なデカップリングを招来する可能性もゼロではない。今はお互いに整備した道具で威嚇しあっている状況であり、経済的な損失も考えて、威嚇のとおりに強い「制裁」や「反外国制裁」を実際に使うことには躊躇いもあると思

400　そして、勧告は、「制裁遵守義務に質問がある企業は財務省OFACに紹介ありたい。」と終わっている。

われるが、ナショナリズムの高まりと呼応するときに、制裁の応酬がスパイラル的に緊張を高めて全面的デカップリングに近づく可能性はゼロではない。そのように緊張が高まったときに、紛争が経済的な地平に留まるという保証はない。

　こうした米中の対立を前に、日本国内で良くある議論は、日本が間に立って、両者の立場の違いを埋める努力を行うべきというものだが、これは誤解を招く不適切な議論であろう。日本としては、人権や自由な国際秩序といった価値の点ではしっかりと米国および同志国と共通の立場を取り、その上で、「利益」も加味した現実の政治・外交の世界において、どこまで、どのように制裁等の強制的手段を取ることが妥当かについて、米国等と率直な協議を行うべきであろう。その関連で補足すれば、人権を理由とする制裁に関する議論においても（それが特定の状況において適切な対応でないので行わないということではなく）我が国にはそれを実施する法的基盤がないので制裁はできないという回答は、国家の体制としても、国際社会との関係でも望ましいものではないだろう。

　香港国家安維持法で逮捕・拘留されたアップル・デイリーの創業者であるジミー・ライ氏は、自由主義思想家のフリードリヒ・ハイエクを尊敬し、アップル・デイリー台湾版を発行する台湾オフィスのビルには、ハイエクの胸像が置かれ、その下にはハイエクの次の言葉が記されているという[401]。「自らの知識に越えられない限界があるという認識は、社会を考える者に対して、社会をコントロールしたいという人間の破滅的な欲求の共犯者にならないための謙虚さを教えてくれる。」[402] データと監視技術で武装した北京にハイエクの言葉が届く日が来るのかは分からない。我々は、長期の競争的共存を前提に、戦略を考える必要があり、これは政府のみならず、企業の行うリスク分析においても言えることであろう。

401　Jay Nordlinger"Hong Kong, Snuffed Out"*Nationa Review*, July 19, 2021
https://www.nationalreview.com/2021/07/hong-kong-snuffed-out/
402　Ibid."The recognition of the insuperable limits to his knowledge ought indeed to teach the student of society a lesson of humility which should guard him against becoming an accomplice in men's fatal striving to control society."

おわりに――「英米本位の『民主主義』を排す」／民主主義サミット

バイデン大統領は、大統領選挙時の公約でもあった「民主主義サミット」を2021年12月9日、10日とバーチャルで実施した。公開部分だけでも、数多くのスピーチ、パネル・ディスカッションが行われたが、内容的にあまりアピールするものではなかった[403]。しかし、米国は本サミットに合わせて一連の政策イニシアティブを発表した。また、招待されなかった中国が[404]、自国の「民主主義」の優越性を主張する論陣を張った。

政策イニシアティブ

バイデン大統領は、中国等との関係を「『民主主義』対『権威主義』」の対立と位置づけ、米国は民主主義が機能することを世界に示す必要があるということを、これまで様々な機会に訴えてきた。それは、バイデン大統領の信念であると共に、共和党との対立で進まない法案・予算審議を進めたい、共和党が支配する州で進む投票権の制限強化の動きを巻き戻したい、という国内での副次的な効果も意識したものであった。また、米国内で民主主義を再興する必要性を認めることは、米国の民主主義も完全ではなく、その改善に向けて努力するという、民主主義サミットを前にバイデン政権が表明していた方向性とも合致するものでもあった。

バイデン政権が12月8日に発表した「米国民主主義再興に向けた行動」[405]は、

---

403 民主主義サミットのスケジュールと公開部分の動画は国務省の以下のサイトで閲覧可能 https://www.state.gov/schedule-the-summit-for-democracy/

404 招待国リストにつき以下参照。
https://www.state.gov/participant-list-the-summit-for-democracy/

405 正式には "The Biden-Harris Administration is Taking Action to Restore and Strengthen American Democracy" December 8, 2021
https://www.whitehouse.gov/briefing-room/statements-releases/2021/12/08/fact-sheet-the-biden-harris-administration-is-taking-action-to-restore-and-strengthen-american-democracy/

そうしたバイデン大統領の意図および行動を包括的に説明している。すでに成立した「インフラ雇用法案（IIJA）」を評価すると共に、現在審議中の BBB 法案に向け努力することに言及。さらに、米国民の投票権を守ること、司法省の独立性を回復して腐敗に対抗することにも触れた。海外の腐敗・汚職に関しては、米財務省の「金融犯罪執行ネットワーク」（Treasury's Financial Crimes Enforcement Network: FinCEN）による規制強化も含まれる。また、人種間の公平性、LGBTQ+ の権利を含め、人権擁護に関しても多くの記載がある。

　バイデン政権は、12 月 9 日には、「民主主義再生のための大統領イニチシアティブ」を発表[406]。世界の民主主義と人権を守ることは、正しいことであるだけではなく、安全保障上も重要だと強調。「民主主義再生のための大統領イニチシアティブ」の下で、以下の分野に対して今後 4 億 2440 万ドルの予算配布を行うことを表明した。

・自由で独立したメディアの支援

・汚職との闘い

・民主改革派の支援

・民主主義のための技術の促進

・自由で公平は選挙と政治過程の擁護

　また、12 月 9 日に、「反汚職のためのリーダーシップの強化」を発表[407]。国務省内に、「国際反汚職調整官」（Coordinator on Global Anti-Corruption）のポストを新設すると表明。同調整官は、反汚職の闘いを米国の外交・援助のすべての側面に統合することを役割とする。（同発表では、併せて、グローバル・マグニツキー法等を利用して、汚職関連者に対する追加的な制裁についても公表している。）

　さらに、12 月 10 日は、米、豪、デンマーク、ノルウェーと共同で「輸出管理と人権イニチシアティブ」を発表[408]。権威主義政府が、監視技術を国内外の人権侵害

406　https://www.whitehouse.gov/briefing-room/statements-releases/2021/12/09/fact-sheet-announcing-the-presidential-initiative-for-democratic-renewal/

407　正式には "Elevating Anti-Corruption Leadership and Promoting Accountability for Corrupt Actors", December 9, 2021
https://www.state.gov/elevating-anti-corruption-leadership-and-promoting-accountability-for-corrupt-actors/

408　共同声明は以下参照 "Joint Statement on the Export Controls and Human Rights Initiative" December 10, 2021
https://www.whitehouse.gov/briefing-room/statements-releases/2021/12/10/joint-statement-on-

に用いていることに警鐘を鳴らした上で、人権侵害に技術が利用されないように輸出管理を用いるべく、自主的で非拘束的な行動原則を同志国の間で確立するために協働することを表明する。なお、共同声明に連名した国に加え、英仏加蘭が本イニチシアティブへの支持を表明している[409]。

民主主義：中国の主張

中国は、米国主催による今回の「民主主義サミット」を自国の統治システムへの批判と捉え、サミット開始前から、サミットへの非難と中国の民主主義の賛美を積極的に展開した。2021年11月26日には米誌 National Interest に駐米中国大使が同ロシア大使と連名で民主主義サミットを非難する論文を寄稿[410]。12月4日には中国政府（国務院）が「中国：機能する民主主義」を発表[411]。12月5日には中国外交部が「米国の民主主義の状況」を発表した[412]。

これらの文書はプロパガンダである。しかし、習近平体制の下で「制度的話語権」（institutional discourse power）を高めることを通じたレジーム覇権の強化に励んできただけあって、「中国：機能する民主主義」や「米国の民主主義の状況」は良く準備して作成されている。それと同時に、これらの文書は中国にとっての弱みと、それへの中国の対処も浮かび上がっており興味深い報告書となっている。

中国は、民主主義の形態は多様であり、米国が自らの民主主義のみを唯一の正しい民主主義と主張することは、それこそ「非民主的」と批判する。その上で、中国の民主主義の特徴を「全過程人民民主主義」（Whole-Process People's

---

the-export-controls-and-human-rights-initiative/

[409] ファクトシートは以下参照
https://www.whitehouse.gov/briefing-room/statements-releases/2021/12/10/fact-sheet-export-controls-and-human-rights-initiative-launched-at-the-summit-for-democracy/

[410] "Russian and Chinese Ambassadors: Respecting People's Democratic Rights", The National Interest, November 26, 2021
https://nationalinterest.org/feature/russian-and-chinese-ambassadors-respecting-people%E2%80%99s-democratic-rights-197165

[411] "China: Democracy That Works" December 4, 2021
http://www.news.cn/english/2021-12/04/c_1310351231.htm

[412] "The State of Democracy in the United States" December 5, 2021　https://www.mfa.gov.cn/mfa_eng/zxxx_662805/202112/t20211205_10462535.html

Democracy）と強調する。これは、西側の民主主義では、数年に一度の選挙の時にだけ国民が主人になるが、選挙が終われば、国民は忘れ去られているとし、その対極として、中国の民主主義は、選挙の際のみならず、あらゆる過程において国民の声を聞き、国民中心の統治が行われていると強調する。

また、中国は、中国の民主主義が、コロナ対策においても、経済成長においても、貧困撲滅においても成果を出し、機能していると強調する。同時に、中国は、「米国の民主主義の状況」報告書において機能不全に陥った米国の民主主義を痛烈に批判。コロナ対策に失敗したことや、党派対立が激しく意見集約が図れないこと、金権政治で一般の人々の意向が政治に反映されていないことなどを指摘。さらには、ゲリマンダーで州内多数派党により選挙区の線引きが恣意的に変えられること、大統領選挙も選挙人団（electoral college）方式で死票が多く得票率と乖離した形で大統領が選ばれることなども批判している。

このように、中国は自らの民主主義の優越性を主張するが、同時に、その民主主義はあくまで「中国共産党の指導」を前提としたものであることを認めている。中国には共産党以外に8つの政党があるが、これらは反対党ではなく、共産党の指導を受け入れて共産党・政府と協力することが前提となっており、共産党・政府はこれら政党と協議を行い適切な場合にはその意見を政策に反映させる。このように、中国の民主主義においては「協議」が強調されており、「共産党が指導する複数党協力と政治的協議」（"CPC-led multiparty cooperation and political consultation"）という表現や、「選挙民主主義と協議民主主義の双方を前進させる」（"progressing electoral democracy and consultative democracy side by side"）といった表現が多用されている。その上で、「選挙民主主義」と「協議民主主義」の二つの主要な民主主義モデルを統合したものが「全過程人民民主主義」であり、「全過程人民民主主義」は中国独自の民主主義であると同時に、人類の政治的進歩に対する中国の貢献であると主張している[413]。

---

[413] Whole-process people's democracy is a complete system with supporting mechanisms and procedures, and has been fully tested through wide participation. It integrates two major democratic models electoral democracy and consultative democracy. It operates a democratic system covering a population of more than 1.4 billion from 56 ethnic groups of a vast country, making possible the wide and sustained participation of all its people. Whole-process people's democracy has distinctive Chinese characteristics; it also exemplifies common values and contributes China's ideas and

民主主義の「手段的価値」と「本源的価値」

　ノーベル経済学賞受賞者のアマーティア・センは20年ほど前に『自由と経済開発』"Development as Freedom" という本を書いている[414]。その中でセンは、自由について、個人が自由を得ることで経済的にも豊かになれるという「手段的価値」(instrumental value) が在ることを指摘。しかし、自由はそれにとどまらず、自由それ自身に「本源的価値」(intrinsic value) があることを指摘する。従って、開発の観点からは、自由は「手段」であると同時に「目的」ともなる。民主主義の概念も同様であろう。民主主義は、より良い意思決定と経済的結果を産みだす「手段的価値」を潜在的に有する。同時に、民主主義プロセスを通じた参加自体に「本源的価値」があるはずだ。これを政治学の文脈で正統性の議論に応用すれば、前者の「手段的価値」は「パフォーマンス正統性」("performance legitimacy") であり、後者の「本源的価値」は「インプット正統性」("input legitimacy") となる[415]。

　こうした概念枠組みで米中「民主主義論争」を眺めた場合に、中国では、民主主義の「本源的価値」が軽視され、「インプット正統性」が欠けている。逆に、米国（そして多くの場合に日本を含む西側諸国）では、制度に絡めとられて民主主義の「手段的価値」の発揮が十分ではなく、「パフォーマンス正統性」が十分に発揮できていない可能性がある。

米国／西側の課題とその対処

　民主主義の本源的価値を尊重し、そのインプット正統性を守るためには、様々な制度的な安全装置が必要だ。しかし、守るべき価値から遊離する形で安全装置へのフェティシズム（呪物崇拝）のみが自己増殖すれば、「手段的価値」を十分に発揮できず、適時の意思決定や望ましい成果を産みだせず、結果的に民主主義の「パフォーマン

---

solutions to the political progress of humanity.（「中国：機能する民主主義」7頁）

414　Amartya Sen, *Development as Freedom*, Anchor 2000
415　"performance legitimacy" と "input legitimacy" の関係については、2021年12月4日　Economist の Chaguan 参照。https://www.economist.com/china/2021/12/04/china-says-it-is-more-democratic-than-america

ス正統性」を傷つける。ここで重要なのは、民主主義を守るための安全装置が、民主主義への信頼を掘り崩す原因にもなり得るという点を正しく警戒することだ。もちろん、この問題への解決は、安全装置を放り投げ、「法治主義」や「三権分立」を捨て去ることではない。国民が、為政者が「インプット正統性」に安心しないよう、常にパフォーマンスを厳しく問うと共に、「安全装置」や制度的ガードレールが過剰や惰性とならないよう、民主主義の再生・見直しを常に意識し実践することが大事であろう。宇野重規教授は、「過去においても民主主義は何度も危機を乗り越えてきました。というよりもむしろ、民主主義はつねに試練にさらされ、苦悶し、それでも死なずにきたというのが現実に近いでしょう。（中略）そうだとすれば、今回の危機についても、民主主義が自らを変容させ、進化させるきっかけとする可能性を否定できません。」と述べる[416]。我々に必要なのは現状に安住しない勇気であろう。

中国の課題とその対処

中国の課題はより深刻だ。カール・マルクスはドイツ革命の失敗（1848年）の分析から、「プロレタリア独裁」の必要性を主張した。マルクス主義を継受する中国は、（3つの代表でプロレタリア以外にも門戸を広げたものの）「人民民主独裁制」をとり、それは憲法にも規定されている。そうした認識は、今回の国務院の「中国：機能する民主主義」にも明記されている[417]。そこでは、「民主主義と独裁は言葉として矛盾するように見える。しかし、それらは共に、人民が国家の主役という地位を保証している[418]。」と説明している。もっとも、この「矛盾するように見える」民主主義と独裁が何故「矛盾しないのか」、共産党が全面的に指導することの正統性が何に依拠するのかについて、中国からの明示の説明はない[419]。

---

416 宇野重規『民主主義とは何か』講談社 2020
417 The Constitution describes China as a socialist country governed by a people's democratic dictatorship that is led by the working class and based on an alliance of workers and peasants. The fundamental nature of the state is defined by the people's democratic dictatorship.
China upholds the unity of democracy and dictatorship to ensure the people's status as masters of the country.
418 Democracy and dictatorship appear to be a contradiction in terms, but together they ensure the people's status as masters of the country.
419 なお、民主主義と独裁が矛盾しないという考えは、マルクスや共産党の専売特許ではない。宇野（前

中国は、自らの体制が「インプット正統性」を欠いているという弱点を認識している。そこで中国は、まず、①「協議民主主義」に立脚する「全過程人民民主主義」により国民の意見を良く聞き政治に生かしている、共産党の指導は選挙で正統性が得られたものでないかも知れないが、米国以上に国民の声を聞いている、という点を強調する。さらに、②コロナ対策、経済成長など、多大な成果を産みだしていて、そのパフォーマンスが共産党指導の正統性を産みだす、という点を強調している。しかし、高いパフォーマンスの故に、貧困を脱して小康社会を実現した中国人民が、今後「自由」や「参加」への要求を強めた際に、「協議民主主義」の茶番で持ちこたえることができるかは定かではない。結局、歴史や、米中対立が作り出すナショナリズムを使って正統性を求めることになるとすれば、そうした正統性の基盤は他国にとって（そして中国自身にとっても）不安定で危険なものとなろう。

▎「英米本位の『民主主義』を排す？」

　近衛文麿は、1918 年 12 月、雑誌『日本及び日本人』に「英米本位の平和主義を排す」という論文を掲載した。同論文で 27 歳の若き近衛は以下のような主張をしている。「吾人は我国近時の論壇が英米政治家の花々しき宣言に魅了せられて、彼等の所謂民主主義人道主義の背後に潜める多くの自覚せざる又は自覚せる利己主義を洞察し得ず、自ら日本人たる立場を忘れて、無条件的無批判的に英米本位の国際聯盟を謳歌し、却つて之を以て正義人道に合すと考ふるが如き趣あるを見て甚だ陋態 [ろうたい] なりと信じるものなり」「吾人の日本人本位に考へよとは、日本人の正当なる生存権を確認し、此権利に対し不当不正なる圧迫をなすものある場合には、飽く迄も之と争ふの覚悟なかる可 [べか] らずと言ふ也。これ取りも直さず正義人道の命ずる所なり。自己の正当なる生存権を蹂躙せられつつも尚平和に執着するはこれ人道主義の敵なり。」「要之 [これをようするに] 英米の平和主義は現状維持を

掲書）によれば、ドイツの法学者であるカール・シュミットは、しばしば結合されている「自由主義」と「民主主義」の概念を区別すべきと主張し、「議会主義」や「権力分立」は自由主義の概念であり「民主主義」とは無関係とし「独裁は決して民主主義の決定的な対立物でなく、民主主義は独裁の決定的な対立物でない」と主張したという。しかし、シュミットの理論がナチスに利用されたことを我々は忘れるべきではないだろう。

便利とするものゝ唱ふる事勿れ主義にして何等正義人道主義と関係なきものになるに拘らず、我国論者が彼等の宣言の美辞に酔うて平和即人道と心得其国際的地位よりすれば、寧ろ独逸と同じく現状の打破を唱ふべき筈の日本に居りながら、英米本位の平和主義にかぶれ国際聯盟を天来の福音の如く渇仰するの態度あるは、実に卑屈千万にして正義人道より見て蛇蝎視すべきものなり。」[420]

　当時の英米の振る舞いに、偽善があったことは間違いない。若き近衛は、英米のダブルスタンダードが許せなかった。また、支配的地位を確立していた英米に対して、新興国たる日本は現状を打破する必要があるとも認識していた。この論文は日本国内で大変評判がよく、近衛の人気は上がったと言う[421]。

　しかし、中西寛教授は、近衛の「偽善批判」に独善を見る。「しかし私は、英米の偽善を暴くことに急でありながら、その批判が自己の立場への反省にではなく、むしろ自らの立場を正当化する論拠となった点に戦前日本の国際政治観の弱さを見る。日本は、英米の偽善を指摘する点で自らがより高い道徳的立場に立っていると主張した。真の平和、真の開放の唱道者は自分であると主張した。しかしその一方で、自己の国益を主張し、その立場を正当化するにあたってはきわめて無造作であった。それは一言で言って独善的な態度と言えるものであった。」[422]

　近衛が「英米本位の平和主義を排す」を記した約100年後、中国は「英米本位の『民主主義』を排す」を実践しているように見える。米国の中国専門家のボニー・グレーザーは、中国の体制を民主主義と呼ぶことを「馬鹿げている」（ludicrous）と一蹴した上で、そうした無謀な主張を行うことは、戦狼外交の継続と同根で、強権的な体制の中でフィードバック・メカニズムが壊れ、悪い情報が指導者に上がっていないためと分析する[423]。グレーザー氏の分析は正しいのであろうが、それに加えて、①共産党の指導という国体護持は何があっても譲れない、②国際社会から理解と尊敬を得たい、という2つの要請を満たすためには、強引であっても理論武装して、「制度的話語権」の闘いに乗り出さざるを得ない状況にあるとも考えられる。中国で大ヒッ

420　https://blog.goo.ne.jp/ikagenki/e/7fbdde5b29680db3eedc7a841342ae6d
421　古川隆久『近衛文麿』（吉川弘文館）
422　中西寛『国際政治とは何か』（中公新書）
423　Mareike Ohlberg and Bonnie S. Glaser, "Why China Is Freaking Out Over Biden's Democracy Summit", December 10, 2021
　　　https://foreignpolicy.com/2021/12/10/china-response-biden-democracy-summit/

トした映画「戦狼2」では、中国版ランボーの活躍もすごいのだが、ラストシーンでは、中国国旗を掲げた車列が近づいたときに、戦闘状態にある双方の武力勢力が「中国が通る」と言って、砲火を停止する。そこでは国際社会で尊敬され愛される中国が誇らしく描かれている。中国は国際社会の目を人一倍気にしている。それは、強引な自国制度の正当化の源でもあるのだが、同時にそれは，世界にとっての一つの希望であろう。民主主義サミットに合わせて中国が作成した「中国：機能する民主主義」や「米国の民主主義の状況」はプロパガンダだ。しかし、こうした文書があるべき「民主主義」に関する透明な形でのアイデア競争のきっかけになるとすれば、それは、つまらなかった民主主義サミットの最大の成果かも知れない。

参考文献

第1章「米国の外交・対中政策」

Jennifer Harris and Jake Sullivan, "America Needs a New Economic Philosophy". Foreign Policy Experts Can Help." Foreign Policy, February 7, 2020

Robert D. Blackwill and Jennifer M. Harris, *War by Other Means*, The Belknap Press of Harvard University Press, 2016

Kurt M. Campbell and Rush Doshi, "How America Can Shore Up Asian Order", Foreign Affairs, January 12, 2021

Rush Doshi, *The Long Game*, Oxford University Press 2021

Whitehouse, The United States Strategic Framework for Indo-pacific https://trumpwhitehouse.archives.gov/wp-content/uploads/2021/01/IPS-Final-Declass.pdf

Robert C. O'Brien, "A Free and Open Indo-Pacific" January 5, 2021 https://trumpwhitehouse.archives.gov/wp-content/uploads/2021/01/OBrien-Expanded-Statement.pdf

Rory Medcalf, "Declassification of Secret Document Reveals US Strategy in the Indo-Pacific", The Strategist, January 13, 2021 https://www.aspistrategist.org.au/declassification-of-secret-document-reveals-real-us-strategy-in-the-indo-pacific/

Richard Haass and David Sacks, "American Support for Taiwan Must Be Unambiguous", Foreign Affairs, September 2, 2020

Hal Brands and Zack Cooper, "After the Responsible Stakeholder, What?: Debating America's China Strategy" Texas National Security Review, Vol.2, Issue 2 (February 2019) https://2llqix3cnhb21kcxpr2u9o1k-wpengine.netdna-ssl.com/wp-content/uploads/2019/02/TNSR-Journal-Vol-2-Issue-2-Brands-and-Cooper.pdf

Atlantic Council, "The longer Telegram", 2021 https://www.atlanticcouncil.org/wp-content/uploads/2021/01/The-Longer-Telegram-Toward-A-New-American-China-Strategy.pdf

US Department of State, "Elements of the China Challenge", November 2021
https://beta.documentcloud.org/documents/20407448-elements_of_the_china_challenge-20201117

Nicholas R. Lardy, *The State Strikes Back*, Peterson Institute for International Economics, 2019

Paul Heer, "Why the 'Longer Telegram' Won't Solve the China Challenge" The National Interest, February 1, 2021
https://nationalinterest.org/feature/why-%E2%80%98longer-telegram%E2%80%99-won%E2%80%99t-solve-china-challenge-177404?page=0%2C2

Dov S. Zakheim, "The Longer Telegram: What it means for US-China relations", The Hill, February 5, 2021
https://thehill.com/opinion/national-security/537291-the-longer-telegram-what-it-means-for-us-china-relations

Li Haidong, "'The Longer Telegram' draws no lessons from the US' past failures in China policy" Global Times, February 6, 2021
https://www.globaltimes.cn/page/202102/1215143.shtml

The White House, "Interim National Security Strategic Guidance", March 2021
https://www.whitehouse.gov/wp-content/uploads/2021/03/NSC-1v2.pdf

第2章 「貿易とサプライチェーン」

Robert E. Lighthizer, "The Era of offshoring US jobs is over" New York Times, May 11, 2021
https://www.nytimes.com/2020/05/11/opinion/coronavirus-jobs-offshoring.html

OECD, "TRADE INTERDEPENDENCIES IN COVID-19 GOODS" May 6, 2020
https://read.oecd-ilibrary.org/view/?ref=132_132706-m5stc83l59&title=Policy-Response-Trade-Interdependencies-in-Covid19-Goods

Charles W. Boustany Jr. and Aaron L. Friedberg, "Partial Disengagement
A New U.S. Strategy for Economic Competition with China", NBR, November 4, 2019
https://www.nbr.org/publication/partial-disengagement-a-new-u-s-strategy-for-economic-competition-with-china/

Andrea Durkin, "Evolution of Buy American Policies", Global Trade, September 20, 2020
https://www.globaltrademag.com/evolution-of-buy-american-policies/

Richard Baldwin and Rebecca Freeman, "Supply chain contagion waves: Thinking ahead on manufacturing 'contagion and reinfection' from the COVID concussion" VOX EU, April 01, 2020
https://voxeu.org/article/covid-concussion-and-supply-chain-contagion-waves

White House, "Building Resilient Supply Chains, Revitalizing American Manufacturing, and Fostering Broad-based Growth", June 2021
https://www.whitehouse.gov/wp-content/uploads/2021/06/100-day-supply-chain-review-report.pdf

Adam S. Posen "The Price of Nostalgia: America's Self-Defeating Economic Retreat" Foreign Affairs, May/June 2021
https://www.foreignaffairs.com/articles/united-states/2021-04-20/america-price-nostalgia

William R. Cline, "Trade and Income Distribution" PIIE, 2016
https://www.piie.com/bookstore/trade-and-income-distribution

CRS, "Section 232 of the Trade Expansion Act of 1962" updated November 4, 2021
https://sgp.fas.org/crs/misc/IF10667.pdf

Global Forum on Steal Excess Capacity, "2021 GFSEC Ministerial Report" 2021
https://steelforum.org/events/gfsec-ministerial-report-2021.pdf

「日本製鉄、値上げ浸透で最高益」日本経済新聞、2021 年 11 月 2 日
https://www.nikkei.com/article/DGXZQOGD024X70S1A101C2000000/

第 3 章 「経済制裁・経済安保」

Jude Blanchette, "The United States Has Gotten Tough on China. When Will It Get Strategic?" CSIS, July 17, 2020
https://www.csis.org/analysis/united-states-has-gotten-tough-china-when-will-it-get-strategic

"U.S. Weighs Sweeping Travel Ban on Chinese Communist Party Members" New York Times, July 15, 2020
https://www.nytimes.com/2020/07/15/us/politics/china-travel-ban.html

Steven Lee Myers and Paul Mozur, "Caught in Ideological Spiral, U.S. and China Drift Toward Cold War" New York Times, July 14, 2020
https://www.nytimes.com/2020/07/14/world/asia/cold-war-china-us.html

大矢伸 「世界が中国の「経済的恫喝」に屈しないための知恵」、東洋経済オンライン、2020年7月13日
https://toyokeizai.net/articles/-/361249

Albert O. Hirschman, *National Power and the Structure of Foreign Trade*（国力と外国貿易の構造）, University of California Press, 1945

田所昌幸「武器としての経済力とその限界」、北岡伸一・細谷雄一編『新しい地政学』、東洋経済新報社、2020年

Norman Angell, *The Great Illusion*（大いなる幻想）, G.P. Putnam's Sons, 1910

関山健「経済相互依存は米中対立を抑止できないか」、宮本雄二・伊集院敦編『技術覇権・米中激突の深層』、日本経済新聞出版社、2020年

Marry E. Lovely and Jeffrey J. Schott "Can China Blunt the Impact of New US Economic Sanctions?" PIIE, June 2021
https://www.piie.com/sites/default/files/documents/pb21-13.pdf

Michael Mastanduno "Economic Statecraft," *Foreign Policy: Theories, Actors, Cases*, OUP Oxford, 2008

Jacob J. Lew and Richard Nephew, "The Use and Misuse of Economic Statecraft," Foreign Affairs, November/December 2018.

Wang Jisi, "The Plot against China?," Foreign Affairs, July/August 2021.

「日本外交における価値を考える」『外交 Vol.8』2011年7月

兼原信克『安全保障戦略』、日本経済新聞出版、2021年

Brian O'Toole "Facing Reality: Europe's Special Purpose Vehicle Will Not Challenge US Sanctions", Atlantic Council, January 31, 2019
https://www.atlanticcouncil.org/blogs/iransource/facing-reality-europe-s-special-purpose-vehicle-will-not-challenge-us-sanctions

"THE TREASURY 2021 SANCTIONS REVIEW", Treasury Department, October 2021
https://home.treasury.gov/system/files/136/Treasury-2021-sanctions-review.pdf

Juan C. Zarate, *Treasury's War*, PublicAffairs, 2013

広瀬淳子「アメリカの大統領行政府と大統領補佐官」、『レファレンス 2007.5』、国立国会図書館調査及び立法考査局、2007年
https://www.ndl.go.jp/jp/diet/publication/refer/200705_676/067603.pdf

Sarah Rosen Wartell, "National Economic Council" *White House*（CAP 2008）

https://images2.americanprogress.org/CAPAF/2008/changeforamerica/
WhiteHouse_03_Wartell.pdf

Kenneth I. Juster and Simon Lazarus *Making Economic Policy – An Assessment of the National Economic Council* (Brookings Institution Press 1997)

Chris J. Dolan, Jeral A. Rosati, "U.S. Foreign Economic Policy and the Significance of the National Economic Council" *International Studies Perspectives Vol. 7, No. 2* (Oxford University Press 2006)
https://people.cas.sc.edu/rosati/documents/dolanrosati.NEC.pdf

Jeffrey E. Garten, "The Global Economic Challenge", Foreign Affairs January/February 2005

Keith Hennessey "Role of the President's White House Economic Advisors" August 2010   https://keithhennessey.com/2010/08/08/economic-roles/

Jonathan Hackenbroich and Pawel Zerka, "Measured response: How to design a European instrument against economic coercion", June 23, 2021
https://ecfr.eu/publication/measured-response-how-to-design-a-european-instrument-against-economic-coercion/

「中国、独車部品大手に圧力　リトアニアとの外交問題波及」日本経済新聞、2021 年 12 月 18 日
https://www.nikkei.com/article/DGXZQOGR17ETN0X11C21A2000000/

Contain Crisis: Strategic Concepts for Coercive Economic Statecraft, CNAS, December 7, 2021
https://www.cnas.org/publications/reports/containing-crisis?utm_medium=email&
utm_campaign=Weekend%20Reads%20December%2010%202021&utm_content=
Weekend%20Reads%20December%2010%202021+CID_d80be02f31d78d2620a54cd7dc0c
5999&utm_source=Campaign%20Monitor&utm_term=Containing%20Crisis%20
Strategic%20Concepts%20for%20Coercive%20Economic%20Statecraft

Responding to Trade Coercion, Asia Society Policy Institute and Perth USAsia Centre, December 7, 2021
https://asiasociety.org/policy-institute/responding-trade-coercion-growing-threat-global-trading-system-0

The Limits of Economic Coercion, Swedish National China Centre（SNCC）, November 18, 2021
https://www.ui.se/globalassets/ui.se-eng/publications/other-publications/the-limits-of-economic-coercion.pdf

第4章 「金融・通貨・インフラ」

Milton Freedman, "The Social Responsibility Of Business Is to Increase Its Profits", New York Times, September 13, 1970
https://www.nytimes.com/1970/09/13/archives/a-friedman-doctrine-the-social-responsibility-of-business-is-to.html

原丈人「世界は『公益』に向かう」、日経ビジネス2020年10月5日
https://www.nikkei.com/article/DGXMZO64463030R01C20A0000000/

岩井克『会社は誰のものか』、平凡社、2005年

Business Round Table, "Statement on the Purpose of a Corporation" August, 2019
https://www.businessroundtable.org/business-roundtable-redefines-the-purpose-of-a-corporation-to-promote-an-economy-that-serves-all-americans

Lucian Bebchuk and Roberto Tallarita, *The Illusory Promise of Stakeholder Governance*, (Harvard Law School 2020)
https://corpgov.law.harvard.edu/2020/03/02/the-illusory-promise-of-stakeholder-governance/

R. Glenn Hubbard, "For whom should corporations be run?" AEI, September 4, 2020
https://www.aei.org/economics/for-whom-should-corporations-be-run/?mkt_tok=eyJpIjoiTkRjNE5qTmhZVEkyTWpVNCIsInQiOiI0NkFYU2paRTFKbmJHK0dYcFwvd2J5SDBlYWtaN3ZVNHHZ5U2Z3d3hFTmwwZ2NxVnpaVkxOM0I3MHIwaG4reXY5UVpyYS2VFSlRwQVNyY3BGRm9mREZCZDBPN1Jzckw0ZzFnSHhuRTNaZGZ6Y05Md1FNUGJpd2JVXC9URUFtNk56cEdaaIn0%3D

"The SEC Caves on China", Wall Street Journal, February 26, 2015
https://www.wsj.com/articles/the-sec-caves-on-china-1424967173

2021年7月30日SECゲンスラー委員長のレター
https://www.sec.gov/news/public-statement/gensler-2021-07-30

北野尚宏「中国の対外援助の捉え方」、川島真・遠藤貢・高原明生・松田康博 編『中国の外交戦略と世界秩序――理念・政策・現地の視線』、昭和堂、2020年

Eyck Freymann, *One Belt, One Road* (Harvard University Press 2021)

Congressional Research Service, *China's "One Belt, One Road" Initiative: Economic Issues* (CRS 2021)
https://crsreports.congress.gov/product/pdf/IF/IF11735

Sebastian Horn, Carmen Reinhart, Christoph Trebesch *China's Overseas Lending*（Kiel Institute for World Economy 2019）
https://www.ifw-kiel.de/fileadmin/Dateiverwaltung/IfW-Publications/Christoph_Trebesch/KWP_2132.pdf

Anna Gelpern, Sebastian Horn, Scott Morris, Brad Parks, Christoph Trebesch, *How China Lends*（Center for Global Development 2021）
https://www.cgdev.org/sites/default/files/how-china-lends-rare-look-100-debt-contracts-foreign-governments.pdf

Jonathan E. Hillman, *The Emperor's New Road*（Yale University Press 2020）

Maria Abi-Habib"How China Got Sri Lanka to Gough Up a Port"New York Times June 25, 2018　https://www.nytimes.com/2018/06/25/world/asia/china-sri-lanka-port.html

2019 年 4 月 27 日付け第 2 回一帯一路国際協力フォーラム共同コミュニケ
http://www.beltandroadforum.org/english/n100/2019/0427/c36-1311.html

Council for Foreign Relations *"China's Belt and Road: Implications for the United States"*（CFR 2021）
https://www.cfr.org/report/chinas-belt-and-road-implications-for-the-united-states/

高原明生 「中国の一帯一路構想」、『中国の外交戦略と世界秩序―理念・政策・現地の視線』

Michael Mastanduno, "Economic Statecraft" in Steve Smith, Amelia Hadfield, Tim Dunne *Foreign Policy (Third Edition)*（Oxford University Press 2016）

"CBDC：A Solution in Search of Problem？"Speech by Christopher Waller, August 5, 2021
https://www.federalreserve.gov/newsevents/speech/waller20210805a.htm

Susan V. Scott and Markos Zachariadis, *The Society for Worldwide Interbank Financial Telecommunication (SWIFT)*（Routledge 2014）

Juan C. Zarate, *Treasury's War*（PublicAffairs 2013）

Susan V. Scott and Markos Zachariadis, *The Society for Worldwide Interbank Financial Telecommunication (SWIFT)*（Routledge 2014）

船橋洋一 『ザ・ペニンシュラ・クエスチョン――朝鮮半島第二次核危機――』、朝日新聞社、2006 年
Henry Farrell and Abraham L. Newman, "Weaponized Interdependence" *The Uses and Abuses of Weaponized Interdependence*（The Brooking Institution 2021）

Richard Turrin, *Cashless: China's Digital Currency Revolution*（Authority Publishing

2021）

BIS, *Central bank digital currencies: foundational principles and core features*、（BIS 2020）
https://www.bis.org/publ/othp33.htm

日本銀行「中央銀行デジタル通貨に関する日本銀行の取り組み方針」、日本銀行、2020 年
https://www.boj.or.jp/announcements/release_2020/rel201009e.htm/

清水順子「貿易建値通貨としての人民元の国際化─東アジア諸国の通貨体制に与える影響─」、小川英治編『グローバリゼーションと基軸通貨』、東京大学出版会、2019 年

Barry Eichengreen, Arnand J. Mehl, Livia Chitu *Mars or Mercury? The Geopolitics of International Currency Choice*（NBER2017） https://www.nber.org/system/files/working_papers/w24145/w24145.pdf

第 5 章「気候変動」

Robert N. Stavins,"*Carbon Taxes vs. Cap and Trade: Theory and Practice*"（Harvard University 2019）
https://www.hks.harvard.edu/centers/mrcbg/programs/growthpolicy/carbon-taxes-vs-cap-and-trade-theory-and-practice

Chad Qian, "*3 Carbon Tax Bills Introduced in Congress*"（Tax Foundation 2019）
https://taxfoundation.org/carbon-tax-bills-introduced-congress/

Daniel Rosenbloom, Jochen Markard, Frank W. Geels, and Lea Fuenfschilling, "Why carbon pricing is not sufficient to mitigate climate change—and how "sustainability transition policy" can help" PNAS, April 8, 2020
https://www.pnas.org/content/117/16/8664

"International Carbon Price Floor：ICPF ", IMF, June 18, 2021
https://www.imf.org/en/News/Articles/2021/06/18/sp061821-launch-of-imf-staff-climate-note

宇沢弘文『社会的共通資本』、岩波書店、2000 年

"Proposal for a REGULATION OF THE EUROPEAN PARLIAMENT AND OF THE COUNCIL establishing a carbon border adjustment mechanism", European Commisson, July 14, 2021
https://ec.europa.eu/info/sites/default/files/carbon_border_adjustment_mechanism_0.pdf

第 6 章「人権・民主主義と板挟みになる企業」

"'Absolutely No Mercy': Leaked Files Expose How China Organized Mass Detentions of Muslims", New York Times, November 16, 2019
https://www.nytimes.com/interactive/2019/11/16/world/asia/china-xinjiang-documents.html?action=click&module=RelatedLinks&pgtype=Article

Adrian Zenz, "China Didn't Want Us to Know. Now Its Own Files Doing the Talking", New York Times, November 24, 2019
https://www.nytimes.com/2019/11/24/opinion/china-xinjiang-files.html

Austin Ramzy and Chris Buckley, "Leaked China Files Show Internment Camps Are Ruled by Secrecy and Spying", New York Times, November 24, 2019
https://www.nytimes.com/2019/11/24/world/asia/leak-chinas-internment-camps.html?action=click&module=RelatedLinks&pgtype=Article

Bethany Allen-Ebrahimian, "Exposed: China's Operating Manuals For Mass Internment And Arrest By Algorithm" ICIJ, November 24, 2019
https://www.icij.org/investigations/china-cables/exposed-chinas-operating-manuals-for-mass-internment-and-arrest-by-algorithm/

Adrian Zenz, "China Didn't Want Us to Know. Now Its Own Files Doing the Talking", New York Times, November 24, 2019

Scilla Alecci, "How China Targets Uighurs 'One By One' For Using A Mobile App", ICIJ, November 24, 2019
https://www.icij.org/investigations/china-cables/how-china-targets-uighurs-one-by-one-for-using-a-mobile-app/

梶谷懐・高口康太『幸福な監視国家・中国』、NHK出版、2019 年

王力雄（金谷譲訳）『セレモニー』、藤原書店、2019 年

Alexandra Stevenson, "In Showdown Between China and the West, HSBC Gets Caught in the Middle", New York Times, August 3, 2020
https://www.nytimes.com/2020/08/03/business/hsbc-china-hong-kong-united-states.html

"Made in Hollywood, Censored by Beijing", Pen America, August 5, 2020
https://pen.org/report/made-in-hollywood-censored-by-beijing/?utm_source=newsletter&utm_medium=email&utm_campaign=newsletter_axioschina&stream=china

Tahir Hamut Izgil "One by One, My Friends Were Sent to the Camps"*The Atlantic*,

July 14, 2021 https://www.theatlantic.com/the-uyghur-chronicles/

"Xinjiang Supply Chain Business Advisory", July 13, 2021
https://www.state.gov/wp-content/uploads/2021/07/Xinjiang-Business-Advisory-13July2021-1.pdf

"Hong Kong Business Advisory", July 16, 2021
https://www.state.gov/wp-content/uploads/2021/07/HKBA-FOR-FINAL-RELEASE-16-JUL-21.pdf

Zhang Zhouxiang, "Who suffers most from US sanctions?", China Daily, July 17, 2021
http://www.chinadaily.com.cn/a/202107/17/WS60f27759a310efa1bd6628fe.html

"Malicious US attempts to damage Hong Kong's reputation as a global business hub doomed to fail" 2021 年 7 月 17 日 香港政府プレスリリース
https://www.info.gov.hk/gia/general/202107/17/P2021071700044.htm

Kurt Tong"Hong Kong and the Limits of Decoupling"*Foreign Affairs*, July 14, 2021
https://www.foreignaffairs.com/articles/asia/2021-07-14/hong-kong-and-limits-decoupling

Jay Nordlinger"Hong Kong, Snuffed Out"*Nationa Review*, July 19, 2021
https://www.nationalreview.com/2021/07/hong-kong-snuffed-out/

おわりに

"The Biden-Harris Administration is Taking Action to Restore and Strengthen American Democracy" December 8, 2021
https://www.whitehouse.gov/briefing-room/statements-releases/2021/12/08/fact-sheet-the-biden-harris-administration-is-taking-action-to-restore-and-strengthen-american-democracy/

"Elevating Anti-Corruption Leadership and Promoting Accountability for Corrupt Actors", December 9, 2021
https://www.state.gov/elevating-anti-corruption-leadership-and-promoting-accountability-for-corrupt-actors/

"Joint Statement on the Export Controls and Human Rights Initiative" December 10, 2021
https://www.whitehouse.gov/briefing-room/statements-releases/2021/12/10/joint-statement-on-the-export-controls-and-human-rights-initiative/

"Russian and Chinese Ambassadors: Respecting People's Democratic Rights", The

National Interest, November 26, 2021
https://nationalinterest.org/feature/russian-and-chinese-ambassadors-respecting-people%E2%80%99s-democratic-rights-197165

"China: Democracy That Works" December 4, 2021
http://www.news.cn/english/2021-12/04/c_1310351231.htm

"The State of Democracy in the United States" December 5, 2021
https://www.mfa.gov.cn/mfa_eng/zxxx_662805/202112/t20211205_10462535.html

Amartya Sen, *Development as Freedom*, Anchor 2000

宇野重規『民主主義とは何か』、講談社、2020 年

近衛文麿「英米本位の平和主義を排す」、『日本及び日本人』、1918 年 12 月

古川隆久『近衛文麿』、吉川弘文館、2015 年

中西寛『国際政治とは何か』、中公新書、2003 年

Mareike Ohlberg and Bonnie S. Glaser, "Why China Is Freaking Out Over Biden's Democracy Summit", December 10, 2021
https://foreignpolicy.com/2021/12/10/china-response-biden-democracy-summit/

あ と が き

　本書は多くの方々の協力と励ましのおかげで何とか書き上げることができた。

　まず、アジア・パシフィック・イニシアティブ（API）の船橋洋一理事長に感謝を申し上げたい。筆者は、国際協力銀行（JBIC）で様々な業務を経験してきたが、2018年の夏に、調査担当特命駐在員の発令を受けると共に、APIの上席研究員の兼職となり、ワシントンに赴任した。社会人になりたてのころに船橋理事長の『通貨烈烈』を読み、徹底的に調べて生き生きと構成されたノンフィクションに感動した経験を持つ。船橋理事長に仕事を通じて指導頂けることを幸運だと感じたが、この期待は裏切られなかった。米国の外交や安全保障に関してAPIとJBICに内部用の報告書を頻繁に送付したが、船橋理事長から電話で様々なコメントや気づきを教えて頂いた。そのうち、船橋理事長から、米国で考えたことを本にしてみないかとのご提案を頂いた。自分自身余裕がなかったこともあり、一度目は、具体的なアクションを取れぬまま時間が経過したが、もう一度、本のご提案を頂いたときに、これはチャンスだと気持ちを切り替え、取り組みを始めた。その後も、構成、入れるべき項目、留意すべき事項など様々なアドバイスを頂いた。改めて感謝申し上げたい。

　APIの諸先輩や仲間にも感謝したい。現在APIでは、地経学ブリーフィングという形で、東洋経済電子版とジャパンタイムズに毎週寄稿を行っている。API内部で執筆することも、外部の方に執筆頂くこともあるが、いずれの場合も、毎週行っている地経学ブリーフィング・ミーティングで3度の議論を経たうえでファイナライズしている。このミーティングには、船橋理事長に加えて、慶應大学の村井純教授（API地経学研究所長。インターネットの父としても有名）、慶應大学の細谷雄一教授（API研究主幹。国際政治学の第一人者。平和安全法制制定にも貢献）、東京大学の鈴木一人教授（API上席研究員。経済安全保障の第一人者）、慶應大学の神保謙教授（API・MSFエグゼクティブ・ディレクター。安全保障の第一人者）、徳地立人APIシニア・フェロー（中国経済・金融市場の第一人者）、尾上定正APIシニア・フェロー（元航空自衛隊幹部・空将）、鈴木均API客員研究員、仲川聡API事務局長、向山淳API主任研究員、相良祥之API主任研究員、富樫真理子API松

本佐俣フェロー、村上俊男API主任研究員、鈴木宏昌API主任研究員、柴田な
るみAPI研究員、石川雄介API・DXオフィサーなどが参加。毎回活発な議論が
行われている。本書は筆者の単著ということもあり、地経学ブリーフィング・ミーティン
グで直接議論頂いた訳ではないが、本ミーティングに参加することで、地経学に関す
る理解を深めることができたのは紛れもない事実だ。貴重な学びの機会を頂いたAPI
の諸先輩と仲間に感謝申し上げたい。

　JBIC幹部にも感謝を申し上げたい。前田総裁には、内部報告にコメントを頂くと共
にしばしば励ましを頂いた。ご自身ワシントン駐在やシンクタンクで研究した経験を持ち
JBICの中で地経学の重要性をいち早く認識し主張されていた良き理解者である。林
副総裁、天川専務、田中常務、橋山常務、谷本企画部門長にも、いろいろな形で
励ましとご支援を頂いたことを感謝したい。

　本書はオフレコでヒアリングした内容は勿論掲載していない。他方、本書のために
オンレコでのヒアリングに応じて頂いた、ブルッキングス研究所のミレヤ・ソリス東アジア
政策研究所長、戦略国際問題研究所（CSIS）のマシュー・グッドマン上級副所長、
アメリカン・エンタープライズ研究所のザック・クーパー研究員、ピーターソン国際経済
研究所（PIIE）のマーチン・チョルゼンパ・シニアフェローの諸氏には深く感謝したい。
各分野でトップレベルのシンクタンク研究者である彼（女）らからのヒアリングは、筆者
の認識を深め、本書の内容をより充実したものとした。また、本書執筆前から、彼（女）
らとはしばしば意見交換を行い、いつも有益なアドバイスを頂いていた。感謝申し上げ
たい。

　また、2020年10月にAPIは、米国の新アメリカ安全保障センター（CNAS）、ド
イツのメルカトル中国研究所（MERICS）と共に、民主主義国の技術政策の協調に
関する報告書、「Common Code」を発表した。CNASのマーチン・ラッサー、アイ
ニキ・リコネン、MERICSのレベッカ・アルセサチとは毎週オンラインで意見交換をし、
その際に、輸出管理、投資審査、サプライチェーン強靱化、標準設定、インフラ協力、
経済的威圧などについて議論したことが、その後、地経学を考える上で大変役になっ
ている。仲間に感謝したい。また、報告書のローンチに際しては、甘利明自民党税
制調査会長（当時）に基調講演をお願いし、素晴らしいスピーチを頂いた。感謝申
し上げたい。

　実業之日本社の岩野裕一社長にも感謝申し上げたい。豊富な経験に基づくコメン

トで本書がより読みやすくなるよう導いて頂くと共に、短い時間で出版までこぎつけて頂いた。そのご尽力には感謝の言葉もない。

　以上のとおり、様々な方々の支援と励まして本書は完成したが、誤りは全て筆者に帰すと共に、本書の内容は、API、JBIC、欧州復興開発銀行（EBRD）、その他筆者が過去あるいは現在関係する機関や団体の見解を示すものでは一切なく、あくまで筆者個人の見解である点は重ねて強調しておきたい。

　最後に、父、母、そして妻に感謝と共に本書を捧げたい。父が、筆者が幼いころに「百万といえども我ゆかん」と言っていたことを覚えている。筆者が多数意見と異なる意見を持つことを恐れないとすれば、それは父の影響だ。母は、物事のポジティブな面を見ることを教えてくれた。筆者の楽観主義は母の影響だ。妻の雅子は、明るく良く笑い良く気付く。3年半の単身赴任で迷惑をかけた。これまでの全てに感謝したい。

　日本帰国を前に、段ボールが散らばるワシントン DC のアパートにて

2022 年 2 月　大矢　伸

【著者略歴】

大矢　伸（おおや・しん）

欧州復興開発銀行（EBRD）東京事務所長。

1968年大分県生まれ、愛知県知多市で育つ。1991年東北大学法学部卒業。1996年ボストン大学修士（法律）。ニューヨーク州弁護士資格取得。2002年ジョージ・ワシントン大学修士（金融）。

国際協力銀行で、アジア部ASEAN課長、資源金融部石油天然ガス課長、ニューデリー首席駐在員、業務企画室審議役、調査担当特命駐在員（在ワシントンDC）などを歴任。出向により世界銀行審議役、日本カーボンファイナンス・ディールマネージャーも経験。2022年3月より現職。

地経学の時代
米中対立と国家・企業・価値

2022年6月20日　初版第一刷発行

著　者　　大矢　伸

発行人　　岩野裕一

発行所　　株式会社 実業之日本社

　　　　　〒107-0062 東京都港区南青山 5-4-30

　　　　　emergence aoyama complex 2F

電話　　　03-6809-0452（編集）

　　　　　03-6809-0495（販売）

URL　　　https://www.j-n.co.jp/

印刷・製本　大日本印刷株式会社